江苏省高校哲社重大项目"江苏省学前教育区域教研效益研究"研究成果
扬州大学出版基金、扬州大学教育科学学院出版基金资助项目

YUANBEN JIAOYAN XIAOYI XINLUN

园本教研效益新论

万丹 著

南京大学出版社

图书在版编目(ＣＩＰ)数据

园本教研效益新论 / 万丹著. -- 南京：南京大学
出版社，2024.10
　　ISBN 978-7-305-27790-0

　　Ⅰ. ①园… Ⅱ. ①万… Ⅲ. ①学前教育－教学研究
Ⅳ. ①G612

　　中国国家版本馆 CIP 数据核字(2024)第 076320 号

出版发行　南京大学出版社
社　　址　南京市汉口路 22 号　　　　邮　　编　210093

书　　名　**园本教研效益新论**
　　　　　YUANBEN JIAOYAN XIAOYI XINLUN
著　　者　万　丹
责任编辑　高　军　　　　　　　　编辑热线　025－83592123

照　　排　南京布克文化发展有限公司
印　　刷　苏州市古得堡数码印刷有限公司
开　　本　718 毫米×1000 毫米　1/16　印张 17.25　字数 305 千
版　　次　2024 年 10 月第 1 版　2024 年 10 月第 1 次印刷
ISBN 978-7-305-27790-0
定　　价　69.00 元

网　　址　http://www.njupco.com
官方微博　http://weibo.com/njupco
官方微信　njuyuexue
销售咨询热线　025－83594756

前　言

一、写作缘由及意图

教研是我国基础教育改革的重要途径,是我国特色的教师培养和教学促进制度,对于优化教育教学质量、提升教师专业化水平意义重大。然而,笔者在和一线教师对谈时,发现不少教师流露出对教研的复杂态度,有教师分享道:"我们幼儿园一直走的都是教研兴园这条路,我们的老园长非常重视教研,真的是踏踏实实做教研!"也有教师直言:"每年都让我们写这么多论文,研究出来的东西在哪里呢?分享了吗?让一线老师受益的东西在哪里?"有教师在谈话间甚至哽咽落泪。

不同幼儿园教师对园本教研的复杂态度,引发了笔者对园本教研效益问题的考量,园本教研到底为一线幼儿园教师带来了哪些实效,我们怎样科学地评价园本教研效益,园本教研效益现状究竟如何,这些即是本书想要重点解读和解答的问题,希望本书的解读和解答能够为解决部分幼儿园园本教研效益不佳的问题提供思路。一方面,本书对幼教教研员和幼儿园园长指导和开展园本教研工作具有较强的借鉴价值;另一方面,本书可以为教研决策部门制定学前教育教研政策提供参考依据。

二、本书内容提要

在学前教育领域,教研效益常被解读为教研的效果、好处,这是一种单向度的效益观,仅关注到教研产出,却未能揭示教研产出背后的教研投入。对此,本书从计量经济学视角出发,将教研效益解读为教研投入产出比,亦即教研效益反映的是教研投入和教研产出的相对关系。相对于单向度的效益观,教研效益的经济学解读有助于我们回答以下问题:①我们在园本教研中到底已经投入了多少人力、财力、物力,基于已有投入我们到底产出了多少教研成果?②大规模的教研资源投入是否得到了充分利用,是否存在教研资源浪费现象?③如何基于已有的教研投入获得最大的教研成果,或者说,如何在不减少教研成果的情况下适当节省教研成本?④园本教研的未来发展方向是继续扩大投入还是缩减规模?⑤为什么有的幼儿园教研效益好,有的幼儿园教研效益差，到底是哪些关键因素在影响着教研效益？⑥如何从教研投入、教研产出和影响因素等层面系统地、有针对性地提升园本教研效益？

基于以上研究问题，本书以成人学习理论、群体动力学理论、实践共同体理论为理论透镜，梳理了研究思路及框架（详见第一章和第二章）；基于自上而下和自下而上相结合的研究范式，构建了园本教研效益评价指标体系（详见第三章）；基于三阶段 DEA 模型，测算了江苏省 168 所幼儿园 2019 年的教研效益状况和教研投入产出松弛情况（详见第四章）；基于 Tobit 回归模型和访谈归纳法，探索了影响园本教研效益的核心因素（详见第五章）；最终从树立科学的教研观、优化教研资源配置、完善教研组织管理三个层面提供了园本教研的优化建议（详见第六章）。

三、本书特色及创新

本书从计量经济学视角研究园本教研效益主题，关注园本教研投入和产出的相对关系，属于教育学和经济学跨学科研究。从这个意义上来说，本书是关于园本教研效益的"新论"。本书共有三大特色：一是研究视角创新，从经济学视角解读教研效益；二是研究内容系统，完整呈现教研效益研究全貌；三是研究方法多元，灵活采用混合设计研究范式。综上，本书为从计量经济学视角系统研究教研效益问题提供了很好的范本。

四、阅读对象及建议

本书的读者对象主要有两类人群。

一类是以幼教教研员、幼儿园园长和教师为主的教研实践者，推荐以第四、五、六章为主要阅读内容，借以了解幼儿园园本教研效益现状，明确哪些因素制约了园本教研效益，并从树立科学的教研观、优化教研资源配置、完善教研组织管理三个层面为优化自身参与的园本教研实践找到突破口。

另一类是对教研效益主题感兴趣的教研理论研究者，推荐以第一、三、四、五章为主要阅读内容，借以明晰经济学视角下教研效益的研究思路及框架，尤其是第三章教研效益评价指标体系的构建为后续相关研究提供了科学适宜的研究工具，第四章和第五章则为教研效益的现状分析、比较分析、投影分析、回归分析提供了研究范本。

扬州大学教育科学学院　万丹

2024 年 7 月 3 日

目 录

第一章　绪论

第一节　研究背景

一、现实难点：幼教工作者对园本教研效益的高诉求

我国基础教育素有重视教研的传统，早在 20 世纪 50 年代就开始建立各级教研机构，这标志着我国教研制度基本成型。[①] 教研作为我国基础教育改革的重要途径，一直以来都是学校保障教学质量、提升教师专业化水平、促进学生全面发展的主要措施之一。[②] 具体来说，教研一般按两条主线展开，一条是在校内进行的，通常是按学科性质划分的以教研组形式开展的各种研究工作；另一条是在校外进行的，是依托教育行政部门之下的"教研室"形式开展的各种研究工作。从研究主体来看，教研包括教师的教研和专职教研员的教研两大类。对应来说，学前教育教研主要包括园本教研和区域教研两类。

1996 年版的《幼儿园工作规程》首次明确规定"参加业务学习和幼儿教育研究活动"[③]是幼儿园教师的主要职责之一，此后关于学前教育教研的理论研究渐次涌现。从 2006 年全国范围内开展"以园为本教研制度建设"项目至今，园本教研的实践探索和理论研究取得了丰硕的成果。当前，我国幼教界已经建立起省、市、区（县）、园四级教研网络体系，园本教研是我国学前教育改革的重要途径，对于解决幼儿园教育教学实际问题[④]、提高幼儿园保教质量[⑤]、提升

---

① 黄迪皋. 从外推走向内生：新中国中小学教研制度研究[D]. 长沙：湖南师范大学，2011：65.
② 王晓玲，胡慧娟. 论学校教研方式的转变[J]. 教育科学研究，2012(2)：28-31.
③ 国家教育委员会. 幼儿园工作规程[EB/OL]. (2006-11-30)[2023-12-11]. http://www.cnsece. com/KindTemplate/MsgDetail/22543.
④ 赵志毅. 大力提倡幼儿教师自己的教育科研：兼谈"园本研究"的内容特征与操作机制[J]. 学前教育研究，2005(Z1)：78-80.
⑤ 程方生. 幼儿园园本教研实践框架分析[J]. 江西教育科研，2007(4)：75-77.

教师专业化水平[①]、促进幼儿全面发展[②]意义重大。

幼儿园教师工作负担重、心理压力大已是共识。除了日常保教工作,幼儿园教师还要面对教育行政部门、园部管理人员等层层摊派下来的各项任务。在日程安排十分紧凑的情况下,幼儿园教师还需要"挤时间"参与园本教研,这就决定了幼儿园教师对教研效益有较高的诉求,希望能在有限的教研投入中获取尽可能多的教研产出。除幼儿园教师外,幼教教研员、高校幼教专家、高校学前专业学生也会或多或少参与到园本教研活动中。园本教研对于区域学前教育事业发展和高校学前教育专业建设意义重大,因此,教研员和高校教师对园本教研效益也有较高的期待。

现实中,幼儿园教师对教研效益的直观感受如何呢?有些教师对教研充满热忱:

> 我们幼儿园一直走的都是教研兴园这条路,我们的老园长非常重视教研,真的是踏踏实实做教研。
>
> 我们举双手双脚欢迎专家,因为我们真的很需要这种资源。
>
> 其实最想听的还是 G 教授的点评,G 教授的点评特别到位,专家的引领真的很重要,我们可能摸索十年,都不如专家点评那么几句。

有的教师则哽咽着道尽了自己的无奈:

> 每年都让我们写这么多论文,研究出来的东西在哪里呢?分享了吗?让一线老师受益的东西在哪里?
>
> 觉得自己很多时候都是在为工程添砖加瓦,但是反馈给自己的东西真的很少。

幼儿园教师对教研效益流露出复杂的态度,这表明不同幼儿园的教研效益差别较大,教研可能助力教师的专业成长,也可能成为教师专业发展的障碍。

著名的教育改革专家迈克尔·富兰(Michael Fullan)警戒道,改革的努力走向失败有两个基本原因:一是问题复杂和难以对付,很难想出可行的强有力的解决办法;二是所采用的办法并没有集中用在真正起作用的地方,它们没有

---

① 申毅,王纬虹.幼儿教师专业发展[M].重庆:西南师范大学出版社,2009:144-145.
② 杨晓萍,黄豪.学习共同体:园本教研的"异化"与"回归"[J].教育导刊(下半月),2016(5):8-12.

引起人们对基本的教学改革和相应发展教育工作者之间新的协作精神的重视。① 富兰提到的第二点原因在园本教研中也屡见不鲜。一线教师常常打趣，"专家一来，幼儿园就要有大动作"，也即园本教研常带来额外的工作量。根据富兰的意见，这种额外的工作量是否"集中用在真正起作用的地方"，直接影响学前教育改革成效。哈特·韦弗（Hart Weaver）认为，"当教师判断他们的新任务是琐碎的或与他们教学的中心任务没有联系时，他们对新的工作安排表示轻蔑；当他们看到新的任务提高教学质量和推动基础课的教学活动时，他们对此表示赞成"②。教研带来的额外工作量的性质，对幼儿园教师自身的职业认同亦有深刻影响：如果教研让教师觉得有实效，那么会燃起教师研究的热情，提升专业认同感；如果教研让教师觉得是无效行为，那么会挫伤教师的工作积极性，愈发质疑自身的专业性。

综上，基于园本教研对学前教育内涵式发展的重要支撑作用、一线教师对园本教研效益的复杂体会、教研对幼儿园教师专业成长潜在的双刃剑影响，园本教研效益问题开始进入笔者的研究视野。

二、研究缺位：园本教研效益的经济学解读尚付阙如

长期以来，教研活动一直是我国基础教育界一道亮丽的风景线，学前教育教研则是我国学前教育改革的重要途径。2016 年新版《幼儿园工作规程》第五十九条直接声明，"幼儿园应当建立教研制度，研究解决保教工作中的实际问题"③。2017 年 8 月发布的《江苏省教育厅关于加强学前教育教研工作的意见》，系统梳理了学前教育教研工作的重要意义、基本原则、主要内容、实施策略和保障措施，强调教研工作是推进学前教育优质普惠发展的有效专业支撑，广覆盖的、科学的、有效的教研工作有助于为幼儿园内涵式发展提供专业指导。④ 2018 年 11 月颁布的《中共中央国务院关于学前教育深化改革规范发展

---

① 富兰. 变革的力量：透视教育改革[M]. 中央教育科学研究所，加拿大多伦多国际学院，组织翻译. 北京：教育科学出版社，2004：62.

② HART A W. Work feature values of tomorrow's teachers：work redesign as an incentive and school improvement policy[J]. Educational Evaluation and Policy Analysis，1994，16(4)：458-473.

③ 教育部. 幼儿园工作规程[EB/OL]. (2016-3-3)[2023-12-7]. http://www.cnsece.com/KindTemplate/MsgDetail/36817.

④ 江苏省教育厅. 省教育厅关于加强学前教育教研工作的意见[EB/OL]. (2017-8-27)[2023-11-12]. http://www.cnsece.com/KindTemPlate/MsgDetail/49064.

的若干意见》第二十八条专门提道"完善学前教育教研体系",主张健全各级学前教育教研机构,充实教研队伍,落实教研指导责任区制度,加强园本教研、区域教研,及时解决幼儿园教师在教育实践过程中的困惑和问题。① 可见,我国学前教育相关政策文件对学前教育教研的重视程度是稳步提升的。

在此背景下,幼儿园及相关部门的教研投入力度也在不断加大——大面积、现代化的教研活动室,不断追加的教研经费,不断加盟的教育专家和跨行业专业人士等,越来越多的物力、财力、人力被投入教研工作中。陈俊生等人提出,"在市场经济条件下,开展任何活动都要以最小的投入获得最大的产出"②。园本教研也不例外,追求教研效益有助于提升园本教研资源利用率,促进园本教研又好又快发展。实践中,园本教研资源利用率究竟如何? 一位教师分享了切肤之痛:

> 有一个项目,所有人都觉得非常有价值,而且对整个区域的幼儿园都有益处,我们在教研例会中讨论时都很有信心,所有东西都很齐备了,但是申报时却被刷下来了。就是主观上得到认可,但是客观上得不到支持。真的很凄惨,有几个成员都哭了。我们坚持了两年多,但是经费支持少得可怜。我一直很担心这个项目会流产,如果有制度让我们这些扎扎实实做教研的人不那么灰心,就真的太好了。

这位教师打趣道,自己"绝对是最沉迷教学研究的",却不得不为五斗米折腰。诚如帕克·帕尔默(Parker Palmer)在《教学勇气:漫步教师心灵》中所说:"越热爱教学的老师,可能就越伤心!"③

基于此,我们不得不思考如下问题:我们到底在园本教研中已经投入了多少人力、财力、物力? 大规模的教研资源投入是否得到了充分利用? 是否存在资源浪费现象? 是否有些很重要的项目,还没有得到足够的经费支持? 基于已有投入,我们到底产出了多少教研成果? 如何基于已有的教研投入获得最大的教研成果? 或者,如何在不减少教研成果的情况下,适当节省教研成本? 园本教研的未来发展方向是继续扩大投入还是缩减规模? 为什么有的幼儿园

---

① 中共中央国务院关于学前教育深化改革规范发展的若干意见[EB/OL]. (2018-11-15)[2023-12-25]. http://www.xinhuanet.com/politics/2018-11/15/c_1123720031.htm.

② 陈俊生,周平,张明妍. 高校人文社会学科研资源利用效率评价:以江苏省地方综合性大学为例[J].教育与经济,2012(4):58-61.

③ 帕尔默.教学勇气:漫步教师心灵[M].吴国珍,余巍,等译.上海:华东师范大学出版社,2005:6.

教研效益好,有的幼儿园教研效益差? 到底是哪些因素在影响教研效益? 怎么有针对性地提升园本教研效益? 这些问题鲜有实证研究予以关注。其实,不仅仅是学前教育教研领域,可以说整个学前教育系统都忽略了对教育效益的考量,庞丽娟等人提出,我国现有的学前教育指标体系从教师队伍、教育经费、办园条件等人、财、物三方面关注了教育投入的指标,但是对教育产出缺乏关注,这样无法反映学前教育事业发展的供需变化、内在动力和发生过程,无法体现学前教育投入和产出的效能。① 对此,有必要关注能够反映学前教育效益的指标,重点突出教育产出、学生学业成就和教育经费使用效率等指标,从而及时发现问题,适时调整相关政策和措施,提高学前教育系统的投入产出效率。

当前,部分研究者仅仅止步于教研效益评价原则拟定和教研效益评价指标构建,仅有极少数研究者从计量经济学视角解读和测算教研效益。张旭等人选取各个教研室的设备折旧、房屋折旧、设备购置、药品材料、工资、实验动物、指导津贴、人员数作为投入指标,以教学学时数、科研经费、发表论文数作为产出指标,对 64 个高等医学院校教研室工作的相对效率进行了评价。②③肖继军将总经费、资料费用、教研人员、教研场所面积、设备作为高校德育教研投入变量,将教研成果按设定标准进行量化打分,作为高校德育教研产出变量,运用数据包络分析和随机前沿分析方法测算了高校德育教研效益。④ 值得注意的是,张旭和肖继军等人研究的是高校教研室效益,更多是将高校教研产出等同于高校科研产出。实际上,教研活动与科研活动有一定的相似性,在资源投入上都涉及人力、财力、物力等,但是科研活动更多以科研成果生产为目标,而教研更多以解决实际教育教学问题、促进教师专业成长、助力学生全面发展为目标,因此,二者在产出指标方面理应有不同侧重。另外,以上研究并未详细说明教研效益评价指标的构建过程。综上,园本教研效益评价指标

① 庞丽娟,熊灿灿. 我国学前教育指标体系的现状、问题及其完善[J]. 学前教育研究,2013(2):3-7.

② 张旭,李树为,李素敏,等. 数据包络分析方法在高等医学院校教研室相对效率评价中的应用[J]. 中国医科大学学报,2010,39(12):1076-1079.

③ 张旭,赵群. 应用数据包络分析方法评价某医科大学教研室相对运行效率. 中国卫生统计[J]. 2011,28(6):679-680.

④ 肖继军. 基于 SFA 和 DEA 的高校德育教研投入效率研究 [C]. Intelligent Information Technology Application Association. 2011 International Conference on Machine Intelligence(ICMI 2011 V3). Intelligent Information Technology Application Association:智能信息技术应用学会,2011:163-167.

的构建、教研效益现状的测算等关键问题,尚需进一步的实证研究予以解决。

三、理论前瞻:重构共同体为提升教研效益提供可能

20 世纪 90 年代,加拿大学者哈格里夫斯(Andy Hargreaves)提出,"个人主义文化"是一般学校中常见的教学文化类型,教师职业的一大特点就是奉行教学的"专业主义原则":在日常教学活动中,为了维护自己建立在专业能力上的自尊心,教师把自己的课堂看作一个相对封闭且自足的领域,习惯于靠一个人的力量解决课堂教学中的种种问题,孤立的探究是大多数教师日常工作中的状态。① 教师避免将自己教学中的实质性问题主动暴露出来,阻碍了教师之间相互汲取教学经验,不利于教师群体一同建构专业知识、形成专业身份。对此,20 世纪末,托马斯等人(Thomas et al)前瞻性地预见,教师专业发展的一个重要转向就是将关注的重心从"个人化的努力"(individual effort)转向"学习者的共同体"(communities of learners)。②

21 世纪以来,我国学者越来越关注教师个人主义文化的严峻现实,譬如郝明君和靳玉乐探讨的"隔离型教师文化"③,是教师之间疏于合作、羞于评定、信奉独立、相互隔离的特定连接方式和习惯表征,其主要特征是独立性、封闭性和保守性。钱旭升和靳玉乐认为,基于我国传统的文化取向和长期以来形成的社会文化心理对教师个人及其与其他教师的相互关系的深刻影响,目前在教育领域个人孤立的、相互隔离的教师文化是普遍存在的。④ 然而,教师之间相互隔离、封闭,甚至防备和排斥不可避免会阻碍教师进一步的专业发展和自我突破。对此,我们不得不考虑教师文化类型对于教研效益的重要影响。

学者们认为,引入"共同体"思想有助于构建结构良好的教师合作文化。拥有丰富一线教学经验和教师培训经验的美国学者帕尔默热情呼吁,"任何行业的成长都依赖于它的参与者分享经验和进行诚实的对话""同事的共同体中

① HARGREAVES A. Changing teachers, changing times: teachers' work and culture in the postmodern age[M]. London: Cassel Educational Limited, 1994:166.

② THOMAS G, WINEBURG S, GROSSMAN P, et al. In the company of colleagues: an interim report on the development of a community teacher learners [J]. Teaching and Teacher Education,1998,14(1):21.

③ 郝明君,靳玉乐. 教师文化的变革[J]. 中国教育学刊,2006(3):70-71.

④ 钱旭升,靳玉乐. 教师个体专业发展与教师群体专业发展[J]. 教育科学,2007(4):29-33.

有着丰富的教师成长所需要的资源"①。著名的管理学大师、学习型组织的创始人彼得·圣吉(Peter Senge)曾有一个大胆的假设——"加入集体思考是正在流动的溪水,'思想'就是漂在水面上的树叶,被冲到了岸边。我们聚集在树叶里,给我们的感觉是处在一些'思想'中。我们误认为这些思想是我们自己的,因为我们没有看到,它们原本来自集体思考之溪流"②。也即,"思想"更多是一种集体现象,我们在集体中思考时,比个人单独思考时具有更强的洞察力、悟性和更高的智慧。思想在人群里自由流动和沟通,使集体得以实现个人无法完成的洞悉和领悟。一滴水只有放进大海才永远不会干涸,教师也是如此。单个教师的经验和力量是有限的,但是教师共同体联合起来的潜能却是不可限量的。

实际上,园本教研过程也是幼教同行创设共同体的过程,幼教同行之间的思想碰撞和深度合作,对于幼教工作者建构专业知识、形成专业身份、提升专业认同、获得专业认可具有十分重要的意义。对此,我们有理由假设,教师共同体的创设情况不可避免会影响幼儿园教师的教研效果。但是这种影响究竟有多大?这种影响具体是如何产生的?进而,是否可以通过重构教师共同体来提升园本教研效益?具体可以从哪些方面来重构教师共同体?这些问题都需要实证研究进一步确认。

综上所述,基于幼教工作者对园本教研效益的高诉求、园本教研效益经济学解读的严重缺位以及通过重构共同体以提升教研效益的可能性,园本教研效益研究是十分必要且重要的选题。本书遵循"是什么—为什么—怎么办"的逻辑,分步探究园本教研效益的现状、影响因素和提升策略。为了实现以上目标,需要先明确园本教研效益的评价指标。

基于此,本书将研究问题聚焦为:

第一,园本教研效益的评价指标有哪些?

第二,从经济学视角来看,园本教研效益现状如何?

第三,哪些关键因素会影响园本教研效益,具体是如何影响的?

第四,如何有针对性地提升园本教研效益?

---

① 帕尔默.教学勇气:漫步教师心灵[M].吴国珍,余巍,等译.上海:华东师范大学出版社,2005:144.

② 圣吉,等.第五项修炼:终身学习者:第2版[M].张成林,译.北京:中信出版社,2018:246.

第二节 文献综述

本书对教研效益采取经济学定义，着重考察教研产出与教研投入的相对关系。然而，从经济学视角考察教研效益的研究寥寥无几，且聚焦园本教研效益的研究相对较少，因此，本书的文献综述涉及以"教研效益"以及相关概念（包括"教研有效性""教研实效性""教研实效""有效教研"）为关键词的相关研究，以从尽可能多的文献中寻求研究启示。通过查阅和梳理与"教研效益""教研有效性""教研实效性""教研实效""有效教研"关联度高的 CSSCI 收录期刊、北大核心收录期刊和优秀硕博论文，笔者发现国内有关教研效益的文献主要集中在教研效益及相关概念的内涵、教研效益的现状、教研效益的评价、教研效益的影响因素、教研效益的提升策略五个块面。

一、教研效益的内涵阐释

高敏认为，有效教研的理念源于 20 世纪上半叶西方的教学科学化运动中倡导的"有效教学"活动，它的核心问题就是教研的效益。[①] 已有研究关于有效教研或教研效益的认识，主要从目标取向、过程取向、结果取向三个层面进行探讨。

从目标取向出发，陈忠明和顾燕萍认为，校本教研的有效性以校本教研资源的有效利用为基础，达到以下三个方面的要求：一是研究目的的强化，二是研究意识的内化，三是研究成果的转化。[②] 王晓红认为，"真正的教育不仅应该具有效率和效益，更重要的是要有灵魂，有坚定而明确的价值认同和追求。对我们基层教研部门来讲，这种'价值的认同和追求'就是教研文化的形成"[③]。

从过程取向出发，赵才欣认为，有效教研是一项"架构"的技术，既需要对教育教学的理论研究，也需要对教育教学的实践操作，是一种促进两者互动发

---

① 高敏. 提高教研活动有效性的探讨[J]. 中学政治教学参考，2013(31)：69-70.
② 陈忠明，顾燕萍. 校本教研力求有效[J]. 中小学管理，2004(11)：8-10.
③ 王晓红. 探索有效教研方式，引领教师专业成长[J]. 教学月刊(中学版下)，2008(11)：7-11.

展的艺术。① 王富英和朱远平强调有效教研是指教研人员以有效问题为研究对象，通过有效方式促进参研教师有效发展的教育教学研究活动②，也即有效教研依赖于有效问题的提出和有效方式的实施。

从结果取向出发，马占杰提出，校本教研活动的实效，是指教师通过参加校本教研活动收到的实实在在的效果，一般表现为教师教学理念的更新与教学行为的转变、教学方法的优化与课程实施能力的提升、课堂的优质高效与教学质量的提高、教师的专业发展与成长等。③ 谭长存总结道，有效教研的落脚点应放在教师知识的增长、理念的提升、行为的改变和能力的提高等方面，要经得起课堂教学实践的检验，要让教师实实在在地感受到研之有用、研之有得、研之有效。④

综上，已有研究对教研效益及相关概念的认识更多停留在将"效益"理解为"效果和好处"。从经济学视角解读教研效益的研究仅有三例，一是张旭等人将教研效率理解为教研投入产出之间的相对关系⑤⑥，二是肖继军将教研效益视为资源投入使用效率⑦，三是耿亚彬受"微管理"理论启发，认为教研效益既要注重投入，又要讲究产出，它取决于产出与投入的比例关系⑧。

二、教研效益的现状呈现

在校本教研活动实效性方面，王淑娟、林红认为，新课程实施以来，校本教研活动实效性不高是一个普遍存在的问题，主要表现在当前学校教研任务布置多，深入研讨少；应付考试多，研究问题少；教师"问题意识差，交流对话少"

① 赵才欣.有效教研:基础教育教研工作导论[M].上海:上海教育出版社,2008:3.
② 王富英,朱远平.中小学教研要素与有效教研分析[J].中国教育学刊,2012(11):81-84.
③ 马占杰.提高校本教研实效性的要素[J].教学与管理,2011(35):24-25.
④ 谭长存.一次"有效教研"活动引发的思考[J].教学与管理,2013(20):20-22.
⑤ 张旭,李树为,李素敏,王烈,等.数据包络分析方法在高等医学院校教研室相对效率评价中的应用[J].中国医科大学学报,2010,39(12):1076-1079.
⑥ 张旭,赵群.应用数据包络分析方法评价某医科大学教研室相对运行效率[J].中国卫生统计,2011,28(6):679-680.
⑦ 肖继军.基于 SFA 和 DEA 的高校德育教研投入效率研究[C]. Intelligent Information Technology Application Association. 2011 International Conference on Machine Intelligence(ICMI 2011 V3). Intelligent Information Technology Application Association:智能信息技术应用学会,2011:163-167.
⑧ 耿亚彬.追求精致和谐,提升教研效益:"微管理"引领下的政治教研组建设[J].思想政治课教学,2013(7):6-7.

等方面。①② 贾霞萍在对校本教研活动满意度调研中发现,一线教师对校本教研活动的满意度均值低于中等强度值。其中,10.4％的教师对校本教研活动非常满意,53.6％的教师比较满意,30.1％的教师选择了"一般",5.9％的教师选择"不太满意"与"完全不满意",说明一线教师对校本教研活动的满意度并不高,三成以上的教师不予认可。③

对于传统教研模式中的"听评课"形式,倪丹英提到听课教师存在"不浸入"的特点,表现为听课前缺乏热身准备、听课时缺乏全心投入、听课后缺乏细致分析,不免影响教研实效④。朱一平也总结了教师听评课的三点弊端:听课目的缺失、听课能力缺失、评课能力缺失。⑤ 王海燕通过深入教师真实的研修生活,系统考察了教师对研修活动各个环节的评价,涵盖研修期望、职业态度、研修保障、研修行为和研修效果等。调查结果发现,教师关于研修效果的评价是研修评价的低谷点,明显低于其他维度,说明教师研修效果不佳是教师教育中的现实难题。⑥

在学前教育教研实效性方面,李育敏提到了园本教研实效差的现状,"由于这些教研信息传递的滞后或拷贝走样,真正落实到全员的教学实践会大打折扣,教研活动的内容并不能很好地在教师日常教育教学活动中得到体现,使得教研归教研,实践归实践,两者没有很好地统一起来,使教研活动没有实效或实效较差"⑦。夏佳对乡镇园"公带民"联片教研实效性的调查结果显示,联片教研活动效果显著,不管是教师、民办园行政管理层还是公办园联片教研小组成员,均认为片区内"公带民"联片教研活动的实效性高,教师的专业素养和民办园的管理水平提升效果显著。⑧

综上,大部分研究结果显示教研效益现状不容乐观。对此,不同学者从不

① 王淑娟. 提高校本教研实效性的三个层面[J]. 当代教育科学,2009(6):21-22.

② 林红.让教育拥抱美丽的意趣:提高校本教研实效性的思考[J]. 学校党建与思想教育,2010(6):14-15.

③ 贾霞萍. 中小学校本教研实施现状调研报告[J]. 教育理论与实践,2015,35(32):31-34.

④ 倪丹英. 唤醒角色意识,促进深度参与:运用课堂观察改进小学英语教研活动中的"听课"行为[J]. 中小学英语教学与研究,2009(6):42.

⑤ 朱一平.走向"课堂观察"的听评课:提高青年教师校本教研的实效性[J]. 教学月刊(中学版),2012(10):38-40.

⑥ 王海燕. 实践共同体视野下的教师发展[M]. 重庆:重庆大学出版社,2011:13-141.

⑦ 李育敏. 拓展研讨时空,提高园本教研实效:幼儿园网上教研活动的尝试[J]. 上海教育科研,2009(3):76-77.

⑧ 夏佳. 乡镇园"公带民"联片教研实效性研究[D]. 福州:福建师范大学,2017:23-42.

同层面对教研中可能存在的问题进行了剖析。

在区域和学校层面,孙文英认为,中职教研存在的主要问题是教研发展不均衡[①];孙赫认为,教研问题的实践性有待提高、教研内容同质化、教研主体性缺失、缺少有效专业引领、教研的保障制度有待完善等[②]是制约校本教研有效性的主要问题;胡梓滟认为,当前幼儿园园本教研活动中存在的问题,一是教研目的的"功利化"、教研过程的"形式化",二是教研活动的全纳性不足、有针对性的分层研修缺失,三是教研评价机制不完善、教研制度性保障不足[③]。

在教师个体层面,林相标尝试作了以下归因,一是教师专业化发展没有内化成教师自身的内部需求,二是教师误解校本教研,三是校本教研教师付出多而回报少[④];贾霞萍认为,教师的时间和精力不足、教师研究水平低、教师参与教研缺乏专业引领与指导是当前校本教研中存在的主要问题[⑤];谭天美和范蔚则关注到当前校本教研中主体互动缺失的情况,表现为工具理性主导下校本教研主体地位缺失和互动精神式微、科学技术控制下校本教研主体关系固化与互动空间区隔、功利主义驱使下校本教研主体行为异化和互动结构失衡,由此导致校本教研实效不高[⑥]。

三、教研效益的评价模式

(一)教研效益的评价指标

在理论构想层面,雷树福从教研程序的具体环节出发,设计了教研活动评价指标,包括"选课、学课、备课、说课、讲课、议课、结课"等 7 个一级指标和 31 个具体指标,并且赋予不同指标以不同权重。[⑦] 陈坚根据高校课堂评价标准提出了教研活动评价表,包括活动主题、方案设计、实施过程、活动效果四大评

① 孙文英.中职有效教研研究:定义、特点、问题与策略[J].成人教育,2017(12):72-74.
② 孙赫.小学校本教研有效性研究[D].重庆:西南大学,2013:41-50.
③ 胡梓滟.幼儿园园本教研活动实施策略的改进:基于实践共同体理论的视角[J].教育科学论坛,2016(11):44-47.
④ 林相标.学校实施校本教研中过程中存在的问题及对策思考[J].继续教育研究,2009(8):168-170.
⑤ 贾霞萍.中小学校本教研实施现状调研报告[J].教育理论与实践,2015,35(32):31-34.
⑥ 谭天美,范蔚.校本教研主体互动的缺失与回归[J].中国教育学刊,2017(1):79-84.
⑦ 雷树福.教研活动概论[M].北京:北京大学出版社,2009:254-256.

价项目和 14 条具体评价指标。① 贾霞萍、李梅园则将教师视作教研成效的转化者,从教师的教研认同感出发考察教研成效,以教师对教研活动的"态度""认知和认同""参与度""行为意向"等作为教研实效性的评价指标。②③ 闫薇在对校本教研的基本理念进行系统梳理后,将评判教研有效果的依据界定为五条:一是主体意识要明确,二是研究内容要精选,三是开展过程要严谨,四是活动形式要多样,五是保障机制要全面。④ 叶素贞认为有效的教研活动应是个体认知与群体思维的双向建构过程,提炼出有效教研活动的四个要素:现实的问题洞察、积极的理性参与、真实的过程呈现、及时的行动跟进。⑤

在实践操作层面,目前教研成效评价主要依赖教育行政部门制定的考评制度,记录教师参与教研活动的时间、次数、出勤率、教研活动中的表现以及收集活动记录、听评课记录、教学反思、教研总结等作为评价依据。⑥ 胡骁勋在调查贵州省幼儿园教研时,发现幼儿园教研评价制度及其实施并不完善,在所有教研工作过程的环节和要素中,只有教研评价方面的工作涉及较少,而针对上级部门检查教研活动资料的问题,则较多存在材料造假、应付检查的行为。⑦ 黄迪皋指出,现行教师评价制度更多是以发表论文来判断中小学教师的教研状况,教研成果评价乏力带来的后果是,不少教师因职称评定、职务晋升所迫即时选择一个题目编辑或抄袭、托人发表或评奖、进行虚假研究或制造伪结论,这是当今中小学教师教研中存在的普遍现象。⑧

在园本教研有效性评价方面,李季湄谈到可以从三个方面考量园本教研的有效性:是不是把握了园本教研的内涵,是不是完成了传统教研到园本教研的转型,教研的关注点是在形式还是在内涵。⑨ 郑琼认为评价园本教研的有效性,应从以下三个指标来考虑:研讨时间、研讨结果、研讨体验。⑩ 张杰认为园本教研是否有效可以从以下三点衡量:一是看教师,二是看教研活动的设计

---

① 陈坚. 教研活动的策划、流程与评价[J]. 教学与管理,2012(31):33-35.
② 贾霞萍. 中小学校本教研实施现状调研报告[J]. 教育理论与实践,2015,35(32):31-34.
③ 李梅园. 中小学教师对教研活动的认同感的调查研究[D]. 上海:华东师范大学,2018:29.
④ 闫薇. 提高小学校本教研有效性的理论与实践探索:基于银川市 X 小学的个案研究[D]. 银川:宁夏大学,2016:20-21.
⑤ 叶素贞. 让教研活动走向澄明之境[J]. 思想政治课教学,2018(5):92-94.
⑥ 李梅园. 中小学教师对教研活动的认同感的调查研究[D]. 上海:华东师范大学,2018:12.
⑦ 胡骁勋. 贵州省幼儿园教研工作现状调查与研究[D]. 贵阳:贵州师范大学,2016:31,45.
⑧ 黄迪皋. 从外推走向内生:新中国中小学教研制度研究[D]. 长沙:湖南师范大学,2011:4.
⑨ 李季湄. 园本教研的现状与挑战[J]. 幼儿教育,2007(9):8-10.
⑩ 郑琼. 完善制度,加强学习,提高园本教研的有效性[J]. 学前教育研究,2009(4):69-72.

与实施,三是看教研制度建设。[1]

以上教研效益评价指标较多是基于经验梳理,更多反映了相关人员的主观评价,随意性较大。此外,现有教研效益评价指标更多反映的是某个教研活动是否有效,而没有关注到一学期、一学年甚至更长时间的教研效益。对此,有必要建立更加科学客观的教研效益评价体系。

考虑到从经济学视角解读教研效益的研究十分有限,构建教研效益评价指标也可从相关领域获得启示。值得注意的是,高校教育效率、科研效率从20世纪90年代开始受到关注,其评价研究成果较为丰富,评价指标发展得较为成熟,可资借鉴。

在高校教育效率研究方面,刘亚荣以学校年经费投入、各级别教学人员、科研人员、行政人员、工勤人员、教学仪器设备总值、图书册数、教学用房面积、实验室面积、宿舍面积、食堂面积作为投入指标,以专科生、本科生、研究生为产出指标,测算了我国高等学校办学效率。[2] 成刚等人以高校的事业支出作为投入变量,以在校学生数、科研产出、经营收入作为产出变量,以此度量教育部直属高校成本效率。[3] 李祥云以教学科研人员、其他教职工、当年新增的固定资产、教育事业经费、科研经费作为投入指标,以在校生数、论文数、出版专著数、当年技术转让收入加经营收入作为产出指标,对我国高等学校的投入产出效率进行了评估。[4] 此外,张炜[5]、张祎婧[6]、冯宝军等[7]也对高校教育效率指标进行了探究。总的来说,高校是一个具有多投入和多产出的复杂机构,教育投入可分为人力资源(如教师、行政管理人员)、财力资源(如财政拨款、社会捐款、学杂费)和物力资源(如教学楼、图书馆、教学科研仪器设备),教育产出可分为人才培养(如在校学生数)、研究成果(如论文或学术专著、学术专利、技术文件)、社会服务(如经营收入)。

在高校科研效率研究方面,赵杨将投入指标分为人力(教学与科研人员

① 张杰. 全区园本教研评估活动感悟[J]. 宁夏教育,2012(2):23-24.
② 刘亚荣. 我国高等学校办学效率评价分析[J]. 教育与经济,2011(4):31-36.
③ 成刚,林涛,穆素红. 基于 SFA 的教育部直属高校成本效率评价[J]. 高等工程教育研究,2008(6):93-97,102.
④ 李祥云. 我国高等学校投入产出的效率评估[J]. 高等教育研究,2011,32(5):49-55.
⑤ 张炜. 高校人才培养的质量成本研究[D]. 武汉:华中科技大学,2010.
⑥ 张祎婧. 我国高等教育 X 效率实证研究[D]. 北京:中国矿业大学,2011.
⑦ 冯宝军,孙秀峰,刘小君. 基于 SFA 法的高校成本效率评价研究:以教育部直属高校为例的分析[J]. 大连理工大学学报(社会科学版),2015,36(3):6-13.

数、科研人员高级职称比例)、财力(当年拨入的科技经费)、科技课题(科技课题总数),将产出指标分为专著、论文、专利和成果转换,对我国高校科研投入产出效率进行了评价。[①] 陈静漪等人将研究型大学科研的投入指标分为科研人员(研究与发展课题投入人数、参与项目研究生数、社会科技活动人员数)、物力资源(仪器设备资产值、实验室面积、图书馆藏书量)和科研经费(研究与发展经费拨入),将科研产出指标分为科技成果(期刊论文数、出版专著数、专利授权数、科技获奖数、全国百篇优秀博士论文获奖数)、科技人才(当量毕业硕博研究生人数)和成果转化(专利出售当年实际收入金额、技术转让当年实际收入金额),并确定了各指标权重,测算了我国研究型大学的综合绩效得分。[②]

对比可知,高校科研效率评价和高校教育效率评价在投入上有很大的相似性,一般都是从人力、财力、物力三个维度选取指标,但是在产出方面二者呈包含与被包含关系。其中,高校教育产出范围较广,包括教学产出、科研产出和社会服务。而高校科研产出主要聚焦的是科研成果,具体来说可分为三类:一是基础科研成果,表现为论文或学术专著;二是应用研究成果,表现为学术专利;三是技术开发成果,表现为技术文件、专利等。

教研活动也是一种涉及多投入和多产出的复杂系统,其特点是通过研究活动来促进教育教学质量的提升。因此,教研投入更偏向于研究投入,与高校科研投入有颇多相似之处,教研产出则更多是寻求教育产出,与高校教育产出更有共通之处。基于此,教研效益的评价指标可综合借鉴高校教育效率和高校科研效率的评价指标。

综上,高校效率评价研究启示我们,园本教研效益的投入指标可从人力、财力、物力等维度设定,产出指标可从人才培养、科研成果、社会服务等维度设定。

(二)教研效益的评价方法

我国校本教研评价方式主要有两种,第一种是传统的考核方式,通过考核教师的学习状况和学习结果来反映教研效益,一般考察教师的考勤、听评课的次数、发表论文的篇数等[③];第二种是近几年提出的新型评价方式——"教师

---

① 赵杨.我国高校科研投入产出效率研究[D].广州:暨南大学,2016:16-17.

② 陈静漪,仲洁,宗晓华.研究型大学科研投入-产出绩效动态评估:基于2004—2012校级面板数据的分析[J].教育科学,2016,32(1):52-58.

③ 闫薇.提高小学校本教研有效性的理论与实践探索:基于银川市X小学的个案研究[D].银川:宁夏大学,2016:5.

成长档案袋"[①]或者说"教师专业成长记录袋"[②],具体的评价内容包括:愿景规划(专业发展方向、愿景目标、行动策略)、过程记录(阅读、研听课、研讨、参会、课题)、成果积累(成功的课堂教学案例、各类调研报告、案例分析报告、教研论文、课题研究报告、个人成长总结报告)、参考资料(阅读的教育著作和论文目录)等。档案袋评价的重要意义在于为评价对象提供了学会自己判断自己进步并主动进行学习的机会,一方面使评价对象产生了对评价的亲切感和责任心,另一方面也起到了对评价对象的进步和发展的激励与指导作用,并为每位教师的成长添加了个性化元素。

值得注意的是,美国在校本教研方面颇有建树。美国的校本教研评价主要采用定性评价和定量评价两种方法。定性评价的方法主要有简单的数据统计,考察教师日常的教学反思日记、教育随笔,给教师发放考量问卷,对教师实施有针对性的访谈等。定量评价的方法主要是通过数理统计的方法衡量教研活动的实效性,如人力资本和物力资本的投入和支出情况、在开展校本教研的过程中学校的教育水平是否有所提高、同伴互助和专家引导等模式是否真正满足学校的发展需要等。值得注意的是,美国校本教研评价活动通常是以不同的评价主体来实施的,主要包括三种:一是参与教研的人员对所参加的教研活动进行自评;二是学生对校本教研活动进行评价;三是相关教育管理人员对校本教研活动进行评价。[③]

综上,在教研效益评价指标方面,已有教研效益评价研究更多是一种教研评价,评价范围涵盖教研活动主题、教研活动内容、教研活动过程、教研活动组织、教研活动支持、教师参与状况、教研活动效果、教师专业发展等等。其实,教研评价和教研效益评价还是存在较大差别的,本书所关注的教研效益评价更加聚焦教研产出与教研投入的相对关系,是对教研效益的经济学解读,目前仅见于张旭等人和肖继军的研究中。在教研效益评价方法方面,教研活动作为一种多投入、多产出的复杂活动,教研效益评价与高校效率评价有一定的相似性,因此高校效率评价方法也可为教研效益研究提供方法借鉴。当前,高校效率分析中最常用的方法是数据包络分析(Data Envelopment Analysis,DEA)和随机前沿

---

① 高翔,刘学平.完善校本教研评价体系,促进教师和学校自主发展:以制度为保障,用发展性评价引领教师而发展[J].现代校长高参,2005(3):29.
② 周冬祥.校本研修:理论与实务[M].武汉:华中师范大学出版社,2007:363.
③ 王瑞临.民族地区初中校本教研现状及改进策略研究:以广西省 R 县为例[D].成都:四川师范大学,2013:8-9.

分析（Stochastic Frontier Analysis,SFA），二者分别是前沿分析中参数方法和非参数方法的代表，各有优势，肖继军对高校德育教研效益的评价研究即是综合运用了这两种效率分析方法。张旭等人则主要运用了数据包络分析方法。

四、教研效益的影响因素

在组织层面，影响教研效益的因素包括学校层面和教育行政层面。张丽丽认为，愿景与战略、领导者与管理、组织结构与文化、知识管理与技术应用是影响教研组教研有效性的重要因素。[①] 贾霞萍基于问卷调查发现，学校经费投入不足、缺乏专业指导与帮助是制约校本教研活动成效的重要因素。[②] 闫薇认为，校本教研的机制无法保障其可持续发展是制约校本教研有效性的关键因素。[③] 李静文认为，英语教研员或教研组长评价和考核体系不健全是影响初中英语教研活动有效性的消极因素。[④] 夏佳认为，资金投入、人员支持、技术支持是教育行政层面影响乡镇园"公带民"联片教研实效性的重要因素，而"公带民"联片教研活动力度、联片教研活动的组织形式、联片教研活动内容的针对性、联片教研管理制度、参与园的主体意识则是幼儿园层面影响乡镇园"公带民"联片教研实效性的重要因素。[⑤]

在个体层面，影响教研效益的因素包括教师、教研组长、教研员等。倪丹英和朱一平提出，传统教研模式"听评课"中教师的"不浸入"，也即教研积极性不高，不免影响教研实效。[⑥][⑦] 何放也认为，教师对主题兴趣不高、教师教研主体感不强、教师教研主动性不够等是影响园本教研有效性的消极因素。[⑧] 贾霞萍通过问卷调查发现，教师工作量大、时间精力不足是制约校本教研活动成效的重要因素。[⑨] 李静文认为初中英语教师的专业素养、职业倦怠和职业特

---

① 张丽丽. 石河子小学教研组作用的有效性研究[D]. 石河子：石河子大学，2014：11-13.

② 贾霞萍. 中小学校本教研实施现状调研报告[J]. 教育理论与实践，2015，35(32)：31-34.

③ 闫薇. 提高小学校本教研有效性的理论与实践探索：基于银川市X小学的个案研究[D]. 银川：宁夏大学，2016：34-38.

④ 李静文. 石河子市初中英语教研活动有效性研究[D]. 石河子：石河子大学，2017：Ⅰ.

⑤ 夏佳. 乡镇园"公带民"联片教研实效性研究[D]. 福州：福建师范大学，2017：51-56.

⑥ 倪丹英. 唤醒角色意识，促进深度参与：运用课堂观察改进小学英语教研活动中的"听课"行为[J]. 中小学英语教学与研究，2009(6)：42.

⑦ 朱一平. 走向"课堂观察"的听评课：提高青年教师校本教研的实效性[J]. 教学月刊(中学版)，2012(10)：38-40.

⑧ 何放. 示范性幼儿园园本教研的有效性研究[D]. 长沙：湖南师范大学，2012：54-60.

⑨ 贾霞萍. 中小学校本教研实施现状调研报告[J]. 教育理论与实践，2015，35(32)：31-34.

点,以及英语教研员或教研组长自身专业能力不强是影响初中英语教研活动有效性的重要因素。[1] 夏佳认为,小组成员的分工合作程度和责任意识,以及民办园教师的流动性和专业素养,是影响乡镇园"公带民"联片教研实效性的重要因素。[2] 谭天美和范蔚认为受工具理性、科学技术和功利主义影响,当前校本教研中主体互动缺失严重,导致教研主体地位缺失、关系固化、行为异化,对校本教研实效性造成负面影响。[3]

在教研活动层面,王富英和朱远平认为,从教研活动过程来看,教研自始至终都是围绕如何解决教育教学中的问题进行的,因此,问题是教研活动的核心。在明确研究问题后,采用何种研究方式进行教研便是需要解决的问题,研究方式科学,教研效果就好,教研对教师的发展就有效;研究方式不科学,教研就不会取得好的效果,也不会促进教师有效发展。基于此,教研问题和教研方式是教研是否有效的重要影响因素。[4] 陈坚认为就教研活动而言,活动主题、方案设计、实施过程及活动效果等是决定教研活动质量高低的重要因素。[5] 包新中认为,专家引领、同伴互助、自我反思是校本教研的三大支柱,其效果不佳会严重削弱教研活动的实效性。[6] 闫薇认为,校本教研内容规划不合理、校本教研形式难以打破传统是制约校本教研有效性的关键因素。[7]

五、教研效益的提升策略

在关于教研效益的研究中,如何提升教研效益可谓是研究最为丰富、最为深入的主题。一般来说,创新教研模式、转变教研思路、优化组织管理、打造多元策略是常见路径。

(一)创新教研模式

在校本教研方面,韩国存主张,小课题研究是一项全新的校本教研模式,

① 李静文.石河子市初中英语教研活动有效性研究[D].石河子:石河子大学,2017:I.
② 夏佳.乡镇园"公带民"联片教研实效性研究[D].福州:福建师范大学,2017:51-56.
③ 谭天美,范蔚.校本教研主体互动的缺失与回归[J].中国教育学刊,2017(1):79-84.
④ 王富英,朱远平.中小学教研要素与有效教研分析[J].中国教育学刊,2012(11):81-84.
⑤ 陈坚.教研活动的策划、流程与评价[J].教学与管理,2012(31):33-35.
⑥ 包新中.中小学教研活动实效性评估与反思[J].教学与管理,2013(4):33-35.
⑦ 闫薇.提高小学校本教研有效性的理论与实践探索:基于银川市 X 小学的个案研究[D].银川:宁夏大学,2016:34-38.

包括"选取典型—学习理论—研究课例—撰写反思—展示成果"等研究程序，是引领和促进教师专业成长的一个有效而现实的途径。[①] 孔凡哲和张胜利提出了"问题驱动、研训一体、共同发展"的教研模式，这种教研模式具有研训一体性特点，有助于高校专家与中小学教师的共同成长。[②] 孙厚琴和赵华的"绿色说课"模式是一种介于"真课堂"与"研讨课堂"之间的解读课堂教学设计的新型教研模式，能显著提高校本教研的有效性。[③] 张士超和张明提出，"菜单教研"可以适应校本教研的纵深需求，是一种新型校本教研方式，在研究课堂教学、促进教师专业发展、搞好课程开发、体验课堂文化等方面作用明显。[④]

此外，研究者们还提出网络教研、名师工作室、校际联动教研等新型教研方式。张超提出，网络教研是信息时代背景下教研工作的一种新模式，它的出现为教研工作注入了活力。[⑤] 袁磊和侯丽娜进一步指出，选择适合的网络教研平台和教研模式是保障网络教研有效性的关键，有助于教师区域协同教研更加高效。[⑥] 国立夫和李惠文从理论和实践两个方面对名师工作室的设计进行了大胆的探索，将 PDCA 管理模式引入名师工作室活动的设计中，使得名师工作室活动的开展更加系统化、条理化和科学化。[⑦] 焦佩婵基于"三校联合教研"活动的实践，依据爱德华·索亚的"第三空间"理论，构建了"三位一体校际联动"的教研模式，为提高三校联合教研活动效益提供了重要保障，在实践中取得了明显的成效。[⑧]

(二) 转变教研思路

首先，教研到底是为了谁的发展服务？李逢五基于丰富的教研经验，确立了"为学校服务、为教师服务"的教研思路：一是倡导参与式的教研活动，争取变"要我来"为"我要来"；二是转变教研员的角色定位，由"指导者"的身份变为

① 韩国存. 让小课题校本教研引领教师发展[J]. 中小学教师培训, 2008(5):32-34.
② 孔凡哲, 张胜利. 中小学教研模式创新的思路与实践:"问题驱动、研训一体、共同发展"教研新模式实证分析[J]. 中国教育学刊, 2010(11):67-69.
③ 孙厚琴, 赵华. 化学说课: 从批判走向建设[J]. 中学化学教学参考, 2010(Z1):13-15.
④ 张士超, 张明. 菜单教研: 一种基于上下迁移的教学研究[J]. 教育科学论坛, 2013(9):30-32.
⑤ 张超. 基于网络环境下教研方式的变革[J]. 河北师范大学学报(教育科学版), 2012,14(7):90-92.
⑥ 袁磊, 侯丽娜. 基于 LCS 的教师区域协同教研模型设计与应用研究[J]. 现代远距离教育, 2014(6):70-75.
⑦ 国立夫, 李惠文. 基于 PDCA 理论的名师工作室活动设计[J]. 教育理论与实践, 2016,36(5):34-36.
⑧ 焦佩婵. "三位一体校际联动"教研模式的构建与实践[J]. 教育理论与实践, 2017,37(1):41-44.

"教师成长的帮助者";三是变"传经送宝"为"就地寻宝";四是构建教研信息网,为教师提供研习的平台。① 徐国东以"促发展"为核心提出促进有效教研的策略体系:一是转变陈旧的观点,树立"促发展"的校本教研理念;二是立足多样的形式,探索"促发展"的校本教研活动体系;三是加强制度建设与管理,构建"促发展"的校本教研网络机制。② 周惠娜从"服务于教师成长、实现教师的专业发展"的思路出发思考提高教研效益的方略,主张构建旨在"沟通学段、沟通学校、沟通区域、沟通层次搞教研"的具有衔接性和一体化特点的教研共同体模式。周惠娜认为,教研共同体是一个系统的架构,促进其正常脉动主要从三个方面着手:其一,计划和制度跟进,督促与奖励结合;其二,以骨干带动全体;其三,提高教研员的教研能力。③

其次,教研到底是常规活动还是偶尔为之? 胡军哲强调,中小学一线教师的教研不同于一般的理论研究,它是实践性智慧的总结与提升,因此,教研应该成为教师的生存常态。其中,备课与课堂是中小学教师有效教研的立足点;教育叙事是中小学教师有效教研的重要表达方式;教学反思应成为中小学教师有效教研的自觉行为;阅读是中小学教师有效教研的可靠保障。④ 常立钢提出了"融课题研究和常规教研为一体促教师发展"的新思路:首先,可将课题研究"融入"常规教研,用小课题研究的思路开展常规教研活动;其次,可在常规教研和小课题研究中,淡化形式上的要求,减少烦琐的程序,化繁为简,注重实效。⑤ 这种新思路提高了教师参与课题研究和常规教研的积极性,为教师不断实现自身专业化成长提供了一条切实可行的捷径。

再次,有效教研的关键是什么? 姜荣富另辟蹊径,提出有效教研的基本前提是"对话教学中的问题",认同教师的自主性并坚持不懈地把对话作为重要原则是确保教研活动实效性的关键因素。姜荣富认为,把教研定位于对话,可以点燃教师分享经验和建构教学理解的愿望,保证活动的开放性;把对话聚焦于问题,可以形成教师对教学的深入理解并促使其改进教学,保证活动的有效性。⑥ 谭天美和范蔚基于哈贝马斯的交往行为理论,主张校本教研应是以教师为主体使其走向自由和自觉的交往互动过程,提出了回归生活世界的校本

① 李逢五.按需提供服务　提高教研实效[J].上海教育,2003(11):34-36.
② 徐国东.浅谈校本教研的误区与对策[J].小学教学研究,2007(7):40-43.
③ 周惠娜.有效教研需要多层面教研共同体的构建[J].教学月刊(中学版),2014(3):12-14.
④ 胡军哲.让教研成为一线教师生存常态[J].中国教育学刊,2010(3):58-60.
⑤ 常立钢.融课题研究和常规教研为一体促教师发展[J].中国教育学刊,2018(6):103.
⑥ 姜荣富.教研应成为针对问题的对话[J].人民教育,2011(19):46-48.

教研主体互动策略：其一，在理念层面，在寻觅自由中确立校本教研主体"互动理性"；其二，在场域层面，在生活世界中达成校本教研"主体互动空间"；其三，在行动层面，在商谈原则中规约校本教研"主体互动行为"。①

此外，陈德仁创造性地提出了"听课"的身份策略，强调只有带着教师、编者、学生的身份去倾听，将听课转化为探究教师、教材、学生三者的研究活动，才能提高教研实效。因此，在听课中，一是以教师的身份听课，关注教师基本功、教育机智、教学点拨艺术；二是以编者的身份听课，关注教学预设是否符合学情、教材目标定位是否正确、教材增删调整是否合理；三是以学生的身份听课，关注思维启迪了吗、知识掌握了吗、兴趣激发了吗、习惯提升了吗。②

（三）优化组织管理

在教研制度完善和组织文化变革方面，张志伟和张春燕认为，有效的教研制度应注重发挥育人效应、转化效应和创新效应。完善的教研制度体系包括基于共享的学术交流制度、基于实效的教研活动制度、基于发展的自我反思制度、基于分层提高的名师培养制度、基于全员参与的教研激励制度、基于多元的教师评价制度。③ 邵水潮主张，组织文化的变革是当代教育变革的主旋律，为解决校本教研的结构性问题提供了契机，因而是提升校本教研有效性的根本举措。邵水潮基于实践经验，摸索出组织文化变革的三条主要路径：一是运用组织变革中的领导者效应；二是建立有机适应型组织；三是建立多样化的利益补偿机制。④

在教研组织与管理的具体方法上，高翔提出，为提高校本教研的实效性，学校应改变单一的教研活动形式，创新教研活动的内容，加大对教研组管理和区分性评价的力度，对教研组增值赋权，使其真正成为教师专业发展的管理组织；突出教研组对教师专业发展的引导，同时加强年级组对教学研究执行力的管理；厘清专业发展与行政推进相辅相成的关系，使教学研究和教学执行力成为学校发展的双翼，使科层管理和松散的扁平组织都能发挥积极有效的作用。⑤ 耿亚彬受"微管理"理论启发，强调通过合理的管理过程与环节达到"精

---

① 谭天美,范蔚. 校本教研主体互动的缺失与回归[J]. 中国教育学刊,2017(1):79-84.
② 陈德仁. 听课的"身份"策略[J]. 教学与管理,2015(26):17-18.
③ 张志伟,张春燕. 有效教研应该是共享教学智慧[J]. 上海教育科研,2009(9):40-42.
④ 邵水潮. 以组织文化变革提高校本教研有效性[J]. 中国教育学刊,2013(11):42-45.
⑤ 高翔. 校本教研组织行为有效性的实践探索[J]. 中国教育学刊,2011(3):44-46.

致化""细微化""效益化"的目标,提出教研组建设可以做到以下三点:一是以平等与开放的形式激发组员的参与热情;二是以共鸣的主题引发教师的关注热情;三是以科学的方法诱发教师的思考热情。①

(四) 打造多元策略

在校本教研方面,陈忠明和顾燕萍认为,为了实现校本教研的有效性,必须始终把握两个问题:一是充分挖掘利用各种研究资源,包括挖掘利用人力资源、制度资源、文化资源;二是促进"知行思交融",包括"知行合一""行思并进""学思并重",要求每个参加校本教研的教师,在参加每一次校本教研活动后都要反思自己知行思方面的变化。② 王晓彬提出,有效开展校本研修有四个必要条件,包括行政推动、区域联动、校长挂帅和内需驱动。对此,有效的校本研修需要五大策略牵引力:一是点面结合,片区联动;二是聚焦课堂,问题导向;三是倡导读书,营造书香氛围;四是名师引领,盘活资源;五是文化导引,课题推动。③ 与之相似,肖贤也强调通过打造多元平台促进教研质量提升,一是立足学校,促教研制度化;二是区域联动,促教研合作化;三是网络教研,促教研广泛化。林红从不同类别、不同层次、不同个性的教师出发,强调有效教研应该做到以下五点:一要精心筛选教研内容,满足教师实际需要;二要加强教研过程指导,不断提高管理效益;三要创新校本教研模式,拓展校本教研新领域,让研究被教师乐于采纳;四要开展丰富多彩的教研活动,享受校本教研的意趣;五要完善校本教研评价体系,推动校本教研不断发展。④

在园本教研方面,庞青认为,构建多元化的园本教研体系的现实路径包括构建多元内容的园本教研、营造多元时空的园本教研、强调多元主体参与的园本教研。一方面,以教师专业发展阶段为基点,建立不同层级的园本教研组(导研、研修、发展三层教研组);另一方面,以教师素质能力形成状况为基点,建立不同导向的园本教研目标(人格、合格和风格三级目标)⑤。

---

① 耿亚彬. 追求精致和谐,提升教研效益:"微管理"引领下的政治教研组建设[J]. 思想政治课教学,2013(7):6-7.
② 陈忠明,顾燕萍. 校本教研　力求有效[J]. 中小学管理,2004(11):8-10.
③ 王晓彬. 用什么牵引校本研修前行[J]. 人民教育,2007(Z1):69-70.
④ 林红. 让教育拥抱美丽的意趣:提高校本教研实效性的思考[J]. 学校党建与思想教育,2010(6):14-15.
⑤ 庞青. 尊重教师专业发展需要,构建多元化的园本教研体系[J]. 学前教育研究,2010(4):67-69.

六、文献综述小结

(一)研究视角——教研效益广受关注,但缺乏经济学考量

近十年来,教研效益及相关概念(教研实效性、教研有效性、教研实效、有效教研)得到越来越多研究者的青睐,已有研究对于教研效益的认识更多还停留在教研带来的效果、好处、成效上,研究内容主要集中于描述教研效益的现状、剖析教研效益的影响因素以及探寻教研效益的提升策略,尤其是策略探寻方面,不同学者从各个角度切入提出了诸多良方。也有部分学者十分关注教研评价领域,但是评价对象往往涵盖整个教研活动过程(包括教研主题、教研内容、教研过程、教研支持、教师参与情况、教研效果),真正意义上的教研效益评价研究寥寥无几。有的研究甚至混淆了教研评价和教研效益评价、混淆了科研效率和教研效率。目前,从经济学视角出发解读教研效益的实证研究十分罕见,而从经济学视角出发测算园本教研效益的实证研究则尚付阙如。

(二)研究范式——已有研究偏向定性分析,实证研究缺位

已有研究在分析学前教育教研效益时,多采用定性方法,或是幼教工作者简单的经验总结,少有研究能够做到系统收集客观数据、科学分析数据并在此基础上揭示真实的教研效益,也即,基于实证调研数据的教研效益量化研究严重缺位。对此,园本教研效益研究可以借鉴相关领域(包括学前教育效率研究、高校教育效率研究、高校科研效率研究)的研究范式,采用计量经济学方法测算园本教研效益。当前,采用计量经济学方法研究教育领域的效率问题已经形成了十分成熟的研究范式——采用数据包络分析(DEA)和随机前沿分析(SFA)测量教育效率,并在此基础上采用 Tobit 回归分析探索教育效率的影响因素,因此专门形成了配套的 DEA-Tobit 模型、SFA-Tobit 模型。园本教研效益研究也可借用这套效率研究范式,实现学前教育与经济学的跨学科融合。

(三)研究内容——教研效益研究内容分散,系统研究少见

如前所述,教研效益相关研究内容丰富,包括描述教研效益现状、剖析教研效益影响因素、探寻教研效益提升策略等,但是由于缺乏量化实证研究的支

撑,教研效益各个块面的研究不免流于经验之谈,导致各个块面之间缺乏有机联系。很多学者对教研效益提升策略十分感兴趣,但是,要想提出切实可行的策略,首先要对教研效益的评价指标有清晰的认识,对教研效益的现状有准确的把握,对教研效益的影响因素有一定的聚焦,在此基础上才能有针对性地提出教研效益的提升策略,从而形成对教研效益的系统认识。目前,并未有系统构建教研效益评价指标体系的研究,遑论基于评价指标测算教研效益、验证教研效益的影响因素。构建教研效益的评价指标体系,确定适宜的教研效益评价方法,是教研效益现状研究和影响因素研究的重要前提,而后才能进一步探讨教研效益的提升策略。

第三节 研究设计

一、研究目标与内容

本书的研究目标有以下四点:一是构建园本教研效益的评价指标;二是考察园本教研效益的现状;三是剖析园本教研效益的影响因素;四是探寻园本教研效益的提升策略。

对应以上研究目标,本书的研究内容分为以下四个块面:

首先,广泛阅读教研效益相关文献,形成园本教研效益的评价指标框架,据此编制《园本教研效益评价指标访谈提纲》,对教研人员进行半结构式访谈,根据访谈结果提炼园本教研效益的具体评价指标。基于层次分析法和焦点小组访谈,确定园本教研效益相关指标的权重系数,至此形成完整的园本教研效益评价指标体系。

其次,根据园本教研效益评价指标体系,编制《江苏省园本教研效益调查问卷》,在江苏省的苏南、苏中、苏北地区分层随机发放问卷,以收集江苏省不同办园性质、不同地理位置幼儿园的园本教研投入和教研产出数据。应用三阶段 DEA 模型测算样本幼儿园的园本教研综合技术效率、纯技术效率和规模效率,形成对江苏省幼儿园园本教研效益现状的整体认识。

再次,基于已有文献和园本教研活动本身的特点,提取园本教研效益的环境变量,结合三阶段 DEA 测得的效率值,采用 Tobit 回归分析,探索环境变量对教研效益的影响情况和具体影响程度。此外，基于《园本教研组织管理经验访谈提纲》对教研人员进行半结构式访谈，运用归纳法提炼园本教研效益的其他影响因素，与 Tobit 回归分析结果互相印证和补充。

最后，基于江苏省幼儿园园本教研效益现状和影响因素调查结果，结合幼教工作者教研组织管理经验的访谈结果，探寻园本教研效益的提升对策。

二、研究思路与框架

本书中，教研效益是指教研产出与教研投入的相对关系。为了测算园本教研效益，需要解决两大关键问题：一是明确教研投入和教研产出的具体指标，二是选择适宜的效益/效率分析方法。在指标选取方面，本书采取自上而下和自下而上相结合的思路，一方面从已有效益/效率/绩效研究中寻求启示，另一方面访谈教研人员对于教研投入和教研产出的认识和理解，结合文献法和访谈法双向构建园本教研效益的评价指标体系（详见第三章）。在方法选择方面，笔者自学了经济学中常见的效益/效率/绩效分析方法，并结合本书的研究需要，确定了三阶段数据包络分析模型（Three-Stage DEA Model）作为园本教研效益的评价方法。当这两大关键问题解决后，就可以逐步解答本书研究的其他问题——园本教研效益的现状、影响因素和促进策略（详见第四章、第五章、第六章），从而形成对于园本教研效益的完整认识。本书具体的研究框架如图 1-1 所示。

图 1-1 园本教研效益研究框架

三、核心概念的界定

(一)教研

查阅《辞海》《教育辞典》《国际教育百科全书》《汉语大词典》等工具书,均未发现对"教研"作出明确界定。但是通过对比"教研室(组)""教研组长"等相关词条可以发现,"教学研究组(室)"简称"教研组(室)"[1][2],指"以学科为单位,从事本学科教学研究的单位","教研组长"指"领导各科教师进行教学研究的负责人"[3],可见,《辞海》和教育类词典默认"教研"即"教学研究"(Teaching Research)的简称,这也呼应了我国教育学者对教研的定义[4][5][6]。

(二)园本教研

在我国教育界,"教研"早已成为一个专有名词,既包括专门的教研机构和教研人员专门从事教研工作,也包括更广泛的教学单位和教师在教学的同时从事研究。[7] "教研"的研究范畴,也渐渐超出了教学范围。吴义昌认为"广义的教研是教师对包括教学活动在内的所有教育实践的研究,狭义的教研则是指教师对教学工作的研究"[8]。由于幼儿园教育的特殊性——不仅包括教学活动,还包括生活活动、游戏活动等,实践中幼儿园教师的教研内容往往覆盖幼儿园所有的保教实践。基于此,本书采取广义的教研。

在本书中,园本教研是指以幼儿园所有保教实践为研究对象,以幼儿园教师为研究主体,以助学者(包括高校幼教专家、幼教教研员、一线教师等)为合作伙伴的研究活动,旨在提升教师专业水平、提高幼儿园保教工作质量、促进幼儿全面发展。一般来说,幼儿园在学期初会制定学期教研计划,教研计划上规定的制度化的教研形式就是本书考察的教研范畴,这种制度化的教研形式

---

① 夏征农. 辞海:下[Z]. 上海:上海辞书出版社,1979:3366.
② 王焕勋. 实用教育大辞典[Z]. 北京:北京师范大学出版社,1995:221-222.
③ 朱作仁. 教育辞典[Z]. 南昌:江西教育出版社,1987:663.
④ 栾传大,赵刚. 教育科研手册[M]. 大连:大连出版社,1991:7.
⑤ 赵才欣. 有效教研:基础教育教研工作导论[M]. 上海:上海教育出版社,2008:3.
⑥ 雷树福. 教研活动概论[M]. 北京:北京大学出版社,2009:3.
⑦ 赵才欣. 有效教研:基础教育教研工作导论[M]. 上海:上海教育出版社,2008:3.
⑧ 吴义昌. 科研、教研与中小学教师[J]. 当代教育论坛,2004(8):35-36.

常以教师集体教研活动形式展开,包括年级组课程审议、集体教学观摩研讨、区域活动观摩研讨、专题讲座、课题研究、读书沙龙等。

(三)园本教研效益

在《汉语大词典》中,"效益"指效果与利益①,其中,效果表示由行为产生的有效的结果②,利益表示好处③。因此,已有的学前教育教研效益研究多关注教研的效果、结果、成效。而在韦氏字典(*Merriam-Webster*)中,效益(efficiency)意为"effective operation as measured by a comparison of production with cost(as in energy,time,and money)"——测量投入与产出相对关系的有效运算④,属于"效益"的经济学视角,与经济学中的"效率""绩效""生产率"等词同义。刘志民在《教育经济学》一书中提出,"教育效益是指社会经济活动中物化劳动和活劳动的消耗与所取得的符合社会需要的劳动成果之间的比较",一方面强调了投入与产出的对比关系,另一方面强调产出必须符合社会需要⑤。刘志民对于"教育效益"的认识启发了笔者对于"教研效益"的思考,园本教研效益研究不仅需要考察教研投入与教研产出的相对关系,而且需要考虑教研产出是否符合社会需要。此外,肖继军将教研效益视为资源投入使用效率⑥,耿亚彬认为教研效益既要注重投入,又要讲究产出,它取决于产出与投入的比例关系⑦,这些都是从经济学视角解读"教研效益"的例证。基于此,使用"教研效益"比"教研效率"更契合本书研究旨趣。

综上,本书从"效益"的经济学视角出发,"教研效益"旨在考察教研系统产出和投入的相对关系,也即教研产出与教研投入的对比关系。其中,教研产出指的是指符合社会需要的成果。园本教研效益则是指在幼儿园保教实践研究活动中,教研产出与教研投入之间的相对关系。其中,教研产出是指符合幼儿

① 罗竹风.汉语大词典:第5卷上册[Z].上海:汉语大词典出版社,2007:441.
② 夏征农.辞海:下[Z].上海:上海辞书出版社,1979:3361.
③ 罗竹风.汉语大词典:缩印本上卷[Z].上海:汉语大词典出版社,2003:1008.
④ "Efficiency." Merriam-Webster.com Dictionary, Merriam-Webster, https://www.merriam-webster.com/dictionary/efficiency. Accessed 10 Aug. 2020.
⑤ 刘志民.教育经济学[M].北京:北京大学出版社,2017:186.
⑥ 肖继军.基于 SFA 和 DEA 的高校德育教研投入效率研究[C]. Intelligent Information Technology Application Association. 2011 International Conference on Machine Intelligence(ICMI 2011 V3). Intelligent Information Technology Application Association:智能信息技术应用学会,2011:163-167.
⑦ 耿亚彬.追求精致和谐,提升教研效益:"微管理"引领下的政治教研组建设[J].思想政治课教学,2013(7):6-7.

成长需要、教师发展需要、幼儿园教育质量提升需要等方面的产出。

四、研究方法与对象

（一）数据收集方法

1. 文献法

笔者通过对国内外教研效益主题及相关领域的著作、期刊论文、学位论文、会议论文、政策文件等进行系统的收集、阅读、分析，梳理了教研效益领域的研究进展，发现了从经济学视角研究教研效益的必要性和可行性，确定了本书的研究思路，形成了园本教研效益的评价指标框架。

2. 访谈法

本书涉及的访谈分为三个阶段，第一阶段是为了确定园本教研效益的具体指标而进行的半结构式访谈，第二阶段是对园本教研效益评价指标重要性进行评分的焦点小组访谈，第三阶段是为了考察园本教研效益影响因素和促进策略而进行的半结构式访谈。

首先，基于园本教研效益评价指标框架，编制《园本教研效益评价指标访谈提纲》（见附录 1），分别对笔者熟识的 17 位学前教育教研人员（1 位幼教教研员、6 位高校幼教专家、4 位幼儿园园长、1 位教科室主任、1 位教研组长、4 位幼儿园教师）进行了半结构式访谈，以获取教研人员对于园本教研投入和产出指标的具体认识，提炼园本教研效益的具体评价指标。

其次，基于园本教研效益评价指标体系，邀请 6 位有着丰富学前教育教研经验的专家（1 位幼教教研员代表、1 位高校幼教专家代表、1 位园长代表、1 位教科室主任代表、1 位教研组长代表、1 位幼儿园教师代表）进行了焦点小组访谈。根据塞蒂（Saaty）教授提出的 1—9 标度法对教研效益相关指标两两因素之间的相对重要性进行评分，获得教研人员对于园本教研效益评价指标体系中各因素重要性的认识，结合层次分析法确定园本教研效益相关指标的权重系数。

最后，基于《园本教研组织管理经验访谈提纲》（见附录 5），研究者对 4 位幼教教研员、20 位园长、2 位教科室主任、3 位教研组长或年级组长、6 位幼儿园教师，共计 35 位学前教育教研人员进行了半结构式访谈，以了解园本教研组织管理中的经验与困境,进而归纳园本教研效益的影响因素和提升策略。

3. 层次分析法

基于园本教研效益评价指标,构建教研效益二级指标和三级指标的递阶层次结构模型和成对比较矩阵,根据焦点小组访谈中得到的专家标度评分(专家团队对于教研效益的二级指标、三级指标两两因素之间的相对重要性的认识),利用 yaahp10.0 软件对成对比较矩阵进行一致性检验,进而确定教研效益相关指标的权重系数。

4. 专家咨询法

本书选取 7 位学前教育领域的专家(包括幼教教研员 2 位、高校幼教专家 2 位、幼儿园园长 3 位)组成了专家咨询小组,发放《专家咨询问卷》(见附录 2),对《园本教研教学产出量表》和《园本教研中实践共同体创设量表》的维度和条目的重要性,以及语言的清晰度进行了打分,根据专家评分和修改建议进一步优化这两个量表的内容。

5. 问卷法

初试:基于专家咨询结果,编制《园本教研教学产出与实践共同体创设调查问卷(初试问卷)》(见附录 3),通过问卷星平台在江苏省随机发放问卷,共回收有效问卷 197 份,通过对问卷进行项目分析、因素分析和信度分析,确定《园本教研教学产出量表》和《园本教研中实践共同体创设量表》均符合心理测量学标准。

正式测试:基于园本教研效益评价指标体系,编制《江苏省园本教研效益调查问卷(正式问卷)》(见附录 4),通过问卷星平台在江苏省分层随机抽取幼儿园作为样本。样本幼儿园的选择既考虑幼儿园所处地域(苏南、苏中、苏北),又考虑到幼儿园城乡位置(城区、城乡结合区、镇区、镇乡结合区、乡村),还考虑到幼儿园的办园性质(公办、民办),旨在获得江苏省不同类型幼儿园在教研投入和教研产出方面的数据(正式测试中样本幼儿园的基本信息见表 1-1)。由表 1-1 可知,这些样本幼儿园在办园性质、地理位置等方面具有较高的代表性,涵盖的幼儿园种类较为全面,基本能够代表江苏省幼儿园的发展水平。

正式测试取样程序:按照《江苏统计年鉴》的区域划分标准,江苏省共分为苏南、苏中、苏北三大区域,苏南包括南京、无锡、常州、苏州、镇江,苏中包括扬

表 1-1 正式测试中样本幼儿园的基本信息

幼儿园类型			幼儿园数量
所处地域	苏南 60 所	南京	20 所
		无锡	20 所
		镇江	20 所
	苏中 56 所	扬州	19 所
		南通	16 所
		泰州	21 所
	苏北 52 所	淮安	14 所
		宿迁	19 所
		盐城	19 所
城乡位置	城区		60 所
	城乡结合区		29 所
	镇区		38 所
	镇乡结合区		25 所
	乡村		16 所
办园性质	公办园		99 所
	民办园		69 所

州、泰州、南通,苏北包括徐州、连云港、淮安、盐城、宿迁。[①] 这种区域划分同时也代表了不同的经济水平,苏南最好,苏中其次,苏北最差。[②] 根据数据收集的方便性原则,本书选取南京、无锡、镇江作为苏南城市代表,选取扬州、南通、泰州作为苏中城市代表,选取淮安、宿迁、盐城作为苏北城市代表,在以上9 个城市共抽取了 168 所幼儿园作为调查对象。

(二)数据分析方法

1. 三阶段 DEA 模型

本书采用规模报酬可变的、产出导向的三阶段 DEA 模型,基于 DEAP VERSION2. 1 和 FRONTIER VERSION4. 1 程序,测算了江苏省内 168 所幼儿园的园本教研综合技术效率、纯技术效率和规模效率,形成了对于江苏省幼

[①] 江苏省统计局. 江苏统计年鉴[EB/OL]. (2019-12-7)[2023-12-23]. http://tj. jiangsu. gov. cn/2018/nj19/nj1902. htm.

[②] 刘娜. 江苏省三大区域卫生服务公平性研究及综合评价[D]. 南京:南京中医药大学,2012:15.

儿园园本教研效益现状的整体认识。

2. Tobit 回归模型

基于三阶段 DEA 模型测算的效率得分,选定幼儿园办园性质、所处地域和城乡位置作为外部环境变量,选定教研引领类型、常见教研组规模、实践共同体创设情况为内部环境变量,构建 Tobit 模型,基于 EViews10.0 程序进行回归分析,确定影响园本教研效益的环境变量及其具体影响程度。

3. 归纳法

在第一次半结构式访谈之后,研究者采用归纳分析法提炼了园本教研效益的具体评价指标;在第二次半结构式访谈之后,研究者同样采用归纳分析法提炼了园本教研效益的影响因素和提升策略。也即,两次半结构式访谈均与归纳分析配套使用。

第四节　研究创新

一、视角创新:从经济学视角解读教研效益

本书属于教育学与经济学跨学科研究,主张从经济学视角出发解读教研效益,相对于已有的学前教育教研效益研究而言,研究视角有所创新。近十年来,学前教育教研效益及教研实效性、教研有效性、教研实效、有效教研得到许多研究者的关注,但是研究大多将效益与实效、有效、实效性、有效性混同,重在研究教研取得的成效、成果,而不是评价教研产出与教研投入的相对关系,无法反映教研产出与教研投入的效能。对此,本书从经济学视角出发,将园本教研效益界定为园本教研产出与教研投入的相对关系,系统收集园本教研投入数据和教研产出数据,采用适宜的经济计量方法测算园本教研效益,丰富了学前教育教研效益的研究视角。

二、内容系统:完整呈现教研效益研究全貌

本书从经济学视角解读园本教研效益,综合运用多种研究方法系统构建

园本教研效益评价指标体系,基于该指标体系设计相应问卷,系统收集江苏省园本教研投入和产出数据,基于三阶段 DEA 模型测算江苏省园本教研效益现状,结合 Tobit 回归分析从量化视角挖掘影响教研效益的环境变量,同时结合访谈结果从质化视角归纳其他可能影响教研效益的要素,最后基于以上结果和深度访谈勾画教研效益的提升策略。综上,本书的研究思路为"指标构建—问卷设计—资料收集—资料分析(现状分析/成因分析/对策分析)",完整呈现了教研效益研究的全过程,指标构建、现状描摹、成因剖析和对策研究更是揭示了园本教研效益的全貌。

三、方法多元:灵活采用混合设计研究范式

如上所述,本书涉及的研究内容较多,包括指标构建、现状描摹、成因剖析、对策研究等,其中,不同的研究内容适合采用不同的研究方法,例如现状描摹适合采用量化研究方法(问卷法收集数据,三阶段 DEA 模型分析数据),对策研究适合采用质化研究方法(半结构式访谈法收集数据,归纳法分析数据),而指标建构和成因剖析则适合运用混合研究设计(综合运用文献法、半结构式访谈法、专家咨询法、统计分析法、层次分析法、焦点小组访谈法构建教研效益评价指标,综合运用 Tobit 回归分析和质化分析挖掘教研效益影响因素)。综上,本书采用混合设计研究范式,在研究的不同阶段、在研究不同内容时,分别采用最适宜的研究方法,以寻求研究问题的有效解决。

第二章 理论寻根:园本教研效益的理论透镜及其启示

虽然"教研效益"已被研究者们以不同形式提出——教研有效性、教研实效性、教研实效、有效教研等,并进行了诸多研究,但是鲜有学者关注或挖掘教研效益研究可能的理论基础。理论寻根有助于从不同视角对研究问题进行多方位透视,增强我们对园本教研效益的洞察力、分析力和解释力。本章尝试以成人学习理论、群体动力学理论、实践共同体理论为理论透镜,剖析其对园本教研效益研究可能的启示。

第一节 成人学习理论

成人学习理论(Adult Learning Theory)是研究成人学习者学习规律的理论,主要包括三大派系:成人教育学理论(Andragogy)、自我导向学习理论(Self-Directed Learning)和转换性学习理论(Transformational Learning)。[①]其中,马尔科姆·诺尔斯(Malcolm Knowles)于1968年提出的成人教育理论可以说首开先河,同时也是成人学习理论中最著名的成果。本节以诺尔斯的成人教育理论作为成人学习理论的代表,剖析其对教研效益研究的启示。

一、诺尔斯成人教育理论的核心观点

成人教育理论(Andragogy),意指"帮助成人学习的艺术和科学"(the art

---

① TEAL Center staff. Adult Learning Theory[EB/OL]. [2019-10-11]. https://lincs. ed. gov/sites/default/files/11_%20TEAL_Adult_Learning_Theory. pdf.

and science of helping adults learn)①,是与教育学(Pedagogy)即帮助儿童学习的艺术和科学相对照而提出来的,其特色在于,该理论是在区别成人学习者与儿童学习者在身心发展和社会生活方面质的差别的基础上建立起来的,有助于人们更好地理解作为学习者的成人。

诺尔斯认为,成人学习者相较于儿童学习者有五大差别,分别对应成人学习者的五个基本假设:第一,随着个体成熟,成人的自我概念从依赖型人格转向自我导向型人格;第二,成人积累了不断充实的经验库,它们是学习的丰富资源;第三,成人的学习准备度是与其自身社会角色的发展任务紧密相关的;第四,随着个体的成熟,个体的时间观会发生一种变化,从知识的未来应用转向立即应用,因此,成人学习更多是一种问题中心的学习而不是学科中心的学习;第五,成人更多受到内在因素而非外在因素的驱动而学习。②

随后,诺尔斯针对这些基本假设总结提炼了成人教育实践的指导原则,建议成人教育者应做到以下六点:第一,创设一种合作氛围;第二,评估学习者的个性化需求和兴趣;第三,根据学习者的需求、兴趣和技能水平,制定适宜的学习目标;第四,设计循序渐进的活动以实现这些目标;第五,和学习者一起合作选择教学方法、教学材料、教学资源;第六,评估学习经验的质量和进一步的学习需求,作出相应调整。③ 诺尔斯的这些实践指导原则,被认为对成人学习者具有很好的实践指导作用。

二、理论启示:园本教研的实质是一种成人学习

成人教育理论的提出可谓一石激起千层浪,引起人们对"成人学习者"(诺尔斯称之为"被忽略的群落"——a neglected species)的广泛关注。由于成人学习者在学习主动性、经验的作用、学习任务、学习目的④等方面存在特殊之处,其学习相较于年幼儿童确实有区别性特征,这决定了成人学习者需要适合成人学习特点的学习方式。

---

① KNOWLES M. The adult learner: a neglected species[M]. Madison: Gulf Publishing Company, 1973:29.

② 梅里安,凯弗瑞拉. 成人学习的综合研究与实践指导:第2版[M]. 黄健,张永,魏光丽,译. 北京:中国人民大学出版社,2010:249.

③ TEAL Center staff. Adult Learning Theory[EB/OL]. [2019-10-11]. https://lincs. ed. gov/sites/default/files/11_%20TEAL_Adult_Learning_Theory. pdf.

④ 娄宏毅,宋尚桂. 成人教育学[M]. 济南:齐鲁书社,2002:131-133.

园本教研作为幼儿园教师提升自身专业水准的重要途径,其实质是一种成人学习。幼儿园教师作为典型的成人学习者,具有以下特征:学习的主导性相对较强;已积累的生活经验和工作经验是其学习的重要资源;承担着繁重的保教任务;学习动机往往是解决保教工作中遇到的问题和困难,存在一种问题解决取向的学习驱动。基于此,园本教研必须考虑到幼儿园教师作为成人学习者的特点,注重帮助幼儿园教师实现主动性学习,以幼儿园教师自身的经验库作为学习资源,围绕幼儿园教师工作中的实际需求展开,切实提升幼儿园教师的保教经验质量。如果园本教研不能顺应幼儿园教师作为成人的学习特点展开,譬如选择的教研问题与幼儿园教师保教工作中的实际需求相关性差,又如教研过程未能积极利用幼儿园教师自身的生活经验和工作经验,再如教研未能激发幼儿园教师的学习主动性等,园本教研中教师的学习将事倍功半,教研效益会大打折扣。

综上,园本教研的本质是一种成人学习,园本教研模式符合成人学习特点的程度,会直接影响园本教研效益的高低。诺尔斯的成人教育理论启示本书关注幼儿园教师作为成人学习者的特殊之处,可以考虑从成人学习视角出发,挖掘园本教研效益的影响因素,完善园本教研组织管理机制。

第二节　群体动力学理论

群体动力学(Group Dynamics),又称团体动力学、集团力学等,1939 年由库尔特·勒温(Kurt Lewin)首次提出。勒温创造性地借用了物理学、数学中的场、向量、拓扑等概念,巧妙地和心理学结合起来,用以说明人类的心理活动规律,并将其场的思想运用于社会问题研究,创立了群体动力学,改变了以往实验心理学只研究个体、不研究群体的传统。[①] 勒温因其独树一帜的群体动力学研究,被誉为“实验社会心理学之父”。

一、勒温群体动力学理论的核心观点

有学者指出,“场”或者说“生活空间”(LSp)是勒温心理学中最根本、最有

---

① 叶浩生.心理学通史[M].北京:北京师范大学出版社,2006:278.

名的概念,勒温著名的行为公式 B＝f(P. E)也可以写作 B＝f(LSp),是指个体的行为由场决定,而场即是指"包含人和他的心理环境的生活空间"①②。个体生活空间可以说是对个体心理环境和心理动力场的总的描绘,勒温认为,通过个体所处的生活空间可以确定该个体某一时间的行为事实。

群体动力学可以说是将 B＝f(P. E)推广到群体研究中③,即个体行为公式同样适用于群体行为规律。在个体行为公式中,B 代表个体行为,P 是指具体的个人,E 是指心理环境;在群体行为公式中,B 代表群体的行为,P 代表许多人,E 代表社会心理环境。至于"群体"的概念,并不是根据成员简单的相近或相似来确定的,而是指一组相互依存的人。④ 由于群体内个体与个体之间存在着相互影响、相互渗透的交互作用,群体自成一个实体,在不断寻求和确定着各种目标,于是便出现了各种能量的汇聚、排斥、冲突、平衡、失衡等,即群体的心理动力场。这种群体心理动力场,构成了影响该群体中个体行为的群体心理动力。现实生活中,每个人都不免生活在群体之中,因此个人的行为不仅取决于个人生活空间,还受到群体心理动力的制约(如人际关系、群体决策、舆论、气氛)等。⑤

二、理论启示:教研效益受制于教师群体心理动力场

根据勒温的群体动力学理论,幼儿园教师的专业行为不仅受幼儿园教师个人生活空间的影响,更受制于群体心理动力场的作用。也即,幼儿园教师群体的人际互动、社会地位、专业认同等构成的群体心理动力场,不仅会影响幼儿园教师的群体行为,也会制约教师的个体行为。教师群体心理动力场对教师个体行为的影响,在教研活动中也有明显体现,譬如开放包容的教师文化会激励教师个体敞开心扉、主动暴露自身存在的"问题";又如幼儿园教师群体的社会地位和待遇水平较低不免会降低教师个体开展教研的热情和积极性。此外,教师群体心理动力场也会影响整个教师群体在教研活动中的教研常规和表现,譬如,有的幼儿园在教研中形成了园长或教研组长"一言堂"的局面,普通教师们只会越来越沉默。然而,已有研究往往将专家引领、同伴互助和自我反思视为教研

① 赵端瑛.库尔特·勒温(Kurt·Lewin,1890-1947)[J].外国心理学,1981(3):47-48,29.
② 叶浩生.心理学通史[M].北京:北京师范大学出版社,2006:270.
③ 刘宏宇.勒温的社会心理学理论述评[J].社会心理科学,1998(1):57-61.
④ 梅松纳夫.群体动力学[M].殷世才,孙兆通,译.北京:商务印书馆,1997:11.
⑤ 刘宏宇.勒温的社会心理学理论述评[J].社会心理科学,1998(1):57-61.

活动的三大基本方式①,强调的是个体与个体之间的互动和影响(专家与我、同伴与我、我与我),没有关注到教师群体建设情况对教师个体发展的重要影响。

基于群体动力学理论,教师群体心理动力场会影响教师个体的教研参与状态和教师群体的教研表现,而教师个体的教研行为和教师群体的教研表现均会影响园本教研效益,也即教研效益受制于教师群体心理动力场。因此,在考察教研效益的影响因素时,有必要重点探索和验证教师群体建设与教研效益之间的因果关系,从而为园本教研效益提升策略提供实证依据。

第三节 实践共同体理论

"实践共同体"(Communities of Practice)一词最早出现于 1991 年莱夫(Jean Lave)和温格(Etienne Wenger)合作出版的《情境学习:合法的边缘性参与》(*Situated Learning: Legitimate Peripheral Participation*)一书中。情境认知理论认为"学习是在实践共同体中参与的过程"②,莱夫和温格提出"实践共同体"的目的是发展一种分析学习过程和社会生产与再生产之间互动关系的理论视角。③ 随后,温格进一步发展了对实践共同体的研究,其 1998 年出版的《实践共同体:学习、意义和身份》被认为是迄今为止对实践共同体做出的最为详细、综合的"约定"。

一、温格实践共同体理论的核心观点

温格提出,"实践共同体"是指这样一群人,他们共享关怀、一组问题、对于某话题的兴趣,他们通过持续互动来深入发展他们在这一领域的知识和专长。④ 对于"实践共同体"的形成过程,温格进行了详细的描述:

---

① 焦佩婵."三位一体校际联动"教研模式的构建与实践[J].教育理论与实践,2017,37(1):41-44.

② 莱夫,温格.情景学习:合法的边缘性参与[M].王文静,译.上海:华东师范大学出版社,2004:5-7.

③ 温格.实践共同体:学习、意义和身份[M].李茂荣,欧阳忠明,任鑫,等译.南昌:江西人民出版社,2018:5.

④ WENGER E, MCDERMOTT R, SNYDER W. Cultivating communities of practice: a guide to managing knowledge[M]. Boston: Harvard Business School Press,2002:4.

　　这些人不必每天在一起工作,但是他们因为在互动中发现价值而聚在一起。他们通常会互相分享信息、视角和建议,帮助彼此解决问题,讨论彼此的境遇、渴望和需求,他们思考公共议题、探索观点,他们像共鸣板一样去行动。他们可能会创造出工具、标准、通用设计、手册和其他记录,或者只是形成共享的内隐理解。在这个过程中,他们积累了知识,因在一起学习发现的价值而变得非正式地捆绑在一起。这些价值不仅仅对他们的工作有帮助,而且会形成一种满足感和群体归属感。随着时间流逝,他们形成对于相关话题的独特视角和大体的公共知识、实践和方法,发展出人际关系、建立互动的方式,甚至可能形成一种身份感。至此,他们成了实践共同体。①

　　此外,温格还剖析了实践共同体的要素结构(见表2-1)。温格认为,通过相互卷入(mutual engagement)、合作事业(joint enterprise)、共享智库(shared repertoire)三个关系维度可以把"共同体"和"实践"概念整合到一个统一的结构中,借以阐明实践共同体的特征,并且这三个要素被看作实践共同体凝聚力的来源。在温格看来,这三个要素成为实践共同体的构成性或确定性维度,它们在群体中的出场是实践共同体存在的必要且充分条件。② 近几年,温格进一步强调实践共同体的三大特征至关重要(见表2-2),而且问题领域、共同体、实践这三大特征的强度会影响实践共同体作为一种社会学习系统的有效性。③④

　　通过深入分析实践共同体"要素"和"特征"的内涵,可以发现,"特征"是对"要素"的进一步深化,二者有着相似的关注点,譬如"相互卷入"和"问题领域"都十分强调共同体成员对于某领域的兴趣,关注的是共同体成员聚焦和参与感兴趣的领域;"合作事业"和"共同体"都十分强调成员之间合作关系的建立,关注的是共同体成员一起互动和学习;"共享智库"和"实践"都十分强调丰富

　　① WENGER E, MCDERMOTT R, SNYDER W. Cultivating communities of practice: a guide to managing knowledge[M]. Boston: Harvard Business School Press, 2002:4-5.
　　② 温格. 实践共同体:学习、意义和身份[M]. 李茂荣,欧阳忠明,任鑫,等译. 南昌:江西人民出版社,2018:68.
　　③ WENGER E, BEVERLY T. Communities of practice:A brief introduction[EB/OL]. (2015-04-15)[2020-01-13]. http://wenger-trayner. com/introduction-to-communities-of-practice/2015-4-15.
　　④ SYNDER M W, WENGER E. Our world as a learning system: a communities-of-practice approach. c. blackmore(ed.), social learning systems and communities of practice[M]. Association with Springer-Verlag London Limited,2010:110.

表 2-1 温格的实践共同体"三要素论"

实践共同体的要素	内涵
相互卷入	通过参与共同体,成员建立了常规和合作关系,这被称作相互卷入。这些关系是联系共同体成员成为一个社会实体的纽带。
合作事业	通过互动,他们创造出对于联系他们事物的共同的理解,这被称作合作事业。合作事业是由共同体成员协商和重复协商的,有时候被认为与共同体的知识领域有关。
共享智库	作为实践共同体的一部分,共同体生产出一套公共资源,这被称作共享智库。共享智库在成员追求共同事业中被使用,包括字面意义和象征意义两种。

表 2-2 实践共同体的三大特征

实践共同体的特征	内涵
问题领域	问题领域创造出共同的基础,激励成员字面意义和象征意义的参与,引导他们学习,并赋予他们的行动以意义。
共同体	共同体的概念创造了学习的社会关系。一个强有力的共同体可以促进互动,鼓励分享意见的意愿。
实践	当问题领域为共同体提供了主要的兴趣领域后,实践主要围绕共同体发展、分享和维持核心知识展开。

实践的共享智库和核心知识,关注的是建立、维持和拓展"经验、故事、工具、解决重复出现问题的方式等"共享智库。

温格的实践共同体"三要素论",成为后续实践共同体研究的基石。塞代夫(Sedef)通过对 2000 年到 2014 年高等教育领域和职业发展领域实践共同体研究的 60 篇文章样本进行分析,发现其中有 41 篇文章运用了温格的实践共同体框架[①],足以见得,温格确实是实践共同体领域最负盛名的理论家。

二、理论启示:创设实践共同体是重整园本教研的重要方略

情境认知理论认为,"学习是在实践共同体中参与的过程",从边缘性参与到充分参与的过程就是学习的过程,这是一种划时代的学习假设,不再将学习

---

① SMITH S U. A critical review of the use of Wenger's community of practice(CoP) theoretical framework in online and blended learning research:2000—2014[J]. Online Learning,2017,21(1):209-237.

定位于个人头脑之中，而是将学习视作合作参与的过程①，强调学习的社会实践特征。这为本书重新认识幼儿园教师的学习特点提供了启发，幼儿园教师的学习过程，也是一种从边缘性参与到充分参与幼儿园教师实践共同体的过程，在此过程中，幼儿园教师完成了专业知识与技能、教师职责、教师文化等学习内容的理解、内化，进而展现出对幼儿园教师工作的胜任力和归属感。幼儿园教师在园本教研中的学习过程亦是如此，十分契合温格对"实践共同体"形成过程的描述——具有相似兴趣的幼儿园教师聚到一起，互相分享信息、视角和建议，帮助彼此解决实际工作中遇到的问题。在此过程中，他们积累了知识，形成了互动模式，逐渐形成了对相关话题的独特视角和大体知识、实践和方法，甚至创造出工具、标准、手册和其他记录，至此，他们形成了真正的幼儿园教师实践共同体。

格罗斯曼（Grossman）曾警戒道，"一群教师"（a gathering of teachers）和"教师共同体"（teacher communities）是有本质区别的。② 如若没有建立起教师共同体，那么一群教师就是一盘散沙，教师智慧和群体资源得不到有效凝聚。佐藤学作为一个行动着的教育学者，其多年的实践表明，通过建设学习共同体来重整学校是可以实现的，并且成效显著。③ 北京师范大学张燕教授主持的绿叶工作室④，也是一种基于幼儿园教师学习共同体的教研模式，成效显著。可见，通过建设实践共同体来重整园本教研是改革教研模式、提升教研效益的一种选择。而温格的实践共同体"三要素论"恰好为我们认识和重整园本教研提供了理论基础，一方面为解释园本教研效益的影响因素提供了突破口，另一方面也可以作为园本教研效益提升策略的切入点。综上，创设实践共同体是重整园本教研的重要方略。

---

① 莱夫，温格. 情景学习：合法的边缘性参与[M]. 王文静，译. 上海：华东师范大学出版社，2004：4.

② GROSSMAN P, WINEBURG S, WOOLWORTH S. What makes teacher community different from a gathering of teachers? [EB/OL]. [2000-12-1]. https://www.education.uw.edu/ctp/sites/default/files/ctpmail/PDFs/Community-GWW-01-2001.pdf.

③ 佐藤学. 学校的挑战：创建学习共同体[M]. 钟启泉，译. 上海：华东师范大学出版社，2010：9.

④ 张燕. 幼儿教师学习共同体建设：绿叶工作室的足迹[M]. 北京：北京师范大学出版社，2012：384.

本章小结

　　本章系统剖析了成人学习理论、群体动力学理论和实践共同体理论的主要观点及其对于本书的启示意义，以上理论为我们重新认识园本教研的本质提供了新的视角，为我们深入剖析园本教研效益的影响因素提供了理论依据，为我们有效勾画园本教研效益的提升策略提供了前瞻性指导。理论透视大大丰富了我们对园本教研"是什么""为什么"和"怎么做"等方面的认识和思考。

第三章 指标构建:基于多种方法确定园本教研效益评价指标体系

《效率与生产率分析引论》一书的作者科埃利等人(Coelli et al.)认为在效率研究中,数据的质量和适宜性,与效率分析方法本身同样重要——不好的投入就会有不好的产出(garbage in equals garbage out)。[①] 数据作为效率分析的"投入",如果本身存在缺陷,那么无论统计技巧或计量工具多么有效也无济于事,这提醒我们注意效率研究中指标和数据的适宜性问题。为了保证园本教研效益评价指标的科学性,本章采取自上而下与自下而上相结合的研究思路:首先,基于文献分析法,形成园本教研效益的指标框架;其次,基于半结构式访谈法、专家咨询法、统计分析法,提炼园本教研效益的具体指标;最后,基于层次分析法和焦点小组访谈法,确定相关指标的权重系数,至此形成完整的园本教研效益评价指标体系。

第一节 基于文献研究形成园本教研效益的指标框架

一、园本教研投入的一级指标

科埃利等人认为通常使用的投入指标包括五个部分:资本、劳动力、能源、原材料和所购买的服务。其中,资本和劳动力是两种非常重要的最基本的投入,后三个部分常汇成一种单一的"其他投入"[②]。这也是国内外学者在进行

[①] 科埃利,拉奥,奥唐奈,等.效率与生产率分析引论:第2版[M].王忠玉,译.北京:中国人民大学出版社,2008:134.

[②] 科埃利,拉奥,奥唐奈,等.效率与生产率分析引论:第2版[M].王忠玉,译.北京:中国人民大学出版社,2008:141-142.

效益研究、效率研究、绩效研究时通常使用的投入指标框架。由于已有研究关于教研效益评价指标的探索十分有限，因此笔者考虑从相关领域的效率研究中寻找启示。教研活动的特点是，通过教师的教学研究活动，解决教育教学实践问题，以提升教育教学质量。也即，教研活动既有研究活动的特点，又有教育活动的特点，因此，教研投入与教育投入、科研投入有一定的相似之处。鉴于高校教育效率、高校科研效率领域从 20 世纪 90 年代开始受到关注，其研究成果较为丰富，评价指标也发展得较为成熟，因此，可考虑从高校效率研究中寻找启示，提炼教研投入的一级指标。

近二十年来，国外学者对各国高校效率进行了诸多研究。阿博特和杜库里格（Abbott & Doucouliagos）以教学人员、非教学人员、运营开支和固定资产作为投入指标，研究了澳大利亚高校的技术效率和规模效率[①]；瓦宁（Warning）以员工工资和其他成本（图书馆、计算机和未来的基础设施支出等）作为投入指标，测算了德国 73 所公立大学的绩效水平[②]；马丁（Martin）以人力资源、财政资源和物质资源作为投入变量，测算了西班牙萨拉戈萨大学各院系的绩效水平[③]；范德尔（Fandel）选取学生、教职工人员和外部资助作为投入变量，测算了德国北威州高校人文社科学院的绩效水平[④]；阿布拉莫等人（Abramo et al.）以研究人员和研究经费作为投入指标，分析了意大利的高校科研效率[⑤]；沃兹施德拉兹（Wolszczak-Derlacz）选取财力资源（总经费）和人力资源（学术人员、行政人员、全日制学生、非全日制学生）作为投入指标，测算了波兰 31 所高校 2001—2008 年的教育效率和研究效率。[⑥]

与此同时，中国高校效率也得到众多研究者的青睐。纳克和李（Ng &

① ABBOTT M, DOUCOULIAGOS C. The efficiency of Australian universities: a data envelopment analysis[J]. Economics of Education Review, 2003,22(1):89-97.

② WARNING S. Performance differences in German higher education: empirical analysis of strategic groups[J]. Reviews of Industrial Organization, 2004,24(4):393-408.

③ MARTIN E. Efficiency and quality in the current higher education context in Europe: an application of the data envelopment analysis methodology to performance assessment of departments within the University of Zaragoza[J]. Quality in Higher Education,2006,12(1):57-79.

④ FANDEL G. On the performance of universities in North Rhine-Westphalia, Germany: Government's redistribution of funds judged using DEA efficiency measures[J]. European Journal of Operational Research, 2007,176(1):521-533.

⑤ ABRAMO G, D'ANGELO C A, PUGINI F. The measurement of Italian universities' research productivity by a non parametric-bibliometric methodology[J]. Scientometrics,2008,76(2):255-244.

⑥ WOLSZCZAK-DERLACZ G. Teaching or research? An analysis of teaching and research efficiency in Polish public universities[J]. EDUKACJA,2014,130(5):57-69.

Li)以科研人员数量、科研支撑人员数量和科研经费作为投入指标，测量了中国 84 所重点高校的科研绩效水平[①]；孙世敏、项华录和兰博以人力资源和科技经费作为投入指标，分析了我国 29 个省、市、自治区的高校科研投入产出效率[②]；成刚、林涛、穆素红以高校的事业支出作为投入指标，度量了教育部直属高校成本效率[③]；苏涛永和高琦选用高校科技活动经费内部支出和研究与发展人员数量作为投入变量，测算了中国高校创新效率[④]；彭莉君选取了师资投入和经费投入，作为高校研究生教育资源配置研究的投入指标[⑤]；王晗以科技人力投入、科技经费当年内部支出和科技项目，作为我国高校研究与发展活动绩效评价的投入指标[⑥]；冯宝军、孙秀峰和刘小君在研究高校成本效率时，将高校投入变量归纳为人力、财力和物力三类[⑦]；骆嘉琪和匡海波选取人力资源、科研经费和科研设备，作为高校科技创新团队科研资源绩效评价的投入指标[⑧]；陈静漪、仲洁、宗晓华选取科研人员、物力资源和科研经费，作为教育部直属高校科研绩效评估的投入指标[⑨]；汪彦等人选取科技活动人员和研发活动经费支出作为投入变量，对上海 17 家高校 2012—2016 年的科研创新效率进行了实证分析[⑩]；苏荟和刘奥运基于我国 2015—2017 年 31 个省、市、自治区的面板数据，选取高校的研究与发展全时人员和科研经费作为投入变量，测算了双一流建设背景下我国省际高校科研效率[⑪]。

近十年来，我国学前教育领域的效率研究也日益丰富，可为园本教研投入

① Ng YC, Li SK. Measuring the research performance of Chinese higher education institutions: an application of data envelopment analysis[J]. Education Economics, 2000, 8(2): 139-156.

② 孙世敏, 项华录, 兰博. 基于 DEA 的我国地区高校科研投入产出效率分析[J]. 科学学与科学技术管理, 2007(7): 18-21.

③ 成刚, 林涛, 穆素红. 基于 SFA 的教育部直属高校成本效率评价[J]. 高等工程教育研究, 2008(6): 93-97, 102.

④ 苏涛永, 高琦. 基于随机前沿分析的高校创新效率及差异研究[J]. 预测. 2012, 31(6): 61-65.

⑤ 彭莉君. 我国高校研究生教育资源配置现状研究[D]. 合肥: 中国科学技术大学, 2012: 56.

⑥ 王晗. 我国高校 R&D 活动的绩效评价[D]. 重庆: 重庆工商大学, 2014: 28-29.

⑦ 冯宝军, 孙秀峰, 刘小君. 基于 SFA 法的高校成本效率评价研究: 以教育部直属高校为例的分析[J]. 大连理工大学学报(社会科学版), 2015, 36(3): 6-13.

⑧ 骆嘉琪, 匡海波. 高校科技创新团队科研资源绩效评价指标体系[J]. 科研管理, 2015, 36(S1): 116-121, 156.

⑨ 陈静漪, 仲洁, 宗晓华. 研究型大学科研投入-产出绩效动态评估: 基于 2004—2012 校级面板数据的分析[J]. 教育科学, 2016, 32(1): 52-58.

⑩ 汪彦, 陈悦, 曹贤忠, 等. 上海高校科研创新效率与影响因素实证研究: 基于 DEA-Tobit 模型[J]. 科学管理研究, 2018(8): 100-109.

⑪ 苏荟, 刘奥运. 双一流建设背景下我国省际高校科研效率及影响因素研究: 基于 DEA-Tobit模型[J]. 重庆大学学报(社会科学版), 2020, 26(1): 107-118.

指标的确定提供借鉴。王水娟和柏檀根据 Pastor 方法确定了学前教育财政
投入的变量指标,选择以财政补助收入作为投入变量,测算了江苏省 51 个县
的学前教育财政投入效率[①];甘永涛和孟立军选取教育经费投入、教职工人数
作为投入变量,对我国武陵山片区 20 个县市的学前教育资源利用效率进行了
实证研究[②];包海芹和徐丹选取教育经费(生均教育经费)、办园条件(校舍建
筑面积)、师资力量(生师比和教师学历合格率)作为投入指标,对我国东部地
区 180 所城市幼儿园的办学效率进行了评价[③];郭燕芬和柏维春以人员投入、
公用经费投入和基本建设投入作为投入变量,调查了全国 175 所幼儿园的经
费投入效率[④];陈岳堂和陈慧玲基于 2007—2013 年全国 31 个省份的面板数
据,选取财力投入(生均教育经费支出)、人力投入(专任教师中具备专科以上
学历比例)、物力投入(生均校舍面积和生均图书册数)作为投入指标,测算了
我国学前教育资源配置效率。[⑤]

综上,国内外学者在研究教育效率和科研效率时,往往以人力资源、财力
资源、物力资源作为投入指标的分析框架。其中,人力投入和财力投入最为常
用,物力投入视情况而定。肖继军对高校德育教研效益的研究也遵循了此框
架,其中,总经费和资料费用属于财力投入,教研人员属于人力投入,教研场所
面积和设备属于物力投入。[⑥] 张旭等人对高等医学院校教研室相对效率的研
究也大致遵循了此框架,其中,人员数属于人力投入,工资、指导津贴属于财力
投入,设备折旧、房屋折旧、设备购置、药品材料、实验动物属于物力投入。[⑦⑧]

---

① 王水娟,柏檀. 学前教育财政投入的效率问题与政府责任[J]. 教育与经济,2012(3):4-8.
② 甘永涛,孟立军. 武陵山片区学前教育资源使用效率评价:基于 20 个县市的调查[J]. 教育财会研究,2014,25(3):28-33,39.
③ 包海芹,徐丹. 基于 DEA 模型的我国东部城市幼儿园办学效率分析[J]. 学前教育研究,2015(11):3-12.
④ 郭燕芬,柏维春. 中国学前教育经费投入效率的 DEA 分析:基于 175 所幼儿园的实证调查[J]. 教育与经济,2017(6):45-50,92.
⑤ 陈岳堂,陈慧玲. 基于 Dea-Tobit 模型的我国学前教育资源配置效率研究[J]. 现代教育管理,2018(5):47-53.
⑥ 肖继军. 基于 SFA 和 DEA 的高校德育教研投入效率研究[C]. Intelligent Information Technology Application Association. 2011 International Conference on Machine Intelligence(ICMI 2011 V3). Intelligent Information Technology Application Association:智能信息技术应用学会,2011:163-167.
⑦ 张旭,李树为,李素敏,等. 数据包络分析方法在高等医学院校教研室相对效率评价中的应用[J]. 中国医科大学学报,2010,39(12):1076-1079.
⑧ 张旭,赵群. 应用数据包络分析方法评价某医科大学教研室相对运行效率[J]. 中国卫生统计.2011,28(6):679-680.

这说明了科埃利等人有关投入指标的分析框架（资本投入、劳动力投入和其他投入）运用得十分广泛，其有效性已得到诸多高校教育效率研究、高校科研效率研究、学前教育效率研究的验证，可以作为园本教研投入的一级指标。

二、园本教研产出的一级指标

在产出指标方面，科埃利等人提到的大学产出测量指标为我们分析园本教研产出提供了重要启示。科埃利等人认为，教学、研究以及社会服务是大学的三项主要活动，因此，需要鉴别出与每一种活动相关的产出指标。在教学产出方面，可选取培养的学生人数作为测量指标；在研究产出方面，可选取出版物的质量与数量、培养的研究生总数作为测量指标；在社会服务方面，可选取采访比率或者由大学教员提供的专家意见作为测量指标。[①] 科埃利等人关于教育产出的分析框架，在国内外高校效率研究中亦得到广泛运用。

在国外高校效率研究方面，汤姆金斯和格林（Tomkins & Green）以本科生数、研究生数、学校收入和出版物作为产出指标，评价了英国高校会计部门的绩效水平[②]；比斯利（Beasley）以本科生数、研究生数、研究收入、学院的科研能力等级等作为产出指标，比较了英国不同高校化学系和物理系的科研投入产出绩效水平[③]；琼斯等人（Johnes & Johnes）以全日制学生和分类出版物作为产出指标，分析了英国36所高校经济系的科研绩效[④]；阿赞纳索普洛斯和肖欧（Athanassopoulos & Shale）以本科毕业生数、研究生毕业生数、加权研究等级作为产出指标，分析了英国45所高校的成本和产出效率[⑤]；瑟斯比（Thursby）选取出版物、引用数据、博士生数作为产出指标，检测了经济系质

① 科埃利，拉奥，奥唐奈，等. 效率与生产率分析引论：第2版[M]. 王忠玉，译. 北京：中国人民大学出版社，2008：138.

② TOMKINS C, GREEN R. An experiment in the use of data envelopment analysis of evaluating the efficiency of UK university departments of accounting[J]. Financial Accountability and Management，1988,4(2)：147-164.

③ BEASLEY J E. Comparing university departments[J]. Omega,1990,18(2)：171-183.

④ JOHNES G, JOHNES J. Measuring the research performance of UK economic departments：an application of data envelopment analysis[J]. Oxford Economics Papers，1993,4(2)：332-347.

⑤ ATHANASSOPOULOS A D, SHALE E. Assessing the comparative efficiency of higher education institution in the UK by means of data envelopment analysis[J]. Education Economics,1997,5(2)：117-134.

量排名情况,并揭示了资源投入与研究产出之间的关系[1];寇科萨等人(Köksal & Nalçaci)以出版物数量、毕业生数和教学指标作为产出变量,测算了土耳其一所工程学院学术部门的相对效率[2];科赫等人(Kocher et al)以1980—1998 年在 10 个顶级经济学杂志发表文章数作为产出指标,比较了 21个 OECD 国家前沿经济研究的效率水平[3];王(Wang)以专利和论文发表作为产出指标,研究了 30 个国家(23 个 OECD 国家和 7 个非 OECD 国家)研究和发展活动的效率[4];沃兹施德拉兹(Wolszczak-Derlacz)选取全日制和非全日制毕业生人数作为教学活动的产出指标,选取出版物的数量、研究课题的价值作为研究活动的产出指标,测算了波兰 31 所高校 2001—2008 年的教育效率和研究效率[5]。

在中国高校效率研究方面,纳克和李(Ng & Li)以期刊论文著作与章节、官方出版的研究报告、奖项、合同等作为产出变量,测量了中国 84 所重点高校的科研绩效水平[6];谢友才和胡汉辉以研究生数和科研成果作为产出指标,对我国 66 所大学的研究生教育效率进行了定量分析[7];侯启娣选取经过加权评分的科学研究得分作为产出指标,测算了高校资源投入及科研产出成果的技术效率[8];田东平等以专著数、学术论文总数、国外及全国性刊物论文所占比重、鉴定成果数、技术转让收入作为产出变量,对我国高校科研效率进行了研究[9];傅毓维和邵争艳以当量在校学生数、科技活动经费筹集额、研究与发展课题经费额作为产出指标,对我国 31 个省区高等教育资源配置状况进行了相

① THURSBY J G. What do we say about ourselves and what does it mean? Yet another look at economics department research[J]. Journal of Economic Literature,2000,38(2):383-404.

② KÖKSAL G,NALÇACI B. The relative efficiency of departments at a Turkish engineering college:A data envelopment analysis[J]. Higher Education,2006,51(2):173-189.

③ KOCHER M G,LUPTACIK M,SUTTER M. Measuring productivity of research in economics:A cross-country study using DEA[J]. Socio-Economic Planning Sciences,2006,40(4):314-332.

④ WANG E C. R&D efficiency and economic performance:A cross-country analysis using the stochastic frontier approach[J]. Journal of Policy Modeling,2007,29(2):345-360.

⑤ WOLSZCZAK-DERLACZ G. Teaching or research? An analysis of teaching and research efficiency in Polish public universities[J]. EDUKACJA,2014,130(5):57-69.

⑥ Ng YC,Li SK. Measuring the research performance of Chinese higher education institutions:an application of data envelopment analysis[J]. Education Economics,2000,8(2):139-156.

⑦ 谢友才,胡汉辉. 我国研究生教育的效率分析[J]. 高等教育研究,2005,36(11):68-76.

⑧ 侯启娣. 基于 DEA 的研究型高校科研绩效评价应用研究[J]. 研究与发展管理,2005(1):118-124.

⑨ 田东平,苗玉凤. 基于 DEA 的我国高校科研效率评价[J]. 理工高教研究,2005(4):6-8.

对有效性评价与比较分析[1]；王莹和刘延平以科研成果、国际会议和国内会议作为产出指标，对某省8所高校的管理学院科研效率进行了实证研究[2]；曲虹和高伟涛以研究生授予学位数、发表学术论文数、各类科技奖作为产出指标，探讨了高等教育投入产出效率的优劣问题[3]；徐娟以专著数量、论文数量、当年技术转让实际收入、国家级成果数作为产出指标，研究了我国31个省市高校科研的技术效率、纯技术效率和规模效率[4]；赵敏祥等以论文数、专利数、硕博在校生数作为产出指标，对浙江工业大学2005—2009年研究生教育资源配置的规模性和有效性进行了分析[5]；彭莉君选取人才培养（硕博毕业生数）、科研成果（论文发表数和专利授权数）、社会服务（技术转让签订合同数）作为产出指标，定量分析了我国31个省、市、自治区高校研究生教育的资源配置效率[6]；汪彦等人选取发明专利授权数和国际科技论文数作为产出指标，对上海17家高校2012—2016年的科研创新效率进行了实证分析[7]；苏荟和刘奥运基于我国2015—2017年31个省、市、自治区的面板数据，选取科技专著论文数和专利发明申请授权项作为产出指标，测算了双一流建设背景下我国省际高校科研效率[8]。

此外，学前教育效率评价研究中的产出指标也可为园本教研产出指标提供有益启示。王水娟和柏檀选择在校幼儿数、师生比、生均固定资产总值、优秀幼儿园占比作为产出变量，测算了江苏省51个县的学前教育财政投入效率[9]；甘永涛和孟立军选取在园人数、高职称教师数、本科以上学历教师数、有形资产折合数作为产出变量，对我国武陵山片区20个县市的学前教育资源利

①　傅毓维，邵争艳.基于DEA的区域高等教育资源配置效率评价[J].科技进步与对策，2006（7）：191-193.

②　王莹，刘延平.基于DEA方法的高校管理学院科研效率评价实证研究[J].北京交通大学学报（社会科学版），2007（4）：43-47.

③　曲虹，高伟涛.数据包络分析方法在研究生教育投入产出效率评价中的应用[J].北京理工大学学报（社会科学版），2009，11（6）：26-30.

④　徐娟.我国各省高校科研投入产出相对效率评价研究：基于数据包络分析方法[J].清华大学教育研究，2009，30（2）：76-78.

⑤　赵敏祥，曹春霞，励立庆.基于DEA的高校研究生教育资源配置效率研究：以浙江工业大学为例[J].现代物业，2011，10（11）：158-160.

⑥　彭莉君.我国高校研究生教育资源配置现状研究[D].合肥：中国科学技术大学，2012：56.

⑦　汪彦，陈悦，曹贤忠，等.上海高校科研创新效率与影响因素实证研究：基于DEA-Tobit模型[J].科学管理研究，2018（8）：100-109.

⑧　苏荟，刘奥运.双一流建设背景下我国省际高校科研效率及影响因素研究：基于DEA-Tobit模型[J].重庆大学学报（社会科学版），2020，26（1）：107-118.

⑨　王水娟，柏檀.学前教育财政投入的效率问题与政府责任[J].教育与经济，2012（3）：4-8.

用效率进行了实证研究[①]；包海芹和徐丹以产出数量（每年毕业幼儿人数）和产出质量（幼儿园等级）为产出指标，对我国东部地区 180 所城市幼儿园的办学效率进行了评价[②]；庄爱玲和黄洪选取幼儿园办学条件、师资水准和普及程度作为学前教育财政投入的产出指标，采用功效系数法测算了我国学前教育财政投入绩效[③]；郭燕芬和柏维春选取办园结构（在园幼儿数、教职工人数）、师资力量（每万名幼儿拥有的专任教师数、本科以上专任教师人数）、办园条件（生均校舍面积、生均图书册数）作为产出变量，调查了全国 175 所幼儿园的经费投入效率[④]；陈岳堂和陈慧玲基于 2007—2013 年全国 31 个省份的面板数据，选取直接产出（毕业幼儿数）和产出效果（小学招生人数中受过学前教育人数的比例）作为产出变量，测算了我国学前教育资源配置效率[⑤]。

综上，国内外学者在研究高校教育效率时，往往从教学产出、科研产出和社会服务三个维度选取教育产出指标，在研究高校科研效率时则会从基础科研成果（论文或学术专著）、应用研究成果（专利）、技术开发成果（技术文件、技术转让收入）三个维度选取科研产出指标。很明显，教育产出的指标包含了科研产出的指标。值得注意的是，当前学前教育领域的效率研究多聚焦于教育效率，尚未涉及研究效率，因此多从教育产出中的教学产出角度选取产出变量。考虑到园本教研活动既有教育功能，又有研究功能，本书选取更为综合的层面（教育产出层面），以教学产出、科研产出和社会服务作为园本教研产出的一级指标。

---

① 甘永涛,孟立军.武陵山片区学前教育资源使用效率评价:基于 20 个县市的调查[J].教育财会研究,2014,25(3):28-33,39.
② 包海芹,徐丹.基于 DEA 模型的我国东部城市幼儿园办学效率分析[J].学前教育研究,2015(11):3-12.
③ 庄爱玲,黄洪.我国学前教育财政投入绩效及城乡差异[J].教育与经济,2015(4):50-56.
④ 郭燕芬,柏维春.中国学前教育经费投入效率的 DEA 分析:基于 175 所幼儿园的实证调查[J].教育与经济,2017(6):45-50,92.
⑤ 陈岳堂,陈慧玲.基于 Dea-Tobit 模型的我国学前教育资源配置效率研究[J].现代教育管理,2018(5):47-53.

第二节　基于实证研究提炼园本教研效益的具体指标

当前,学前教育教研人员(包括幼教教研员、高校幼教专家、幼儿园园长、教科室主任、教研组长、幼儿园教师)是最熟悉园本教研活动的人,挖掘教研人员对于园本教研效益评价指标的认识,对于充实和完善教研效益评价指标至关重要。为此,笔者编制了《园本教研效益评价指标访谈提纲》(见附录1),对教研人员进行了灵活、深入的半结构式访谈,以期获得教研人员对于教研效益评价指标的相关认识,从中提炼园本教研效益的具体指标。

访谈提纲设置的问题主要包括两个方面。在教研投入方面,问题包括:在您所参与的园本教研活动中,教研投入有哪些表现形式? 为了开展教研活动,有哪些人力资源投入? 财力资源投入包括哪些? 还有哪些其他投入? 在教研产出方面,问题包括:在您所参与的园本教研活动中,教研成果有哪些表现形式? 幼儿园有哪些教学产出? 幼儿园有哪些科研产出? 相关的社会服务有哪些? 基于以上问题,研究者对有着丰富教研经验的17位学前教育教研人员(包括1位专职教研员、6位高校教师、4位幼儿园园长、1位教科室主任、1位教研组长、4位幼儿园教师)进行了半结构式访谈。

一、园本教研投入的具体指标

基于《园本教研效益评价指标访谈提纲》,笔者访谈了17位教研人员,听取了他们对于园本教研投入指标的相关认识,结果发现人力投入、财力投入、物力投入的教研投入指标框架得到教研人员的普遍认可,这也符合甘永涛和孟立军[1]、包海芹和徐丹[2]、郭燕芬和柏维春[3]等学者对学前教育投入指标体系的分析。基于此框架,幼教教研员、高校幼教专家、幼儿园园长、教科室主任、

---

① 甘永涛,孟立军. 武陵山片区学前教育资源使用效率评价:基于20个县市的调查[J]. 教育财会研究,2014,25(3):28-33,39.

② 包海芹,徐丹. 基于DEA模型的我国东部城市幼儿园办学效率分析[J]. 学前教育研究,2015(11):3-12.

③ 郭燕芬,柏维春. 中国学前教育经费投入效率的DEA分析:基于175所幼儿园的实证调查[J]. 教育与经济,2017(6):45-50,92.

教研组长和幼儿园教师分别从各自不同视角分享了他们对教研投入的认识和思考,表 3-1 呈现了通过访谈而提炼的园本教研投入具体指标。

表 3-1　园本教研投入指标体系

教研投入一级指标	教研投入二级指标
人力投入	教研员
	高校教师
	幼儿园教师
财力投入	材料费用
	专家咨询费用
	教师外出交流学习费用
	教师教研奖金
	科研成果转化费用
物力投入	教研场地面积

在人力投入方面,主要涉及教研员、高校教师、幼儿园教师,按照劳动力小时数计算,也即教研人力投入等于教研人员人数乘以相应的教研时间。一般来说,教研员和高校教师每学年参与园本教研的时间比较有限,常见的为每年20 小时以内,而幼儿园教师的教研时间则是以园本教研中教师集体教研时间计算,例如常见的为每周 2—3 小时,这部分数据往往在园本教研学年或学期教研计划中有所规定。在财力投入方面,主要涉及材料费用、专家咨询费用、教师外出交流学习费用、教师教研奖金、科研成果转化费用,也即教研财力投入等于以上各项费用之和,这些费用是幼儿园经费中专门用于教师专业成长的部分,且幼儿园财务每年会作相关统计。在物力投入方面,主要涉及教研场地(一般来说,物力投入包括设备和场地,但是据教研人员反馈,幼儿园的设施设备不仅仅为教研活动所用,更为日常保教活动所用,因此设备不作为教研物力投入计入。教研场地是幼儿园教师开展教科研活动的专门场所,例如会议室、阅览室、多功能厅等,其布局与日常保教场所差异较大,故本书选取教研场地作为物力投入指标),按照教研场地面积加和计算。

财力投入和物力投入方面的数据是比较容易获取和计算的,人力投入的测算则需要考虑到劳动力素质特性的差异。科埃利等人认为,"在测算劳动力进入生产过程的投入时，对工人技术水平差异性的考虑是相当重要的"[①]。在人力投入方面，教研员按照职责范围可以分为县区级教研员、市级教研员、省级教研员；高校教师根据职称等级可以分为讲师、副教授、教授；幼儿园教师依据其职称等级可以分为未评级教师、二级教师、一级教师、高级教师、正高级教师。不同类型的教研人员、同一类型不同级别的教研人员，由于其知识水平和实践能力不同，其研究水平是有差异的[②]，因此需要加权计算。

二、园本教研产出的具体指标

教学产出、科研产出和社会服务的教研产出框架同样得到访谈对象的普遍认可，符合已有研究的理论架构。[③] 基于此框架，教研人员根据自身教研体验，分享了他们对园本教研产出的认识和思考。表3-2呈现了基于访谈提炼的园本教研产出具体指标。

表3-2　园本教研产出指标体系

教研产出一级指标	教研产出二级指标	教研产出三级指标
教学产出	教师专业发展	专业理念与态度
		专业知识
		专业能力
	幼儿全面发展	情感态度
		知识经验
		能力
	幼儿园教育质量提升	学习环境的创设与利用
		师幼互动
		课程建设
		家园合作
		幼儿园领导与管理

---

① 科埃利,拉奥,奥唐奈,等.效率与生产率分析引论:第2版[M].王忠玉,译.北京:中国人民大学出版社,2008:143.

② 黄迪皋.从外推走向内生:新中国中小学教研制度研究[D].长沙:湖南师范大学,2011:10.

③ 甘永孛,孟立军.武陵山片区学前教育资源使用效率评价:基于20个县市的调查[J].教育财会研究,2014,25(3):28-33,39.

续表

教研产出一级指标	教研产出二级指标	教研产出三级指标
科研成果	出版物	期刊文章
		专著或译著
		会议论文集
		教材或教参
	课题	课题立项
		课题获奖
	其他获奖	论文或教案获奖
		教学成果奖
社会服务	同行受益活动	园内开设讲座或示范活动
		园外开展讲座、任教或指导
	家长受益活动	在园面向家长开展育儿讲座
		进入社区开展志愿者工作
	其他人士受益活动	现场分享教研经验
		网络平台分享教研经验

由表3-2可知,教学产出主要涉及教师专业发展、幼儿全面发展和幼儿园教育质量提升三个块面;科研成果主要涉及出版物、课题和其他获奖三个块面;社会服务主要受益者包括幼教同行、幼儿家长和其他关心教育事业的人士。

(一) 教学产出的具体指标与计量方式

1. 教学产出的具体指标

2017年8月,江苏省教育厅发布了《江苏省教育厅关于加强学前教育教研工作的意见》(以下简称《教研意见》)。《教研意见》指出,开展学前教育教研工作的基本原则之一是教师专业发展原则,即"教师是课程实施质量的决定力量,教研工作的目标是促进教师专业发展、提升教师专业能力"。可见,学前教育教研的直接目标指向教师专业发展。《教研意见》还强调,"教研工作是推进学前教育优质普惠发展的有效专业支撑"[1],江苏省将把教研作为由点及面整体推进幼儿园课程改革的核心力量,全面提升学前教育办学质量。可见,提升

---

[1] 江苏省教育厅. 江苏省教育厅关于加强学前教育教研工作的意见[EB/OL].(2017-8-27)[2023-10-29]. http://www.cnsece.com/KindTemPlate/MsgDetail/49064.

幼儿园教育质量是园本教研的重要目标。而促进教师专业发展和学前教育质量提升的终极目标,必然指向促进幼儿全面发展。基于此,本书从园本教研对教师专业发展的促进作用、对幼儿全面发展的促进作用、对幼儿园教育质量提升的促进作用这三个维度来衡量园本教研的教学产出,这也与访谈中教研人员多从教师、幼儿和幼儿园三个层面梳理教研教学产出相符。

要想精确测算园本教研对教师专业发展、幼儿全面发展以及幼儿园教育质量提升的促进作用,首先需要对教师专业发展评价、幼儿全面发展评价和幼儿园教育质量评价有大致的认识。为此,有必要系统梳理国内外相关文献,借鉴已有理论和相关量表,构建符合心理测量学标准的园本教研教学产出量表。该量表的编制涉及文献综述和信效度检验等多项内容,篇幅较大,下文会进行详细介绍。

2. 教学产出的计量方式

园本教研教学产出的具体数据通过幼儿园业务园长(分管教研工作的园长)主观评价获取。园本教研教学产出采用自评数据的主要原因在于获取客观数据十分困难,一方面,园本教研对教师专业发展、幼儿全面发展、幼儿园教育质量提升的促进作用难以精确区分计算,很难界定哪些教学产出是通过园本教研实现的;另一方面,客观数据的获取需要依赖前后测,涉及多个量表,极大地增加了研究难度。

虽然有研究认为自我评分测量绩效的方式较容易出现宽容偏差现象,但布劳内尔和麦克尼士(Brownell & McInnes)提出即使偏差有高估的现象,但结果所受的影响并未如预期的严重,这种主观评价方式已被证实具有有效性。戴斯和罗宾逊(Dess & Robinson)对高层管理人员主观绩效评价和客观绩效评价之间关系的研究表明,两者之间具有显著相关性,因此,在无法得到客观精确的绩效评价数据的情况下,可以考虑使用主观的项目绩效评价。[①] 此后,定性数据用于绩效评价研究得到国内外学者的认可。

早在 20 世纪,库克等人(Cook et al.)就探讨了定序变量(ordinal data,例

---

① 转引自:刘艳,丘磐.企业内部创新资源配置效率的理论与实证研究:基于对珠三角地区中小制造企业的调查分析[J].科技管理研究,2010(17):1-9,23.

如李克特量表得分)用于数据包络分析的可行性。[1][2] 近年来,莫拉迪和艾米瑞泼(Moradi & Amiripour)[3]、陈等人(Chen et al.)[4]、吴等人(Wu et al.)[5]先后将李克特量表得分用于效率研究中,进一步证实了定性数据用于效率评价的可行性。我国学者丁德臣在评价科技查新质量时,针对定量问题根据实际直接给予具体数值,针对定性问题则采用李克特量表进行打分。[6] 刘艳和丘磐在研究珠三角地区中小制造企业内部的创新资源配置效率时,由于获取指标的客观数据非常困难,因此对大部分指标的测量和评价主要采用李克特5级量表评分调查方式[7]。范莹莹和金以明在评价数字图书馆的绩效时,针对定性问题也采用了李克特5级量表打分获取数据。[8][9] 高佳和李世平在研究农民土地退出意愿对耕地利用效率的影响时,运用李克特5级量表获得农户土地承包权退出意愿及农户土地经营权退出意愿。[10] 张卫和李洁在研究建筑施工高处坠落事故安全投入效率时,运用主观测量的方式对安全绩效进行了测量。[11]

以上研究均证实,在效率研究中,当有些评价指标的数据难以量化或者难

① COOK W D, KRESS M, SEIFORD L. On the use of ordinal data in data envelopment analysis[J]. Journal of the Operational Research Society, 1993, 44(2):133-140.

② COOK W D, KRESS M, SEIFORD L. Data envelopment analysis in the presence of both quantitative and qualitative factors[J]. Journal of the Operational Research Society, 1996(47):945-953.

③ MORADI F, AMIRIPOUR P. The prediction of the students' academic underachievement in mathematics using the DEA model: a developing country case study[J]. European Journal of Contemporary Education, 2017, 6(3):432-447.

④ CHEN Y, COOK W D, DU J, et al. Bounded and discrete data and Likert scales in data envelopment analysis: application to regional energy efficiency in China[J]. Annals of Operations Research, 2017(255):347-366.

⑤ WU M Q, ZHANG C H, LIU X N, et al. Green Supplier Selection Based on DEA Model in Interval-Valued Pythagorean Fuzzy Environment[J]. Journal of Intelligent & Fuzzy Systems, 2019, 37(2):2443-2452.

⑥ 丁德臣. 杂合 DEA 和 SOM 的科技查新质量评价研究[J]. 图书情报工作, 2010, 54(8):46-50, 45.

⑦ 刘艳, 丘磐. 企业内部创新资源配置效率的理论与实证研究:基于对珠三角地区中小制造企业的调查分析[J]. 科技管理研究, 2010(17):1-9, 23.

⑧ 范莹莹, 金以明. 基于 DEA 和 CA 的数字图书馆评价研究[J]. 图书馆论坛, 2010, 30(5):55-57.

⑨ 金以明. 基于 DEA 和 SOM 的数字图书馆评价研究[J]. 情报科学, 2011, 29(1):93-97, 130.

⑩ 高佳, 李世平. 农民土地退出意愿对耕地利用效率的影响研究[J]. 大连理工大学学报(社会科学版), 2014, 35(1):75-80.

⑪ 张卫, 李洁. 基于 DEA 的建筑施工高处坠落事故安全投入效率[J]. 土木工程与管理学报, 2017, 34(1):72-78.

以获取客观数据时，采用主观评量的方式获取定序数据（ordinal data）是可行的和有效的。

综上，本书采用业务园长主观评价的方式（李克特 7 级量表）获取其对园本教研教学产出的直观认识。为了克服主观评价可能带来的问题，本书采用多种手段确保指标数据的信度和效度。首先，本书邀请熟悉园本教研工作的业务园长填写调查问卷，分管教研工作的业务园长会定期参与幼儿园教师的园本教研活动，因此对园本教研前后本园教师专业发展、本园幼儿全面发展和本园教育质量提升有直观的认识。其次，教学产出量表由三个维度构成，每个维度下均有 3—4 个题目，采用多题项的方式进行评价，可以减少单个题项带来的随机误差。再次，本书编制的《园本教研教学产出量表》，参考了国内外相关理论和成熟量表，并进行了专家咨询和统计分析检验，符合心理测量学标准，是一种具有良好信度与效度的测量工具。

（二）科研产出的具体指标和计量方式

在科研产出方面，出版物种类繁多，包括期刊文章、专著译著、会议论文集、教材教参；课题包括课题立项、课题获奖；其他获奖包括论文或教案获奖、教学成果奖。一般来说，幼儿园每学年末会汇总和整理这一年度教师的科研产出情况，并与教师绩效奖金挂钩，因此这部分数据较易获取。其中，不同类别的科研产出、同一类别不同级别的科研产出，学术价值差别较大，因此需要加权计算。

在本书中，期刊文章分为市级刊物文章、省级刊物文章、国家级刊物文章三类。专著译著以总字数为划分依据，分为个人独立撰写 3 万字以下、3 万字到 8 万字、8 万字以上三类。会议论文集考察会议级别，包括省市会议和全国性会议两类。教材教参根据其推广范围，分为市区推广、省级推广和全国性推广三类。立项的课题按照课题申报等级分级，其中，幼儿园集体课题包括市级课题、省级课题、国家级课题，幼儿园教师个人课题包括县区级课题和市级课题。课题获奖根据获奖级别，分为县区级、市级、省级、国家级四类。论文或教案比赛获奖根据比赛级别，分为县区级、市级和省级三类。教学成果奖根据获奖级别，包括市级、省级、国家级三类。

（三）社会服务的具体指标和计量方式

在社会服务方面，幼教同行受益活动包括"请进来"和"走出去"两种形式，前者指向在本园开展讲座或教学示范活动,后者指向被邀请在省市区县面向幼教同行开展专题讲座、进入其他幼儿园任教或指导。幼儿家长受益活动也包括园内和园外两种形式,园内形式表现为教师在园开展家长学校活动或育儿讲座,园外形式表现为教师走进社区参与志愿者服务。其他关心教育事业人士受益活动则包括现场和线上两种形式,前者指向现场分享教研经验,后者指向通过网络平台分享教研经验。一般来说,幼儿园每学年会汇总教师开展社会服务的情况,部分幼儿园将之与教师绩效奖金挂钩,故这部分数据较易获取。考虑到社会服务面向的对象不同时,教研经验的辐射价值会有差异,因此,三类受益活动之间需要加权计算,每类受益活动内部则是按照次数加和计算。

在本书中,教研投入和教研产出的评价指标较为多样化,且量纲不一,在此针对教研效益评价指标数据的量纲和类型特作说明(见表 3-3)。

表 3-3　园本教研效益评价指标的数据量纲和类型说明

变量名称		变量单位	变量类型
教研投入	人力投入	人 * 时	连续变量
	财力投入	元	连续变量
	物力投入	平方米	连续变量
教研产出	教学产出	分	定序变量
	科研产出	篇/项	连续变量
	社会服务	次	连续变量

(四)《园本教研教学产出量表》的编制过程

如前所述,本书中园本教研的教学产出分为对教师专业发展的促进作用、对幼儿全面发展的促进作用、对幼儿园质量提升的促进作用三个层面。科学地测量这三个维度的教学产出,需要借助符合心理测量学标准的量表来进行。对此,本节内容主要介绍《园本教研教学产出量表》的编制过程。

1. 基于文献分析法构建园本教研教学产出的指标体系

(1)教师专业发展的评价指标

为了测算园本教研对幼儿园教师专业发展的促进作用,我们需要先对幼儿园教师专业发展包含哪些评价指标有一个大致的认识。20 世纪 90 年代以来，学者们就教师专业素质或专业结构做了诸多探讨，从教师基本素质出发评价教师发展则是常见思路。

20世纪90年代前后，我国学者开始从教师作为一名专业人员的角度对教师的内在专业结构进行分析。马超山、张桂春从动力系统（思想品德）、知识系统和能力系统三个方面构建教师的素质结构模型。[①] 林瑞钦从所教学科的知识（能教）、教育专业知能（会教）、教育专业精神（愿教）三个层面构建教师专业结构。[②] 艾伦从学科知识、行为技能和人格技能三个角度分析教师专业结构构成。[③] 叶澜从专业理念、知识结构和能力结构三个方面剖析教师专业结构。[④] 21世纪以来，研究者们对教师发展评价有了更加丰富的认识。霍力岩认为可从行政工作能力、人际关系、师生关系、课程规划/教学能力、自我发展等方面评价幼儿教师发展。[⑤] 叶澜等人提出，教育信念、知识、能力、专业态度和动机、自我专业发展需要和意识对于教师专业发展至关重要。[⑥]

另外，美国肯塔基大学古斯基（Guskey）教授关于教师专业发展的研究得到了国内外学者的广泛认可。古斯基阐述了教师专业发展评价的12条原则，建构了拥有五个层次的专业发展评价模型，其中，每个层次的评价都涉及学员的反应、学员的学习、组织支持和变化、教师对新知识和技能的应用、教师所教学生的学习结果。[⑦] 古斯基强调，对教师专业发展活动的评价，最终要看专业发展活动对学生产生的影响。教研作为一种典型的教师专业发展活动，对教研活动的评价也需要考虑教研对幼儿发展产生的影响，这契合本书注重从教师发展、幼儿发展等多个层面剖析园本教研教学产出的旨趣。对于具体的评价指标，古斯基总结道，学生学习成果的类型包括认知（知识、理解）、情感（态度、信念、意向）和心理活动（技能、行为、策略）三个层面。[⑧] 参与专业发展活动的教师的发展同样可从认知目标（知识与理解）、心理活动目标（技能与行

---

① 马超山，张桂春．教师素质结构模型初探[J]．辽宁师范大学学报，1989(4)：33-36．

② 林瑞钦．师范生任教职志之理论与实证研究[M]．高雄：复文图书出版社，1990．转引自叶澜，白益民，王枬，等．教师角色与教师发展新探[M]．北京：教育科学出版社，2001：230．

③ 艾伦．教师在职培训：一项温和的建议[M]．沈剑平，译．//瞿葆奎．教育学文集·教师．北京：人民教育出版社，1991：494-512．

④ 叶澜．新世纪教师专业素养初探[J]．教育研究与实验，1998(1)：41-46，72．

⑤ 霍力岩．学前教育评价[M]．北京：北京师范大学出版社，2000：205-206．

⑥ 叶澜，白益民，王枬，等．教师角色与教师发展新探[M]．北京：教育科学出版社，2001：231-241．

⑦ 古斯基．教师专业发展评价[M]．方乐，张英，等译．北京：中国轻工业出版社，2005：58-64．

⑧ 古斯基．教师专业发展评价[M]．方乐，张英，等译．北京：中国轻工业出版社，2005：160．

为)和情感目标(态度与信念)三方面进行考察。①

近 10 年来,我国学者对教师专业素质结构作了进一步的探讨。杨晓认为,教师应该具备的专业素质主要包括三点:一是与时代精神相通的教育理念,二是激发学生创造精神和实践能力的教学方法,三是成为多元文化交融的组织者和参与者②,教师素质评价也应该从这些方面展开。唐圣权援引我国教育部印发的教师专业标准的三个"基本内容"部分,构建了《教师专业发展量表》,从专业理念与师德、专业知识和专业能力三个维度出发度量教师专业发展水平或程度③;又以广东省 1024 名幼儿园教师作为常模,对 50 名幼儿园教师进行前后测以作信度分析,结果发现其编制的《幼儿园教师专业发展量表》的 Pearson 相关系数为 0.955,在 0.01(双侧)的置信度上显著相关,并且具有较高的内容效度。④

在幼儿园教师专业发展评价方面,张燕提出教师专业素质的内涵具有丰富深刻的含义,应当形成一个结构体系,教师应有的素质是专业精神、专业知识和专业能力的综合统一。其中,专业精神是教师教育人格和伦理的核心,是做好教师工作的内在动力因素;专业知识是教师教育工作成功的知识和技能性保障;专业能力,尤其是人际交往能力、管理能力和教育研究能力,是新型教师的重要特征。⑤ 杨香香也从知识、能力和态度三个维度探索了幼儿教师专业发展的结构,将其分为合理的专业知识(幼儿生理、心理学方面的知识,学前教育的专门知识,广博的文化、科学和艺术知识);应具备的专业能力(观察和了解儿童的能力,设计教育活动的能力,组织管理能力,与幼儿和家长沟通的能力,反思能力,教育研究能力);良好的专业态度(热爱学前教育事业,爱和尊重儿童)。⑥

综上所述,无论是对于整个教师群体,还是对于幼儿园教师群体,学者们普遍从专业理念与态度、专业知识、专业能力三个维度出发,剖析教师专业结构、评价教师专业发展,且这三个维度的合理性经过了相关实证研究的检验。对此,本书拟从专业理念和态度、专业知识和专业能力三个维度出发,考察园本教研对教师专业发展的促进作用。

① 古斯基.教师专业发展评价[M].方乐,张英,等译.北京:中国轻工业出版社,2005:95.
② 杨晓.教师专业发展[M].北京:北京师范大学出版社,2013:103.
③ 唐圣权.教师专业发展量表[M].广州:广东高等教育出版社,2013:1-2.
④ 唐圣权.教师专业发展量表[M].广州:广东高等教育出版社,2013:8-9.
⑤ 张燕.幼儿教师专业发展[M].北京:北京师范大学出版社,2005:33-36.
⑥ 杨香香.幼儿教师专业发展[M].长春:东北师范大学出版社,2014:99-103.

(2) 幼儿全面发展的评价指标

为了测算园本教研对于幼儿全面发展的促进作用,我们需要先对幼儿全面发展包含哪些评价指标有一个大致的认识。幼儿发展是早期教育的出发点和落脚点,20世纪以来国内外学者对幼儿发展评价作了诸多探究。

20世纪,《格赛尔发育诊断量表》(Gesell Development Diagnosis Scale,简称 GDDS)和《丹佛发展筛选测验》(Denver Developmental Screening Tests,简称 DDST)被国内外广泛用于测评婴幼儿多方面的发展状况。格赛尔(Gesell)编制的 GDDS 适用于测试出生后4周到6岁婴幼儿的发育水平,该量表将婴幼儿发展分为运动、适应性行为、语言、个人-社交行为四大领域,基本反映了婴幼儿的重要行为表现。后来,弗兰肯伯(Frankenburg)基于格赛尔等人的智力测验工具,编制了 DDST,用以测试从出生到6岁婴幼儿的应人能、应物能、言语能、动作能四种智能,该工具被美国和其他许多国家广泛用作托幼机构和医疗机构的常规测量工具。[①]

贝蒂(Beaty)的《幼儿发展检核表》(The Child Development Checklist)则为在教室环境中对3—5岁幼儿进行观察记录提供了一套独特的体系。贝蒂将幼儿的发展分为六个方面,包括情感、社会性、身体、认知、语言和创造性,涵盖自尊、情感发展、社会性游戏、亲社会行为、大肌肉动作发展、小肌肉动作发展、认知发展、口头语言、自发读写技能、美术与音乐技能、表演游戏11个子领域。[②] 美国高瞻教育研究基金会通过持续研究,在实践验证的基础上研发出了《学前儿童观察评价系统》(High/Scope Child Observation Record,简称 COR),将其作为高瞻课程模式的儿童观察评价工具。COR 从八个领域考察幼儿的发展情况:学习品质;社会和情感发展;身体发展和健康;语言、读写和交流;数学;创造性艺术;科学和技术;社会学习。另外,对于母语非英语的儿童来说,还有一个英语语言学习领域。[③]

近20年来,我国学者在儿童发展评价方面也作了诸多研究。白爱宝以《幼儿园工作规程》中的幼儿园教育目标为依据,以幼儿基本素质的发展为主线,在专家论证和实践检验的基础上,构建了幼儿发展评价指标体系,将幼儿

① 转引自苏贵民. 幼儿发展评价[M]. 重庆:西南师范大学出版社,2016:10.
② 贝蒂. 幼儿发展的观察与评价:第7版[M]. 郑福明,费广洪,译. 北京:高等教育出版社,2011:1.
③ 美国高瞻教育研究基金会. 学前教育机构质量评价系统[M]. 霍力岩,黄爽,黄双,等译. 北京:教育科学出版社,2018:11.

发展划分为健康与动作、认知与语言、品德与社会性、习惯与自主能力四大领域。[1] 霍力岩则从身体与动作、认知发展、品德与个性发展三个层面出发构建了 5 岁幼儿发展评价方案。[2] 高美娇和王黎敏等人以多元智能理论和建构主义理论为主要理论基础，以五大领域的关键能力为核心，结合幼儿身心发展规律，构建了幼儿发展评价指标体系，五大领域细分为八大智能。[3] 刘俐敏将《幼儿园教育指导纲要》的指导思想和基本要求，以及幼儿教育的实际需要作为确定幼儿发展评价指标的依据，构建了包含幼儿生理发展、情感发展、能力发展和社会性发展在内的评价体系。[4] 我国中央教育科学研究所学前教育研究室基于全国范围的调查数据，认为儿童发展水平可以从身体发育、认知发展、语言发展、学前技能和社会性发展五个方面进行评定。[5] 姚伟基于文献资料法和理论分析法对我国当前教育的价值取向、教育目标分类、幼儿教育目标、幼儿教育的特点等进行了综合分析，将情感态度、能力和知识经验作为幼儿发展评价的一级指标。[6]

综上，儿童发展评价工具已经发展得十分成熟，虽然国内外学者对于幼儿发展具体内容的认识不尽相同，但共性是以幼儿基本素质发展为主线进行评价。其中，姚伟对于幼儿基本素质的认识（情感态度、能力、知识经验）与古斯基不谋而合（认知、情感、心理活动）[7]，与本书采取的教师专业发展评价框架（专业理念与态度、专业知识、专业能力）相呼应，故本书拟从情感态度发展、知识经验发展、能力发展三个维度出发，考察园本教研对于幼儿全面发展的促进作用。

（3）幼儿园教育质量的评价指标

为了测量园本教研对于幼儿园教育质量提升的促进作用，我们需要先对幼儿园教育质量包含哪些评价指标有一个大致的认识。托幼机构教育质量对于幼儿发展状况有着重要影响，因此国内外研究者围绕托幼机构教育质量问

---

① 白爱宝.幼儿发展评价手册[M].北京：教育科学出版社，1999：38-44.
② 霍力岩.学前教育评价[M].北京：北京师范大学出版社，2000：186-187.
③ 浙江台州市幼儿发展评价课题组，高美娇，王黎敏.幼儿发展评价指标体系的构建与实施[J].幼儿教育，2003(7)：18-19.
④ 刘俐敏.幼儿发展评价研究[M].北京：人民教育出版社，2004：84-195.
⑤ 中央教育科学研究所学前教育研究室.幼儿园教育质量评价手册[M].北京：教育科学出版社，2009：214-215.
⑥ 姚伟.幼儿园教育评价行动研究[M].南京：南京师范大学出版社，2012：128.
⑦ 古斯基.教师专业发展评价[M].方乐，张英，等译.北京：中国轻工业出版社，2005：160.

题开展了诸多讨论。

多纳贝蒂（Donabedian）是第一个将早期教育机构质量分为多维度成分的学者，他认为早期教育机构质量涉及结构的质量、过程的质量和结果的质量三方面的内容。[①] 沃尔夫冈（Wolfgang）认为，幼儿园质量评价的主要内容包括幼儿的身心健康与发展、结构的质量、管理的质量、保教过程的质量和教育价值取向的质量五项基本内容。[②]

在托幼机构教育质量评价工具方面，影响比较广泛的是全美幼教协会（National Association for the Education of Young Children，NAEYC）颁布的《高质量托幼机构认证标准》，哈姆斯和克里福德（Harms & Clifford）制定的《托幼机构环境评价量表》（The Early Childhood Environment Rating Scales，简称 ECERS），以及哈姆雷等人（Hamre et al.）制定的《课堂互动评估系统》（Classroom Assessment Scoring System，简称 CLASS）。

全美幼教协会认为，高质量的幼教机构应该能够满足所有参与幼教机构的幼儿及成人（包括家长、工作人员及管理人员）的身体、社会性、情感和认知的需要，促进他们在这些方面的发展，使幼儿成为一名健康、聪明和有贡献的社会成员。据此，《高质量托幼机构认证标准》在内容上分为五大类，分别是教师与幼儿的互动、课程、物质环境、健康和安全、营养和膳食。1991 年，全美幼教协会又对该标准进行了修订，新的认证标准包含十项内容：师幼互动、课程、家长-教师互动、教师资格及发展、行政管理、教师配备、物质环境、健康和安全、营养和膳食、评价。[③④]

《托幼机构环境评价量表》（ECERS）中的"环境"比通常意义上的环境概念范围要广，该量表旨在从日常生活护理、家具与设备、语言/推理经验、大/小肌肉活动、创造性/社会性发展、成人的需要等方面考察托幼机构的环境，因此 ECERS 可视为托幼机构教育质量的评价工具。[⑤] 该量表在 2005 年经过修订（ECERS 修订版，简称 ECERS-R）[⑥]，包括七个子量表，分别是空间与设施、个

① 转引自高敬. 国外早期教育机构质量评价研究述评及启示[J]. 外国中小学教育，2011(8)：46-50.

② 吴凡. 芬兰幼儿园质量评价简介及启示[J]. 山东教育，2010(18)：11-13.

③ 王山有. 各国托幼机构质量评价措施概述[J]. 幼儿教学研究，2007(5)：46-48.

④ 邱白莉. 中美高质量托幼机构评价标准之比较[J]. 早期教育，2005(12)：8-10.

⑤ HARMS T, CLIFFORD R M. Early childhood environment rating scale[M]. New York：Teachers College Press，1980.

⑥ HARMS T, CLIFFORD R M, Cryer, D. Early childhood environment rating scale revised edition[M]. New York and London：Teachers College Press，2005.

人日常照顾、言语/推理、活动、互动、作息结构、家长与教师。ECERS-R 在一些"跨文化"研究中被证明是有效的[①]，但是我国学者李克建等人在探索该量表在中国文化情境中的适宜性时，发现该量表得分的等级分布结构和部分子量表的内部一致性存在一定程度的问题[②]。后来，斯尔伐等人（Sylva et al.）还制定了《早期环境等级拓展量表》（ECERS 拓展版，简称 ECERS-E），将评价内容延伸到读写、数学、科学与环境方面，用于评价有教育性目的的 3—6 岁儿童学习环境。[③]

《课堂互动评估系统》（CLASS）是研究早期教育过程性质量的较为成熟的量表，它从互动环境、语言互动和非语言互动三个方面评价早期教育过程性质量。[④] 其中，互动环境指有利于儿童学习、活动和交流的物理及心理环境；语言互动指教师与儿童间、儿童相互间的语言交流；非语言互动指教师与儿童间、儿童相互间通过表情、肢体等方式的交流。我国学者黄晓婷和宋映泉借鉴此量表，从互动环境、语言互动和非语言互动三个层面构建了《幼儿园教学观察表》，结果表明该观察表具有一定的信度和效度，可以此为基础进一步发展幼儿园过程性质量的表现形式评价工具。[⑤]

为了帮助学前教育机构履行教育幼儿的义务，美国高瞻教育研究基金会研发了《学前教育机构质量评价系统》（Preschool Program Quality Assessment，PQA）作为评价教育机构质量、确认员工培训需求的评价工具，并在实践中验证了其有效性。由于 PQA 反映的是幼儿教育界的"最佳教育实践"，因此 PQA 不仅适用于实施高瞻课程的早教机构，同时适用于所有日托中心。[⑥] PQA 从班级和机构两个层面考察质量，其中，班级层面的条目侧重于考察教师日常教学工作的质量，包括学习环境、一日常规、成人-幼儿互动、课程计划

---

① SHERIDAN S,GIOTA J,HAN Y, et al. Across-cultural study of preschool quality in South Korea and Sweden:ECERS evaluations[J]. Early Childhood Research Quarterly, 2009, 24(2):142-156.

② 李克建,胡碧颖,潘懿,等.美国《幼儿学习环境评价量表（修订版）》之中国文化适宜性探索[J].幼儿教育（教育科学）,2014(11):3-8.

③ KATHY S, IRAM S-B, BRENDA T, et al. Capturing quality in early childhood through environmental rating scales[J]. Early Childhood Research Quarterly, 2006(21):76-92.

④ PIANTA R C, LAPARO K M, HAMRE B K. Classrooms assessment scoring system (CLASS)[M]. Charlottesville, VA: National Center for Early Development and Learning,2006.

⑤ 黄晓婷,宋映泉.学前教育的质量与表现性评价:以幼儿园过程性质量评价为例[J].北京大学教育评论,2013,11(1):2-11.

⑥ 伯利·尼尔,陈宇华.如何评价幼儿园的保教质量:High Scope 项目质量（教师发展）评价量表的介绍[J].学前教育（幼教班）,2014(2):9-11.

和评价；机构层面的条目侧重于考察整个学前教育机构的质量，包括家长参与和家庭服务、员工资质和员工发展、机构管理。[①]

与此同时，我国学者对国外托幼机构质量标准进行了诸多考察，为我国幼儿园教育质量标准的制定提供了思路。

刘焱认为，托幼机构教育质量评价是在一定的教育价值观的指导下，依据一定的标准与程序，对托幼机构的教育工作进行科学调查，作出价值判断的活动过程。一般来说，托幼机构教育质量的评价标准通常由四类标准构成：一是从业人员素质标准，二是工作人员职责标准，三是效率标准，四是效果标准。[②]刘焱主持编制的《幼儿园教育环境质量评价量表》包括物质环境创设、人际互动、生活活动和课程四个领域。[③]

刘霞认为，托幼机构教育质量应从托幼机构教育活动是否满足幼儿身心健康发展的需要及其满足幼儿身心健康发展需要的程度角度考量。托幼机构教育质量包括条件质量、过程质量和结果质量三个层面。其中，条件质量包括人员条件、物质条件、园所管理；过程质量包括师幼交往、教师对环境的创设和利用、教师与家长交流；结果质量指向幼儿身心的各方面发展。[④]

周欣对英国、澳大利亚、美国、新西兰和我国港台地区托幼机构过程性教育质量的评定标准进行了比较和分析，认为以上国家和地区的评定标准基本上都涉及了五个方面：教师-儿童的互动、课程、学习的物质环境、健康和安全、与家长的合作。周欣认为，这五个方面标准的内在联系所产生的整体效应是托幼机构过程性教育质量的重要保障。[⑤]

我国中央教育科学研究所学前教育研究室以《纲要》为指导，以生态学和教育评价学为主要理论基础，编制了《幼儿园教育质量评价手册》，主张班级的教育质量（即班级的环境质量和教与学的行为质量）是幼儿园教育评价的基本点与核心，由幼儿班级状况、半日活动安排、教师行为与观念、幼儿活动、师幼

①　美国高瞻教育研究基金会.学前教育机构质量评价系统[M].霍力岩，黄爽，黄双，等译.北京：教育科学出版社，2018：12.

②　刘焱，何梦焱，李苏，等."托幼机构环境评价量表"述评[J].学前教育研究，1998(3)：18-20.

③　刘焱，潘月娟.《幼儿园教育环境质量评价量表》的特点、结构和信效度检验[J].学前教育研究，2008(6)：60-64.

④　刘霞."NAEYC幼儿活动室观察评价量表"述评[J].教育导刊，2002(24)：50-53.

⑤　周欣.四国和我国港台地区幼托机构过程性教育质量标准的分析和比较[J].早期教育，2003(2)：5-7.

互动五个部分的变量群构成。①

综上,就构成要素而言,早期教育机构质量的各种定义都包含"结构性质量"和"过程性质量"两个部分,并以儿童的各项发展作为最终目的。②③ 其中,结构性质量包括硬件设施、资源、师资水平、师生比例和班级规模等因素,过程性质量则关注教师与儿童之间互动的本质,还包括教师与家长、儿童之间的互动,教师教学技巧,幼儿园的领导和管理等。④⑤ 代表性观点认为,结构性质量往往是通过过程性质量来与儿童发生相互作用进而影响儿童发展的,因而教育质量的过程性变量对儿童发展的影响比结构性变量更大,它是托幼机构质量评价中最重要的部分。⑥ 也有研究者提出,结构性质量与过程性质量这两方面紧密相关,对幼儿发展都有着至关重要的影响,因此,要提高学前教育质量,必须考虑到多个重要因素。⑦

在本书中,园本教研的教学产出已经专门列出教研对教师专业发展和幼儿全面发展的促进作用,因此这部分内容在教研对幼儿园教育质量提升的促进作用分量表中不做重复。此外,考虑到园本教研对某些结构性质量要素可能短期内难以产生明显影响,譬如师生比、班级规模、师资水平等,单单借助教研活动并不能使之在短时间内显著改善,故此类要素不计入本书的考察范围。综上,基于结构性质量和过程性质量的分析框架,本书选取学习环境的创设与利用、师幼互动、课程计划与评价、家园合作、幼儿园领导和管理作为幼儿园教育质量的评价指标,拟从这五个层面考察园本教研对于幼儿园质量提升的促进作用。

综上,园本教研教学产出指标汇总如表 3-4 所示。

---

① 中央教育科学研究所学前教育研究室. 幼儿园教育质量评价手册[M]. 北京:教育科学出版社,2009:3-5.

② OECD. Quality Matters in Early Childhood Education and Care[M]. Finland, Paris: OECD, 2012.

③ 李克建,胡碧颖. 国际视野中的托幼机构教育质量评价:兼论我国托幼机构教育质量评价观的重构[J]. 比较教育研究,2012(7):15-20.

④ 高敬. 国外早期教育机构质量评价研究述评及启示[J]. 外国中小学教育,2011(8):46-50.

⑤ 黄晓婷,宋映泉. 学前教育的质量与表现性评价:以幼儿园过程性质量评价为例[J]. 北京大学教育评论,2013,11(1):2-11.

⑥ 周欣. 四国和我国港台地区幼托机构过程性教育质量标准的分析和比较[J]. 早期教育,2003(2):5-7.

⑦ CRYER D, TIETZE W, BURCHINAL M, et al. Predicting process quality from structural quality in preschool programs: a cross-country comparison[J]. Early Childhood Research Quarterly, 1999,14(3):339-361.

表 3-4　园本教研教学产出指标汇总

一级指标	二级指标	三级指标
教学产出	教师专业发展	专业理念与态度
		专业知识
		专业能力
	幼儿全面发展	情感态度
		知识经验
		能力
	幼儿园教育质量提升	学习环境的创设与利用
		师幼互动
		课程计划与评价
		家园合作
		幼儿园领导和管理

2. 基于专家咨询法编制《园本教研教学产出调查问卷》

(1)《专家咨询问卷》的编制

通过对国内外教师专业发展评价、幼儿发展评价和幼儿园教育质量评价相关文献的系统梳理,本书形成了园本教研教学产出的评价指标体系,并在此基础上编制了《专家咨询问卷》(见附录 2)。问卷内容主要包括四个方面。一是问卷指导语,说明本问卷的制定背景。二是专家基本信息调查表,包括专家的工作单位、教龄、职称、最高学历/学位等。三是问卷的主体部分,请专家对园本教研教学产出的维度和条目的重要性程度进行评定,依据李克特 5 级评分,每个维度和指标分为很不重要、不太重要、一般、比较重要、很重要五个级别,依次赋 1、2、3、4、5 分,同时注意保留足够的空间供专家就维度合理性和表述清晰性发表意见。四是专家权威程度调查表,包括专家对该研究问题的熟悉程度和专家评定的判断依据,以专家自评的方式进行。熟悉程度分为很熟悉、比较熟悉、一般、不太熟悉、不熟悉 5 级,分别赋予 1.0、0.8、0.6、0.4、0.2 分[1][2]。判断依据包括工作经验、理论分析、参考国内外资料、直观感觉四个维度,影响程

---

①　郑翠红,陈楚,李华萍,等. 社区高血压患者家庭访视方案的构建[J]. 护理学杂志,2014,29(21):81-84.

②　林丹,潘勉,刘桂华,等. 产科责任护士护理服务满意度评价指标的初步构建[J]. 全科护理,2017,15(24):3033-3035.

度分为大、中、小三个层次,并按照程度大小赋予具体分值[①](见表 3-5)。

表 3-5　专家判断依据及其影响因素程度量化表

判断依据	对专家判断的影响程度		
	大	中	小
工作经验	0.5	0.4	0.3
理论分析	0.3	0.2	0.1
参考国内外资料	0.1	0.1	0.1
直观感觉	0.1	0.1	0.1

(2)专家基本信息汇总

专家咨询小组由 7 位学前教育领域的专家组成,其中,专职教研员 2 位,高校教师 2 位,幼儿园园长 3 位。教龄方面,30 年以上教龄为 3 位,20 年以上教龄为 5 位,平均教龄约为 24 年。职称方面,教授 1 位,副教授 2 位,幼儿园高级教师 2 位,幼儿园一级教师 2 位。学历方面,7 位专家皆为本科以上学历,博士学历 2 位。

(3)专家调查的可靠性评价

①专家的权威程度。专家的权威程度与预测精度呈一定的函数关系。一般来说,预测精度随着专家权威程度的提高而提高,因此在对评价结果进行处理时,常常要求考虑专家对某一研究问题的权威程度。专家权威程度用专家权威系数(Cr)表示,专家权威系数为熟悉程度系数(Ca)和判断系数(Cs)的算术平均值。[②] 在本书中,Ca 为 0.86,Cs 为 0.94,因此 Cr 为 0.9,三者均大于0.7,说明函询的专家权威程度较高。[③]

②专家的积极程度。专家的积极程度用问卷回收率表示。[④] 共发放 7 份问卷,回收有效问卷 7 份,有效问卷回收率为 100%,其中 6 位专家提出了具体的修改意见,表明专家的积极程度和参与程度较高。

③专家意见协调程度。专家意见协调程度用变异系数(CV)和肯德尔和

①　曾光. 现代流行病学方法与应用[M]. 北京:北京医科大学、中国协和医科大学联合出版社,1994:259.

②　曾光. 现代流行病学方法与应用[M]. 北京:北京医科大学、中国协和医科大学联合出版社,1994:258.

③　岳丽春,唐浪娟,谌秘,等. 帕金森病患者自我健康管理问卷的研制及信效度检验[J]. 中国全科医学,2016,19(27):3341-3345.

④　李霞,莫霖,王啟瑶,等. 儿科护理硕士专业学位研究生临床能力评价指标的构建[J]. 护理实践与研究,2018,15(21):4-9.

谐系数(W)表示。①　其中,3 个一级指标的变异系数介于 0—0.17,11 个二级指标的变异系数介于 0—0.18,说明专家对每个评价指标的协调程度较高。11 个二级指标的肯德尔和谐系数为 0.295($p<0.05$),一致性检验结果表明专家意见一致性显著,说明专家对全部评价指标的意见协调性较好。

(4)专家咨询结果

指标筛选标准为:均数≥4,变异系数<0.2,各条目的内容效度指数(I—CVI)≥0.8,总的内容效度指数(S—CVI)≥0.9。专家咨询结果如表3-6 所示,此外,总的内容效度指数为 0.95。以上统计结果说明,本书构建的园本教研教学产出指标体系较好,不需要增删指标。同时,结合专家对指标和条目表述的建议,笔者优化了相关条目的表述。

表 3-6　园本教研教学产出指标专家咨询结果

指标名称	均数	标准差	变异系数	内容效度指数
维度1:教师专业发展	5.00	0.00	0.00	1.00
教师专业理念与态度	4.86	0.38	0.08	1.00
教师专业知识	5.00	0.00	0.00	1.00
教师专业能力	5.00	0.00	0.00	1.00
维度2:幼儿全面发展	5.00	0.00	0.00	1.00
幼儿情感态度发展	5.00	0.00	0.00	1.00
幼儿知识经验发展	5.00	0.00	0.00	1.00
幼儿能力发展	4.86	0.38	0.08	1.00
维度3:幼儿园教育质量提升	4.57	0.79	0.17	0.86
学习环境的创设与利用	4.43	0.79	0.18	0.86
师幼互动	5.00	0.00	0.00	1.00
课程建设	4.57	0.79	0.17	0.86
家园合作	4.43	0.79	0.18	0.86
幼儿园领导与管理	4.43	0.79	0.08	0.86

①　李霞,莫霖,王启瑶,等.儿科护理硕士专业学位研究生临床能力评价指标的构建[J].护理实践与研究,2018,15(21):4-9.

3. 基于统计分析方法形成《园本教研教学产出量表》

通过问卷星平台在江苏省内随机发放《园本教研教学产出与实践共同体创设调查问卷（初试问卷）》（附录3），一共回收234份问卷，删除问卷填写时间少于100秒的37份问卷[①]，剩余197份问卷。这197份问卷的取样范围涵盖苏南（南京、无锡、镇江、常州）、苏中（扬州、南通、泰州）、苏北（盐城、徐州、连云港、宿迁），其中，公办园占比约64%、民办园占比约32%，城市园占比约42%、县镇园占比约18%、乡村园占比约11%，说明初试样本基本覆盖了江苏省内各种类型的幼儿园，具有较好的代表性。通过对这197份问卷进行频数分析和描述性统计分析（如最小值、最大值），发现没有缺失值且变量取值均介于2—7，说明原始问卷数据不存在缺失值或错误值。接下来，借助SPSS22.0对这197份问卷进行项目分析、因素分析和信度分析。[②]

（1）项目分析

①极端组比较。首先，对教学产出量表题项进行加总，将量表总得分前27%定义为高分组（76分到最高分），将量表总得分后27%定义为低分组（最低分到58分），然后对两个极端组进行独立样本T检验，结果发现11个题项的临界比值介于18.084—28.785，均大于3，达到0.05显著水平，说明11个题项的高分组得分和低分组得分显著不同，11个题项均具有较好的区分度。

②题项与总分的相关。题项与总分的Pearson相关检验表明，11个题项与总分均表现出显著相关，且相关系数介于0.866—0.921，均大于0.4，说明11个题项与总分全部达到高度相关水平，题项与整体量表的同质性高。

③信度检验。11个题项的内部一致性α系数等于0.975，说明量表信度非常理想，且11个题项删除时的Cronbach's α值介于0.972—0.974，均小于0.975，说明11个题项内部一致性高，不需要删除题项。

④共同性与因素负荷量。11个题项的共同性值介于0.742—0.851，均大于0.4。11个题项的因素负荷量介于0.862—0.923，均大于0.4。说明11个题项与共同因素（总量表）关系密切。

综上，项目分析的结果汇总如表3-7所示，根据判标准则，《园本教研教学产出量表》的11个题项全部达标，因此全部予以保留。

---

① 考虑到问卷填写时间少于100秒时，被调查者思考时间过短，所有题项选择相同等级（如全部选7、全部选5）的被调查者占比较大，会影响数据质量，因此予以删除。

② 吴明隆. 问卷统计分析实务：SPSS操作与应用[M]. 重庆：重庆大学出版社，2010：158-263.

表 3-7 《园本教研教学产出量表》项目分析摘要表(初试)

题项	极端组比较	题项与总分相关	同质性检验			未达标准指标数	备注
	决断值		题项删除后的 α 值	共同性	因素负荷量		
a1	21.717	.884	.973	.776	.881	0	保留
a2	21.140	.866	.974	.742	.862	0	保留
a3	20.486	.909	.972	.822	.907	0	保留
a4	22.383	.921	.972	.851	.923	0	保留
a5	22.300	.901	.973	.814	.902	0	保留
a6	28.785	.913	.972	.841	.917	0	保留
a7	18.084	.895	.973	.802	.896	0	保留
a8	19.882	.898	.973	.811	.900	0	保留
a9	18.543	.885	.973	.779	.883	0	保留
a10	19.783	.885	.973	.787	.887	0	保留
a11	18.822	.898	.973	.808	.899	0	保留
判标准则	≥3.000	≥.400	≤.975	≥.200	≥.450		

注:0.975 为园本教研教学产出量表的内部一致性 α 系数。

(2)因素分析

Bartlett 球形检验表明,11 个题项的 KMO(取样适当性量数)值为 0.956,大于 0.9,说明教学产出量表极适合进行因素分析。采用主成分分析法对 11 个题项进行因素分析,基于前期预设,将因子个数限定为 3,因子萃取结果如表 3-8 所示,转轴后的成分矩阵与原先笔者编制的构念符合,其中,共同因素一包括第 7 题到第 11 题,构念名为"幼儿园教育质量提升",共同因素二包括第 1 题到第 3 题,构念名为"教师专业发展",共同因素三包括第 4 题到第 6 题,构念名为"幼儿全面发展"。

表 3-8 《园本教研教学产出量表》因素分析结果(初试)

题项	成分		
	1	2	3
a7	.764	.419	.343
a11	.704	.373	.466
a8	.701	.372	.473
a10	.698	.325	.503

续表

题项	成分		
	1	2	3
a9	.682	.556	.268
a2	.362	.817	.314
a1	.368	.811	.349
a3	.388	.735	.456
a5	.377	.448	.763
a6	.524	.357	.719
a4	.476	.456	.679

（3）信度分析

内部一致性检验结果（见表 3-9）表明，教师专业发展层面的内部一致性系数 α 为 0.948，幼儿全面发展层面的内部一致性系数 α 为 0.953，幼儿园教育质量提升层面的内部一致性系数 α 为 0.952，总量表的信度系数为 0.975。各层面和总量表的内部一致性系数均大于 0.9，说明量表信度非常理想。

表 3-9 《园本教研教学产出量表》信度分析结果（初试）

层面	Cronbach 的 Alpha	项目个数
教师专业发展层面	0.948	3
幼儿全面发展层面	0.953	3
幼儿园教育质量提升层面	0.952	5
总量表	0.975	11

综上，本书编制的包括 3 个因子、11 个题项的《园本教研教学产出量表》具有非常理想的信度和效度，符合心理测量学标准，可以作为有效工具测量园本教研的教学产出情况。在正式问卷中，《园本教研教学产出量表》的统计分析流程如上，信效度检验结果均符合心理测量学标准，详见附录 6。

第三节 基于层次分析法确定相关指标的权重系数

在一个指标体系中,通过权重可以有效体现某项指标在整个指标体系当中的重要程度。各个指标的不同权重会导致不同的评价结果,因此,权重的合理分配是进行科学评价的关键。[1] 在园本教研效益评价指标中,一级指标之间彼此量纲不同,例如人力资源以劳动力总小时数计算,而财力资源以元计算,教研场地需要以平方米计算,这些一级指标在教研投入中所占的重要性难以主观估计,对此,可以通过选择合适的效率测算方法来解决量纲不同的问题,譬如数据包络分析(DEA)可以基于数据本身特点赋予指标客观权重。值得注意的是,教研效益二级指标各因素之间、三级指标各因素之间是同质的,譬如人力投入的二级指标可以分为教研员、高校教师、幼儿园教师,他们之间的劳动力素质是可以相互比较的;又如科研产出的三级指标课题获奖可以分为县区级、市级、省级、国家级,不同级别课题的重要程度也是可以相互比较的。对此,本节主要对基于层次分析法和焦点小组访谈法为教研效益相关指标确定权重系数进行介绍。

一、层次分析法的介绍

(一)层次分析法的基本原理

层次分析法(Analytic Hierarchy Process,简称 AHP),是美国运筹学家托马斯·塞蒂(Thomas L. Saaty)在 20 世纪 70 年代初期提出的一种简便、灵活而又实用的多准则决策方法。由于它在处理复杂的决策问题上具有实用性和有效性,很快在世界范围内得到重视,它的应用已经遍及经济计划和管理、能源政策和分配、行为科学、军事指挥、运输、农业、教育、人才、医疗和环境等领域。该方法自 1982 年被介绍到我国以来,迅速在社会经济各个领域得到广

---

① 丁敬达,邱均平.科研评价指标体系优化方法研究:以中国高校科技创新竞争力评价为例[J].科研管理,2010,31(4):111-118.

泛重视和应用。

人们在进行社会、经济以及科学管理领域问题的系统分析时,面临的常常是一个由相互关联、相互制约的众多因素构成的复杂系统。层次分析法则为这类问题的决策和排序提供了一种新的、简洁而实用的建模方法。层次分析法的基本原理是,通过划分相互联系的有序层次,使复杂问题中的各种因素条理化,根据对一定客观现实的判断就每一层次的相对重要性给予定量表示,利用数学方法确定表达每一层次的全部元素的相对重要性次序的权值,并通过排序结果分析和解决问题。[①]

(二)层次分析法的基本步骤

运用层次分析法建模解决实际问题时,往往需要经过四个步骤:①建立递阶层次结构模型。在运用层次分析法处理决策问题时,首先要使问题条理化、层次化,构造出一个有层次的结构模型。一般来说,这些层次可以分为三层——目标层、准则层和方案层。②构造成对比较矩阵。由于准则层中的各因素在目标衡量中所占的比重不一定相同,因此需要对各因素的重要性进行标度,目前应用最广的标度是 Saaty 教授提出的 1—9 标度法。[②] 值得注意的是,不同人对不同因素的重要性有不同的判断,对此,应当请相关研究领域的专业人士来判断。专家对问题的矛盾和周围环境了解得越透彻,便越能得到合理的判断。[③] ③进行一致性检验。包括计算一致性指标 CI(consistency index)、查找一致性指标 RI、计算一致性比例 CR(consistency ratio)。④层次总排序及一致性检验。计算最下层对目标层的组合权向量,并根据公式做组合一致性检验,若检验通过,则可以按照组合权向量表示的结果进行决策,否则需要重新构造判断矩阵。

(三)层次分析法的优缺点及注意事项

层次分析法优点众多,最重要的一点就是简单明了,它不仅适用于存在不确定性和主观信息的情况,还允许以合乎逻辑的方式运用经验、洞察力和直觉。有学者提出,层次分析法的基本原理类似于大脑的分解和综合,因此,它

① 刘豹,许树柏,赵焕臣,等.层次分析法:规划决策的工具[J].系统工程,1984(2):23-30.
② 汪浩,马达.层次分析标度评价与新标度方法[J].系统工程理论与实践,1993(5):24-26.
③ 刘豹,许树柏,赵焕臣,等.层次分析法:规划决策的工具[J].系统工程,1984(2):23-30.

是一种思维的工具，为思考过程提供了一种数字表达及数学处理方法。[①] 层次分析法也有一定的局限性，譬如在构造递阶层次结构模型时，因素的选取以及因素之间的层次关系如果不正确，则会降低该方法的结果质量。另外，层次分析法在很大程度上依赖人们的经验，主观因素的影响较大，在构造成对判断矩阵时，专家的主观经验对矩阵的形成影响较大，如果专家的判断失误，会影响层次分析法的可信度。

为此，在使用层次分析法时需要注意以下事项：首先，建立层次结构模型是十分关键的一步，分解简化问题时需要把握主要因素，做到不漏不多，注意比较元素之间的强度关系，如果相差悬殊则不适合放在同一层次进行比较，需要根据实际情况抽象出较为贴切的层次结构。其次，在构造成对比较矩阵阶段，需要尽可能纳入同一问题领域不同视角的专家意见，最好能召集相关专业人士共同讨论标度问题，使标度考量更趋全面、合理。

二、层次分析法的应用

本书运用层次分析法的主要目的在于确定相关指标的权重系数，因此主要采用层次分析法的前三个步骤。通过对 6 位专家代表进行焦点小组访谈，确定相关指标中两两因素之间的相对重要性标度，共构造了 6 个递阶层次结构模型（人力投入、科研产出、出版物、课题、其他获奖、社会服务）和 20 个成对比较矩阵。运用 yaahp10.1 软件进行一致性检验，最终获得各指标的权重。

（一）建立递阶层次结构模型

如前所述，在园本教研效益一级指标中，财力投入、物力投入、教学产出可直接加和，无须赋予权重，因此本书以其余三个一级指标（人力投入、科研产出、社会服务）和三个二级指标（出版物、课题、其他获奖）为目标层构建了 6 个递阶层次结构模型。

（二）构造成对比较矩阵

笔者邀请了具有丰富教研经验的 6 位专家（包括教研员代表、高校教师代表、业务园长代表、教科室主任代表、教研组长代表、幼儿园教师代表）参加焦

---

① 刘豹,许树柏,赵焕臣,等.层次分析法:规划决策的工具[J].系统工程,1984(2):23-30.

点访谈小组，专家就相关指标两两因素之间的相对重要性程度进行了讨论，并给出了1—9标度评分，共构建了20个成对比较矩阵。

（三）进行一致性检验

在yaahp10.1软件运行过程中，构造成对比较矩阵和一致性检验是同时进行的，因此笔者可以根据一致性检验结果适当调整标度分值，得到符合一致性标准的成对比较矩阵。值得注意的是，在焦点小组访谈环节，各位专家并不是就所有指标的相对重要性程度均达成共识，此时笔者会记录专家提到的不同评分，然后结合一致性检验结果选取适当的标度评分。最终，6个成对比较矩阵的一致性比例（CR）取值介于0—0.066，小于临界值0.1，均顺利通过一致性检验。

（四）相关指标权重系数汇总

园本教研人力投入成对比较矩阵一致性检验结果为0.012，小于临界值0.1，通过一致性检验，人力投入指标权重系数汇总见表3-10。

表 3-10　园本教研人力投入指标权重系数汇总

教研投入一级指标	教研投入二级指标	加权等级与权重系数	
人力投入	教研员 0.435	省级教研员	0.689
		市级教研员	0.244
		县区级教研员	0.067
	高校教师 0.487	教授	0.689
		副教授	0.244
		讲师	0.067
	幼儿园教师 0.078	正高级教师	0.518
		高级教师	0.291
		一级教师	0.110
		二级教师	0.048
		未评级教师	0.033

园本教研科研产出成对比较矩阵一致性检验结果为0.004，小于临界值0.1，通过一致性检验，科研产出指标权重系数汇总见表3-11。

科研产出中出版物成对比较矩阵一致性检验结果为0.066，小于临界值0.1，通过一致性检验，出版物指标权重系数汇总见表3-12。

表 3-11　园本教研科研产出指标权重系数汇总

教研产出一级指标	教研产出二级指标	教研产出三级指标	
科研产出	出版物 0.110	期刊文章	0.148
		专著或译著	0.580
		会议论文集	0.055
		教材或教参	0.217
	课题 0.309	课题立项	0.125
		课题获奖	0.875
	其他获奖 0.581	论文或教案获奖	0.125
		教学成果奖	0.875

表 3-12　科研产出中出版物指标权重系数汇总

教研产出二级指标	教研产出三级指标	加权等级与权重系数	
出版物	期刊文章 0.148	国家级刊物	0.748
		省级刊物	0.181
		市级刊物	0.071
	专著或译著 0.580	8 万字以上	0.667
		3 万字到 8 万字	0.222
		3 万字以下	0.111
	会议论文集 0.055	全国性会议	0.833
		省市会议	0.167
	教材或教参 0.217	全国性推广	0.724
		省级推广	0.193
		市区推广	0.083

科研产出中课题成对比较矩阵一致性检验结果为 0.000,小于临界值 0.1,通过一致性检验,课题指标权重系数汇总见表 3-13。

表 3-13　科研产出中课题指标权重系数汇总

教研产出二级指标	教研产出三级指标	加权等级与权重系数	
课题	课题立项 0.125	国家级课题	0.597
		省级课题	0.270
		市级课题	0.089
		县区级课题	0.044
	课题获奖 0.875	国家级奖项	0.617
		省级奖项	0.259
		市级奖项	0.077
		县区级奖项	0.047

科研产出中其他获奖成对比较矩阵一致性检验结果为 0.000,小于临界

值 0.1,通过一致性检验,其他获奖指标权重系数汇总见表 3-14。

表 3-14 科研产出中其他获奖指标权重系数汇总

教研产出二级指标	教研产出三级指标	加权等级与权重系数	
其他获奖	论文或教案获奖 0.125	省级比赛	0.738
		市级比赛	0.168
		县区级比赛	0.094
	教学成果奖 0.875	国家级奖项	0.777
		省级奖项	0.155
		市级奖项	0.068

园本教研社会服务成对比较矩阵一致性检验结果为 0.063,小于临界值 0.1,通过一致性检验,社会服务指标权重系数汇总见表 3-15。

表 3-15 园本教研社会服务指标权重系数汇总

教研产出一级指标	教研产出二级指标	
社会服务	同行受益	0.724
	家长受益	0.193
	其他人士受益	0.083

本章小结

如图 3-1 所示,本章基于文献分析法形成了园本教研效益的评价指标框架,基于半结构式访谈法、专家咨询法和统计分析法提炼了园本教研效益的具体评价指标,基于层次分析法和焦点小组访谈法确定了园本教研效益相关指标的权重系数,最终构建了由 6 个一级指标、18 个二级指标组成的园本教研效益评价指标体系。

图 3-1 园本教研效益评价指标体系的构建思路

第四章 现状描摹:基于三阶段 DEA 模型测算园本教研效益

第三章综合运用多种研究方法,构建了园本教研效益评价指标体系,为评价园本教研效益提供了测量工具。接下来,还需要探寻适宜的效益/效率/绩效分析方法。在计量经济学中,效率分析的方法众多,各有优劣,适用范围各不相同。本章首先从理论上分析三阶段数据包络分析模型(Three-stage DEA Model)用于研究园本教研效益的适切性,介绍三阶段 DEA 模型的构建过程,然后详细汇报江苏省园本教研效益的实证分析结果。

第一节 DEA 方法及适切性介绍

如前所述,园本教研是一项涉及多投入、多产出的复杂系统,教研投入指标和产出指标之间存在多样性,而且教研投入指标内部(人力投入、财力投入、物力投入)和教研产出指标内部(教学产出、科研产出、社会服务)也存在异质性,无法统一量纲。也就是说,教研活动不同于一般的经济活动,并不是所有的指标都可以转化为数量信息和价格信息,因此难以用简单的产出总额减去投入总额方法来计算教研效益。对此,我们需要仔细考察常用的效率研究方法,筛选出最适合测算教研效益的计量工具。

一、效率研究与前沿分析

在效率研究中,有四种最重要的方法,分别是最小二乘法(least square,LS)、全要素生产效率(total factor productivity,TFP)、数据包络分析(Data Envelopment Analysis,DEA)和随机前沿分析(Stochastic Frontier Analysis,

SFA）。其中，数据包络分析（DEA）和随机前沿分析（SFA）是研究效率最常用的方法[①]，它们属于前沿分析中参数方法和非参数方法的代表。

前沿分析以构建一个生产前沿面为核心，是一种标注决策单位相对效率的效率分析方法，其关键在于生产前沿面的构建。生产前沿（production frontier，又称生产边界），表示对应每一种投入水平的最大产出，反映的是某一行业的当前技术水平。如果一个行业中的某个部门或单位（称为"决策单元"，Decision Making Unit，简称DMU）处于生产边界上，那么这个决策单元就是技术有效（technically efficient）的；如果处于生产边界之下，那么这个决策单元是技术无效的。以单投入、单产出的生产活动为例，在图4-1中，x 轴表示投入变量，y 轴表示产出变量，O 到 F' 构成生产前沿线，其中，B 点和 C 点位于生产前沿线上，属于技术有效单元，A 点位于生产前沿线以下，属于技术无效单元。

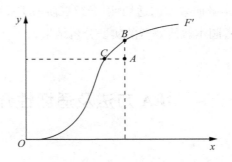

图4-1 生产边界与技术效率

综合技术效率（technical efficiency，简称TE），又称技术效率/综合效率，即投入-产出实现效率。综合技术效率有两种解读，从投入导向（input orientation）来看，综合技术效率是指在产出固定的条件下，所需的最小成本与实际成本的百分比；从产出导向（output orientation）来看，综合技术效率是在投入一定的情况下，实际产出与最大产出的百分比。[②] 因此，综合技术效率反映的是生产实际与生产前沿之间的相对关系。运用生产前沿来分析技术效率的方法被称为前沿分析法（frontier analysis）。

① 科埃利，拉奥，奥唐奈，等. 效率与生产率分析引论：第2版[M]. 王忠玉，译. 北京：中国人民大学出版社，2008：318-319.

② FARRELL M J. The measurement of productive efficiency[J]. Journal of the Royal Statistical Society：Series A（General），1957，120（3）：253-281.

前沿分析法包括非参数分析法和参数分析法两大类。其中,非参数分析法不要求对生产函数的效率前沿面进行形状限定,处于前沿面的观测数据100%被认为是技术有效的。以数据包络分析(DEA)为例,它是运用线性规划(linear programming)方法构建观测数据的前沿面,也即将处于最外层的观测点用凸面进行包络,然后相对于这个前沿面来计算效率。参数分析法则需要预先明确投入-产出之间的函数关系,在考虑到决策噪声、规则干扰和测量误差的前提条件下,运用回归分析计量生产函数中的系数。以随机前沿分析(SFA)为例,它假定投入与产出之间的关系具有某个给定的函数形式,当该函数形式设定后,可以利用计量经济技术对函数的未知参数加以估计。

参数分析法和非参数分析法各有优劣:基础 DEA 方法操作简单,排除了主观因素的影响,但是没有考虑到环境因素和随机误差,而是把无效性全部归因于决策单元本身;SFA 则考虑了统计噪声和随机误差的影响,但是需要提前预设函数关系,有一定的主观性。随着 DEA 方法的不断进化,从基础 DEA 模型发展到三阶段 DEA 模型(三阶段 DEA 方法是一种结合了参数法 SFA 和非参数法 DEA 的综合分析方法),参数分析的基本原理也逐渐融入 DEA 模型中,弥补了非参数方法的局限性,兼具参数分析和非参数分析二者的优势。因此,本书选择以三阶段 DEA 模型作为教研效益的计量工具。

二、DEA 方法介绍

数据包络分析(DEA)是由查恩斯、库伯和罗兹(Charnes, Cooper & Rhodes)于 1978 年提出的,是对同质的决策单元确定其相对有效性的一种数学规划方法。由于决策单元的大量绩效指标之间经常存在未知的复杂关系,DEA 凭借其在分析多投入、多产出系统效率时的显著优势[1],有助于识别组织中效率最佳的单元,并能够为其他单元指明绩效提升的方向,已经被广泛运用于世界各地不同类型组织单元的绩效研究中,包括医院、卫生维护组织、军事单位、大学、城市、法院、金融机构、物流及制造业等。[2] 1988 年,魏权龄教授系统介绍了 DEA 方法后,该方法在国内众多研究领域得到迅速推广,当前DEA 模型已经被广泛运用于我国农业、医疗、建筑、区域经济、生态保护、产业

---

[1] 王善迈. 市场经济中的政府与市场[M]. 北京:北京师范大学出版社,2001:12,73.
[2] ZHU J. 数据包络分析:让数据自己说话[M]. 公彦德,李想,译. 北京:科学出版社,2016:vii.

发展、高校科研等方面的投入产出效率的量化研究中。[①][②]

如前所述,DEA 方法本质上是一种前沿分析法,运用线性规划方法构建观测数据的非参数分段曲面(或前沿),然后相对于这个前沿面来计算决策单元的相对效率。[③] 其基本原理是:由众多决策单元构成评价集合,通过对各个决策单元投入和产出比率的综合分析,由生产可行域的边界值构成生产前沿面,处于生产前沿面上的决策单元为技术有效,每个决策单元与生产前沿面之间的距离为技术无效率项。从查恩斯、库伯和罗兹提出最初的 DEA 模型(CCR 模型)之后,研究者发表了大量的拓展和应用 DEA 方法论的论文。目前 DEA 模型已经涵盖基础 DEA 模型(CCR 模型和 BCC 模型)、Malmquist DEA 模型、三阶段 DEA 模型、超效率 DEA 模型等几十种扩展模型。[④]

基础 DEA 模型简单实用,其不足之处在于没有考虑到环境因素和随机噪声对决策单元效率评价的影响,异常值对于生产前沿面的影响较大。弗里德等人(Fried et al.)认为,决策单元的效率表现受到三种因素的影响,一是管理层组织生产活动的效率(managerial inefficiencies),二是实际生产活动所处的环境特征(environmental effects),三是运气的好坏、遗漏变量及相关因素(statistical noise)。其中,第一个因素是决策单元内生因素,后两个因素是外生变量。基于此,弗里德等人提出了三阶段 DEA 模型,通过构建包含环境因素和随机误差项的回归方程,分离环境因素和随机误差因素对决策单元效率的影响,从而实现对决策单元技术效率更准确的评价。[⑤] 国内关于三阶段 DEA 模型的介绍最早出现在 2008 年[⑥],随后有关该模型的论文开始大量出现,三阶段 DEA 模型目前广泛应用在环境治理、科技创新、农业生产、物流、保险、银行等多个领域的效率研究中。

---

① 徐丹,包海芹. 基于 DEA 的我国学前教育供给效率省际差异研究[J]. 天津师范大学学报(基础教育版),2015,16(1):53-58.

② 汪彦,陈悦,曹贤忠,等. 上海高校科研创新效率与影响因素实证研究:基于 DEA-Tobit 模型[J]. 科学管理研究,2018(8):100-109.

③ 科埃利,拉奥,奥唐奈,等. 效率与生产率分析引论:第 2 版[M]. 王忠玉,译. 北京:中国人民大学出版社,2008:163.

④ 陈巍巍,张雷,马铁虎,等. 关于三阶段 DEA 模型的几点研究[J]. 系统工程,2014,32(9):144-149.

⑤ FRIED H, LOVELL C, SCHMIDT S, et al. Accounting for environmental effects and statistical noise in data envelopment analysis[J]. Journal of Productivity Analysis, 2002,17(1):157-174.

⑥ 方燕,白先华. 中国商业银行经营效率分析:三阶段 DEA 之应用[J]. 中央财经大学学报,2008(6):41-46.

三、DEA 方法用于本研究的适切性

DEA 模型自诞生之初就被用于对各类教育机构的效率进行评价。安、查恩斯和库伯(Ahn，Charnes & Copper)运用 DEA 方法对美国高等教育领域公立和私立教育机构的相对效率进行了评价[①];科尔杰维伦和罗伊凯恩(Kirjavainen & Loikkanent)运用 DEA-Tobit 两步法比较了芬兰高等中学的效率差别并分析了其原因[②];安德森、瓦尔贝格和韦恩斯坦(Anderson，Walberg & Weinstein,1998)运用 DEA 方法对芝加哥学区 390—420 所小学 1989 年、1991 年和 1993 年的动态效率进行了评价和分析[③];鲁杰罗和亚诺(Ruggiero & Vitaliano)使用数据包络分析和随机前沿回归分析测算了纽约 520 所公立学校的成本效率[④];阿博特和杜库里格(Abbott & Doucouliagos)采用 DEA 模型对澳大利亚大学的效率进行了比较和排序[⑤];雅西亚和艾希德(Yahia & Essid,2019)应用 DEA-Tobit 模型测算了突尼斯中等教育的技术效率并检测了其影响因素[⑥]。

2000 年以来,我国学者开始应用 DEA 方法对不同层次的教育效率问题进行研究。侯光明和晋琳琳运用 DEA 方法对我国 9 所"985 工程"重点建设的研究型大学进行了效率分析[⑦];苗玉凤运用 DEA 分析了我国 53 所重点高校 2002

① AHN T, CHARNES A, COOPER W W. Some statistical and DEA evaluations of relative efficiencies of public and private institutions of higher learning[J]. Socio-Economic Planning Sciences, 1988,22(6): 259-269.

② KIRJAVAINEN T, LOIKKANENT H A L. Efficiency differences of Finnish senior secondary schools: An application of DEA and Tobit analysis[J]. Contemporary Economic Policy, 1998,17(4):377-394.

③ ANDERSON L,WALBERG H J,WEINSTEIN T. Efficiency and effectiveness analysis of Chicago public elementary schools: 1989,1991,1993[J]. Educational Administration Quarterly,1998, 34(4): 484-504.

④ RUGGIERO J, VITALIANO D F. Assessing the efficiency of public schools using date envelopment analysis and frontier regression[J]. Contemporary Economic Policy,1999,17(3):321-331.

⑤ ABBOTT M, DOUCOULIAGOS C. The efficiency of Australian universities: A Data envelopment analysis[J]. Economics of Education Review,2003,22(1):89-97.

⑥ YAHIA F B, ESSID H. Determinants of Tunisian Schools' Efficiency: A DEA-Tobit Approach[J]. Journal of Applied Management and Investments, 2019,8(1):44-56.

⑦ 侯光明,晋琳琳. DEA方法在研究型大学建设绩效评价中的应用[J]. 高教发展与评估,2005(5): 25-29.

年和 2003 年的技术效率、纯技术效率和规模效率[①];梁文艳和杜育红利用数据包络分析对我国西部农村 145 所小学的办学效率进行了评价[②];姜彤彤运用数据包络分析对我国 59 所教育部直属高校效率作出了评价,并比较了不同类型高校效率得分的差异情况[③];王水娟运用数据包络分析从微观层面分析了江苏省苏中地区一县级市 35 所小学在 2004—2010 年间的办学效率[④];汪彦、陈悦、曹贤忠和付全胜采用 DEA-Tobit 两步法对上海 17 家高校 2012—2016 年的科研创新效率进行了分析[⑤];苏荟和刘奥运基于我国 31 个省、市、自治区 2015—2017 年的面板数据,运用 DEA 模型测算了我国省际高校的科研效率[⑥]。

具体到学前教育效率研究领域,王水娟和柏檀基于 DEA-BCC 模型,测算了江苏省 51 个县的学前教育财政投入效率[⑦];甘永涛和孟立军基于 DEA 模型,对我国武陵山片区 20 个县市的学前教育资源利用效率进行了实证研究[⑧];包海芹和徐丹运用 DEA 方法,对我国东部地区 180 所城市幼儿园的办学效率进行了评价[⑨];郭燕芬和柏维春基于 DEA-BCC 模型,调查了全国 175 所幼儿园的经费投入效率[⑩];陈岳堂和陈慧玲基于我国 31 个省份 2007—2013 年的面板数据,通过数据包络分析方法计算了我国各省份学前教育资源配置的效率得分[⑪]。

综上,DEA 方法被广泛运用于国内外各类教育机构的效率评价中,可见,

---

① 苗玉凤. 2002、2003 年我国高校效率的对比研究[J]. 黑龙江教育(高教研究与评估),2008(Z2):8-9.

② 梁文艳,杜育红. 基于 DEA-Tobit 模型的中国西部农村小学效率研究[J]. 北京大学教育评论,2009,7(4),22-34,187-188.

③ 姜彤彤. 基于 DEA-Tobit 两步法的高校效率评价及分析[J]. 高等财经教育研究,2011,14(2):1-5.

④ 王水娟. 小学教育效率的校际差异及影响因素实证研究:基于 DEA-Tobit 的分析[J]. 教育科学,2012,28(5):67-72.

⑤ 汪彦,陈悦,曹贤忠,等. 上海高校科研创新效率与影响因素实证研究:基于 DEA-Tobit 模型[J]. 科学管理研究,2018(8):100-109.

⑥ 苏荟,刘奥运. 双一流建设背景下我国省际高校科研效率及影响因素研究:基于 DEA-Tobit 模型[J]. 重庆大学学报(社会科学版),2020,26(1):107-118.

⑦ 王水娟,柏檀. 学前教育财政投入的效率问题与政府责任[J]. 教育与经济,2012(3):4-8.

⑧ 甘永涛,孟立军. 武陵山片区学前教育资源使用效率评价:基于 20 个县市的调查[J]. 教育财会研究,2014,25(3):28-39.

⑨ 包海芹,徐丹. 基于 DEA 模型的我国东部城市幼儿园办学效率分析[J]. 学前教育研究,2015(11):3-12.

⑩ 郭燕芬,柏维春. 中国学前教育经费投入效率的 DEA 分析:基于 175 所幼儿园的实证调查[J]. 教育与经济,2017(6):45-50,92.

⑪ 陈岳堂,陈慧玲. 基于 Dea-Tobit 模型的我国学前教育资源配置效率研究[J]. 现代教育管理,2018(5):47-53.

采用 DEA 方法评价教育部门的效率是非常有效且成熟的。[①] 郭燕芬和柏维春提出，DEA 方法的特点使其与学前教育投入产出评价研究具有较好的契合性。[②] DEA 方法在效率研究中大受欢迎，主要是因为它具有以下优势：第一，DEA 方法适用于对多投入、多产出的决策单元绩效水平进行评价，该方法不要求给出决策单元投入产出的生产函数，这使得 DEA 方法非常适用于评价具有复杂生产关系的决策单元效率；第二，在研究过程中，投入和产出一级指标应赋予的权重由计算模型根据数据自动产生，不需要进行人工加权，而是允许数据自身决定各指标因子的重要性[③]，避免了人为因素的主观影响；第三，DEA 方法可以和 Tobit 回归分析配套使用，用以探索和验证影响决策单元效率的环境变量及其具体影响程度，为查明效率影响因素提供实证依据；第四，使用 DEA 方法不仅可以方便地进行效率分析，还可以进一步了解决策单元的投入冗余和产出不足情况，提供非 DEA 有效决策单元的改进方法和改进量，有助于非 DEA 有效决策单元找到改善绩效水平的调整途径。

　　具体到教研效益研究领域，DEA 方法同样具有显著优势。首先，教研活动是一项涉及多投入、多产出的复杂活动，其效率评价是一个多输入、多输出的复杂系统，而 DEA 方法正是一种针对多投入、多产出复杂系统进行相对有效性评价的方法。其次，教研投入和教研产出指标是不同质的，包括人力投入、财力投入、物力投入、教学产出、科研产出、社会服务等不同类型，通过 DEA 方法构造的生产前沿函数可以不考虑输入与输出指标单位的一致性问题，即教研投入和产出指标的量纲差异问题能通过 DEA 方法很好地解决。再次，DEA 方法还可以和 Tobit 回归分析配套使用，用以探索和检验园本教研效益的影响因素及其具体影响程度。最后，运用 DEA 方法进行教研效益评价时，可以根据松弛分析结果，给出非 DEA 有效幼儿园的改进目标值，对于提升园本教研效益具有较强的指导意义。

　　综上，DEA 方法有助于测算教研效益的现状、验证教研效益的影响因素、探寻教研效益的提升策略，十分契合本书的研究目标。

　　① Manceb M.-J. & Bandrés E. Efficiency evaluation in secondary schools: The key role of model specification and of ex post analysis of results[J]. Education Economics,1999,7(2):131-152.
　　② 郭燕芬,柏维春. 我国学前教育经费投入:产出效率分析及政策建议[J]. 学前教育研究,2017(2):3-16.
　　③ JOHNES J, JOHNES G. Research Funding and Performance in U. K. University Departments of Economics: A Frontier Analysis[J]. Economics of Education Review, 1995,14(3):301-314.

第二节 三阶段 DEA 模型的构建

本书运用三阶段 DEA 模型的思路如下：第一阶段，利用基础 DEA 方法（BCC 模型）测算决策单元的效率水平，包括综合技术效率（Technical Efficiency，简称 TE）、纯技术效率（Pure Technical Efficiency，简称 PTE）和规模效率（Scale Efficiency，简称 SE），以及松弛变量（Slack，目标产出量与实际产出量之间的差额）；第二阶段，构造相似随机前沿分析（SFA）模型分解第一阶段的松弛变量，将其分解为环境值、管理无效率项和随机误差，并对原始产出进行修正，滤除环境因素和随机因素对决策单元的不同影响，使各个决策单元面临相同的环境和运气；第三阶段：用修正后的产出数据再次进行 DEA-BCC 分析，计算各决策单元的相对效率值。

一、第一阶段：第一次 DEA 分析

（一）选取 DEA 模型

1. 选定规模报酬可变模型

基础 DEA 模型有 CCR 模型和 BCC 模型两种[①]，二者的差别在于 CCR 模型采取的是规模报酬不变（constant returns to scale，CRS）假设，BCC 模型采取的是规模报酬可变（variable returns to scale，VRS）假设。一般来说，若所有投入均按照某一比例增加时，产出以同比例增加，例如所有投入都翻倍而产出也刚好翻倍，我们就说生产函数显示出规模报酬不变（CRS）；若所有投入以某一比例增加时，产出以较小的比例增加，例如所有投入都翻倍而产出小于两倍，我们就说生产函数显示出规模报酬递减（decreasing returns to scale，DRS）；若所有投入均按照某一比例增加，产出以更大的比例增加，生产函数就显示出规模报酬递增（increasing returns to scale，IRS），DRS 和 IRS 则均属于 VRS 之列。

---

① CCR 模型和 BCC 模型都是根据模型提出者名字首字母缩写得来，其中 CCR 模型最初是由 Charnes，Cooper 和 Rhoeds 三人于 1978 年提出，BCC 模型最初由 Banker，Charnes 和 Cooper 三人于 1984 年提出。

上述规模报酬变化情况涉及规模效率(scale efficiency,简称 SE)问题。以图 4-2 为例,在单投入、单产出生产活动中,A、B、C 三点都处于生产前沿面上,都属于技术有效单元(都在各自的投入水平上达到了最大产出)。但是实际上,这三个决策单元并不是等生产能力的,B 点的生产率比 A 点和 C 点更高(原点到 B 点连线的斜率最大)。从技术上讲,B 点是最优规模的点(因为 B 点是经过原点与生产边界相切的切点),在生产边界上的其他任何决策单元的生产率都低于决策单元 B 的生产率。OB 连线反映的是规模报酬不变的生产前沿(CRS 前沿),ABC 凸面则是规模报酬可变的生产前沿(VRS 前沿),其中 AB 阶段属于规模报酬递增,B 点属于最优规模点,BC 阶段属于规模报酬递减。由此产生了综合技术效率和纯技术效率之间的分野,其中,CCR 模型测算的效率值属于综合技术效率,BCC 模型测算的效率值属于纯技术效率,通过比较综合技术效率值和纯技术效率值可以分离出规模效率值,也即 SE＝TE/PTE。

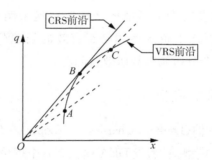

图 4-2　规模对生产率的影响

一般来说,规模报酬不变(CRS)假设适合所有决策单元均以最优规模运营的情况。然而,现实中由于各种约束因素的影响,不可能所有决策单元都在最优规模下运营,此时 CRS 设定会导致纯技术效率和规模效率混淆不清。规模报酬可变(VRS)模型则可以分离出综合技术效率中的纯技术效率和规模效率。[①] 由于幼儿园师资结构、经费投入、场地限制等多方因素的影响,无法确保所有幼儿园的园本教研都在最佳规模下运行,因此 VRS 假设更适合教研效益研究,也即 DEA-BCC 模型更适合分析园本教研效益问题。

---

① 科埃利,拉奥,奥唐奈,等.效率与生产率分析引论:第 2 版[M].王忠玉,译.北京:中国人民大学出版社,2008:173.

2. 选定产出导向模型

在确定 DEA 模型时,还需要考虑模型的导向问题。投入导向的 DEA 模型的基本思路是,在保持产出水平不变的情况下,通过按比例减少投入量测算技术无效性。产出导向的 DEA 模型意味着,在保持投入不变的情况下,通过按比例增加产出测算技术无效性。科埃利等人认为,人们应根据管理者最希望控制的变量(投入或产出)确定模型的导向。在一些行业中,由于厂商要用给定资源投入量获得尽可能多的产出,在这种情况下,选择产出导向的 DEA 模型更适当。[①]

由于受到幼儿园所处地理位置、办园性质、师资结构、经费投入、场地等因素的制约,各个幼儿园的园本教研投入是有限的,因此充分利用已有的教研投入以寻求尽可能大的教研产出是更为适宜的努力方向——在既定的教研投入下,使教研产出最大化,从而判断资源使用是否有效。此外,王水娟和柏檀在研究学前教育财政投入效率时,指出"就学前教育而言,应主要考虑如何利用政府投入的教育资源获得最大可能的产出",也是采用产出导向的 DEA 模型,研究在既定教育投入下资源使用是否有效的问题[②]。综上,产出导向的 DEA-BCC 模型更适合分析园本教研效益问题。

(二) 构建 DEA-BCC 模型

班克、查恩斯和库伯(Banker, Charnes & Cooper)在考虑规模收益的情况下,设计了 DEA-BCC 模型。[③] 假设 DEA 模型有 n 个评价单元,DMU_j($1 \leqslant j \leqslant n$),每个 DMU 都有 m 项投入和 s 项产出。对于第 j 个 DMU,$X_j = (x_{1j}, x_{2j}, \cdots, x_{mj})$ 为投入向量,表示"耗费的资源",$Y_j = (y_{1j}, y_{2j}, \cdots y_{sj})$ 为产出向量,表示"产出成效"。v_i 和 u_r 分别为 X_j 和 Y_j 的加权系数。设 ε 为非阿基米德无穷小量,则 DEA-BCC 模型的基本线性规划为[④]:

① 科埃利,拉奥,奥唐奈,等. 效率与生产率分析引论:第 2 版[M]. 王忠玉,译. 北京:中国人民大学出版社,2008:180.

② 王水娟,柏檀. 学前教育财政投入的效率问题与政府责任[J]. 教育与经济,2012(3):4-8.

③ BANKER R D, CHARNES A, COOPER W W. Some models for estimating technical and scale inefficiencies in data envelopment analysis[J]. Management Science,1984,30(9):1078-1092.

④ 吴济华,何柏正. 组织效率与生产力评估[M]. 北京:经济管理出版社,2015:55.

$$\begin{cases} Minw_j = \sum_{i=1}^{m} v_i X_{ij} + v_0 \\ s.t. \sum_{i=1}^{s} u_r Y_{ij} = 1 \\ -\sum_{i=1}^{s} u_r Y_{ij} + \sum_{i=1}^{m} v_i X_{ij} \geqslant 0, j = 1,2,\cdots,n \\ u_r, v_i \geqslant \varepsilon > 0, i = 1,2,\cdots,m; r = 1,2,\cdots,s \end{cases}$$

根据上述线性规划确定综合技术效率与纯技术效率后，各决策单元的规模效率可以利用综合技术效率与纯技术效率的比值获得。[1]

本书基于 DEAP 2.1 程序，选择产出导向的 DEA-BCC 模型，录入 168 所幼儿园的园本教研投入产出数据，运行该程序即可得出各决策单元的效率值（包括综合技术效率、纯技术效率和规模效率）和松弛变量（目标值与原始值之间的差值），第一次 DEA 分析中江苏省 168 所幼儿园园本教研效益情况汇总见表 4-1，其中 DMU 列表示幼儿园序号，TE 列表示综合技术效率值，PTE 列表示纯技术效率值，SE 列表示规模效率值，VRS 列表示规模效益变动情况，其中 drs 表示处于规模报酬递减状态，crs 表示处于规模报酬不变状态，irs 表示处于规模报酬递增状态。

第一次 DEA 分析表明，在 168 所幼儿园中，19 所幼儿园显示综合技术有效（TE=1），DEA 有效单元占比 11.31%，综合技术效率均值为 0.565；51 所幼儿园显示纯技术有效（PTE=1），纯技术有效单元占比 30.36%，纯技术效率均值为 0.887；19 所幼儿园显示规模有效（SE=1），规模有效单元占比 11.31%，规模效率均值为 0.630。在 168 所幼儿园中，19 所幼儿园呈现规模报酬不变状态（crs），也即这 19 所幼儿园处于最佳规模状态，而剩余的 149 所幼儿园均存在规模效率损失情况，其中，3 所幼儿园处于规模报酬递增状态（irs），说明当前教研规模过小，146 所幼儿园处于规模报酬递减状态（drs），说明当前教研规模过大。如前所述，在 DEA-BCC 模型中，综合技术效率=纯技术效率×规模效率，综上，在不考虑环境因素和随机误差的前提下，江苏省 168 所幼儿园的园本教研综合技术效率不高，教研纯技术效率则较为理想，教研综合技术效率不佳的主要原因在于教研规模效率偏低。

---

[1] 王水娟. 小学教育效率的校际差异及影响因素实证研究：基于 DEA-Tobit 的分析[J]. 教育科学, 2012, 28(5): 67-72.

表 4-1 第一次 DEA 分析中江苏省 168 所幼儿园园本教研效益情况

DMU	TE	PTE	SE	VRS	DMU	TE	PTE	SE	VRS	DMU	TE	PTE	SE	VRS
1	0.776	0.84	0.924	drs	57	0.401	0.989	0.405	drs	113	0.711	0.729	0.975	drs
2	1	1	1	crs	58	0.444	1	0.444	drs	114	0.747	0.991	0.753	drs
3	0.417	1	0.417	drs	59	1	1	1	crs	115	0.399	0.919	0.435	drs
4	0.824	0.825	0.999	drs	60	0.439	0.863	0.509	drs	116	0.161	0.974	0.165	drs
5	0.622	0.738	0.842	drs	61	0.342	1	0.342	drs	117	0.476	1	0.476	drs
6	0.285	0.87	0.327	drs	62	0.796	0.87	0.915	drs	118	0.627	0.832	0.753	drs
7	1	1	1	crs	63	1	1	1	crs	119	0.252	0.727	0.346	drs
8	0.789	1	0.789	drs	64	0.799	0.948	0.843	drs	120	0.401	0.845	0.474	drs
9	1	1	1	crs	65	0.837	0.946	0.885	drs	121	0.687	1	0.687	drs
10	0.245	0.883	0.277	drs	66	0.843	0.992	0.85	drs	122	0.303	1	0.303	drs
11	0.417	0.74	0.563	drs	67	0.914	0.932	0.98	drs	123	0.757	0.944	0.803	drs
12	0.145	1	0.145	drs	68	1	1	1	crs	124	0.882	0.98	0.899	drs
13	0.664	0.774	0.858	drs	69	0.394	0.714	0.552	drs	125	0.75	0.824	0.91	drs
14	1	1	1	crs	70	0.396	0.896	0.442	drs	126	0.437	0.974	0.448	drs
15	0.629	0.927	0.679	drs	71	0.554	0.883	0.627	drs	127	0.561	0.883	0.635	drs
16	0.324	0.805	0.402	drs	72	0.812	0.817	0.994	drs	128	0.597	0.872	0.685	drs
17	0.819	0.857	0.956	drs	73	0.311	0.792	0.393	drs	129	0.49	1	0.49	drs

续表

DMU	TE	PTE	SE	VRS	DMU	TE	PTE	SE	VRS	DMU	TE	PTE	SE	VRS
18	1	1	1	crs	74	0.204	0.792	0.258	drs	130	0.269	0.779	0.346	drs
19	0.613	0.961	0.638	drs	75	0.512	0.718	0.713	drs	131	1	1	1	crs
20	0.267	0.792	0.337	drs	76	0.521	1	0.521	drs	132	0.326	0.714	0.456	drs
21	0.843	1	0.843	drs	77	0.599	0.745	0.804	drs	133	0.926	0.931	0.994	drs
22	0.644	0.94	0.686	drs	78	0.411	0.985	0.418	drs	134	0.874	0.935	0.934	drs
23	0.982	1	0.982	drs	79	0.194	1	0.194	drs	135	0.541	0.751	0.72	drs
24	1	1	1	crs	80	0.719	0.855	0.841	drs	136	0.51	0.901	0.566	drs
25	1	1	1	crs	81	0.797	0.961	0.829	drs	137	0.157	0.792	0.198	drs
26	0.978	1	0.978	drs	82	0.507	1	0.507	drs	138	0.323	0.727	0.445	drs
27	0.591	0.731	0.808	drs	83	0.672	0.739	0.909	drs	139	0.182	1	0.182	drs
28	0.425	1	0.425	drs	84	0.73	0.737	0.991	irs	140	0.393	0.713	0.551	drs
29	0.141	0.701	0.201	drs	85	0.762	0.996	0.764	drs	141	0.677	0.794	0.853	drs
30	0.332	0.948	0.35	drs	86	0.222	0.792	0.28	drs	142	0.287	0.701	0.409	drs
31	0.237	0.661	0.359	drs	87	0.853	1	0.853	drs	143	0.641	0.876	0.732	drs
32	0.619	1	0.619	drs	88	0.662	0.791	0.837	drs	144	0.583	0.935	0.623	drs
33	0.428	0.831	0.515	drs	89	0.169	0.831	0.203	drs	145	0.967	1	0.967	irs
34	0.463	0.981	0.472	drs	90	0.538	1	0.538	drs	146	0.545	1	0.545	drs

续表

DMU	TE	PTE	SE	VRS	DMU	TE	PTE	SE	VRS	DMU	TE	PTE	SE	VRS
35	0.705	1	0.705	drs	91	0.401	0.844	0.475	drs	147	0.445	0.801	0.556	drs
36	0.187	0.649	0.288	drs	92	0.333	0.593	0.561	drs	148	0.27	0.74	0.364	drs
37	0.846	0.983	0.861	drs	93	0.622	0.84	0.74	drs	149	0.218	1	0.218	drs
38	1	1	1	crs	94	0.302	1	0.302	drs	150	1	1	1	crs
39	0.852	0.944	0.902	drs	95	0.72	0.921	0.782	drs	151	0.514	0.888	0.579	drs
40	0.253	1	0.253	drs	96	0.258	0.714	0.362	drs	152	0.357	0.87	0.41	drs
41	0.29	0.727	0.399	drs	97	0.63	0.83	0.759	drs	153	0.86	0.919	0.936	drs
42	0.764	0.79	0.966	irs	98	0.527	0.958	0.551	drs	154	0.446	0.896	0.497	drs
43	0.542	1	0.542	drs	99	0.417	0.998	0.418	drs	155	0.631	0.844	0.747	drs
44	0.551	0.944	0.584	drs	100	0.347	0.776	0.447	drs	156	0.424	0.769	0.551	drs
45	0.684	0.893	0.766	drs	101	0.332	0.857	0.388	drs	157	0.298	1	0.298	drs
46	0.252	0.714	0.352	drs	102	0.611	0.816	0.749	drs	158	0.377	0.734	0.513	drs
47	0.194	0.844	0.23	drs	103	1	1	1	crs	159	0.611	0.918	0.665	drs
48	0.41	0.873	0.469	drs	104	0.264	0.597	0.443	drs	160	0.455	0.896	0.508	drs
49	0.465	0.756	0.615	drs	105	0.515	0.84	0.613	drs	161	0.35	0.741	0.473	drs
50	1	1	1	crs	106	1	1	1	crs	162	0.301	1	0.301	drs
51	0.399	0.895	0.446	drs	107	0.267	0.74	0.361	drs	163	0.425	0.779	0.545	drs

续表

DMU	TE	PTE	SE	VRS	DMU	TE	PTE	SE	VRS	DMU	TE	PTE	SE	VRS
52	1	1	1	crs	108	0.555	0.896	0.619	drs	164	0.262	0.753	0.348	drs
53	0.821	0.842	0.975	drs	109	0.345	0.857	0.402	drs	165	0.353	0.779	0.453	drs
54	0.252	1	0.252	drs	110	0.554	0.899	0.616	drs	166	0.461	1	0.461	drs
55	0.478	0.852	0.561	drs	111	0.645	0.932	0.692	drs	167	1	1	1	crs
56	1	1	1	crs	112	0.295	0.707	0.417	drs	168	0.725	1	0.725	drs

二、第二阶段：构造相似 SFA 模型

由于基础 DEA 模型不能将外部环境因素、随机误差和内部管理因素对效率值的影响效果分开，因此第一阶段 DEA 效率值无法反映到底是内部管理原因造成的无效，还是由外部环境和随机干扰导致的无效，故需要进行类似随机前沿分析（SFA）的操作。第二阶段类似 SFA 分析的目的是分解第一阶段 DEA 模型中的产出松弛变量，调整各个幼儿园的原始产出值，使各个幼儿园处于相同的外部环境和运气之下，从而更真实地反映各个幼儿园的园本教研效益。

（一）分解松弛变量

松弛变量（slack）反映的是实际观测点到生产前沿面之间的距离，以产出导向的 DEA 模型为例，产出松弛变量（output slack）是产出目标值（output target）与原始产出值（original output）之间的差值，本书中三大教研产出变量的松弛变量汇总如表 4-2 所示，其中，DMU 列表示幼儿园序号，y1 slack 表示教学产出松弛变量，y2 slack 表示科研产出松弛变量，y3 slack 表示社会服务松弛变量。

由于第一阶段运用的是产出导向的 DEA 模型，因此只需要对产出变量的松弛变量进行分解和回归。假设共有 I 个决策单元，有 M 项投入和 N 项产出，产出矩阵 X 为 N 行 I 列。以各项产出的松弛变量为因变量，以外部环境变量为解释变量，对每一项产出的松弛变量均建立一个 SFA 回归方程，共建立 N 个回归方程，第 n 个回归方程如下[①]：

$$S_{ni} = f(Z_i; \beta_n) + v_{ni} + u_{ni}; i = 1, 2, \cdots, I; n = 1, 2, \cdots, N$$

（公式 4-1）

其中，S_{ni} 为第 i 个决策段单元在第 n 项产出上的松弛变量；Z_i 表示环境变量，假定有 K 个环境变量，$Z_i = (Z_{1i}, Z_{2i}, \cdots, Z_{ki})$，$i = 1, 2, \cdots, I$；$\beta_n$ 为环境变量对应的待估计参数向量；$v_{ni} + u_{ni}$ 表示混合误差项，其中 v_{ni} 表示随机干扰，一般假设其服从正态分布，即 $v \sim N(0, \sigma_v^2)$，u_{ni} 表示管理无效率项，一般假设其服从在零点截断的正态分布，即 $u \sim N^+(0, \sigma_u^2)$。

① FRIED H, LOVELL C, SCHMIDT S, et al. Accounting for Environmental Effects and Statistical Noise in Data Envelopment Analysis[J]. Journal of Productivity Analysis, 2002, 17(1): 157-174.

表 4-2　江苏省 168 所幼儿园园本教研产出松弛变量汇总

DMU	y1 slack	y2 slack	y3 slack	DMU	y1 slack	y2 slack	y3 slack	DMU	y1 slack	y2 slack	y3 slack
1	11.443	0.274	1.023	57	0.795	0.206	0.543	113	18.928	0.218	0.557
2	0.000	0.000	0.000	58	0.000	0.000	0.000	114	1.980	0.185	0.196
3	0.000	10.650	11.824	59	0.000	0.000	0.000	115	6.176	1.976	2.450
4	11.065	0.828	1.207	60	10.474	12.017	1.792	116	2.000	3.491	30.936
5	19.480	2.596	2.995	61	0.000	7.209	14.106	117	0.000	0.000	0.000
6	10.000	2.407	5.141	62	9.152	0.858	0.967	118	12.494	1.754	3.158
7	0.000	0.000	0.000	63	0.000	0.000	0.000	119	21.000	10.504	13.664
8	0.000	0.000	0.000	64	3.356	0.119	0.661	120	11.932	1.638	3.263
9	0.000	0.000	0.000	65	3.532	0.042	0.145	121	0.000	0.000	0.000
10	9.000	18.049	15.166	66	0.564	0.639	0.037	122	0.000	3.567	3.807
11	20.000	13.379	14.833	67	4.516	0.629	0.463	123	3.950	1.917	1.816
12	0.000	10.006	11.741	68	0.000	0.000	0.000	124	1.333	0.573	0.053
13	17.263	2.730	2.927	69	22.000	4.218	6.488	125	12.803	0.527	0.842
14	0.000	0.000	0.000	70	8.000	4.842	3.791	126	2.000	8.442	13.118
15	4.973	0.199	0.781	71	9.000	11.887	13.619	127	9.000	3.065	5.668
16	15.000	3.573	9.443	72	11.877	1.343	2.460	128	9.696	4.449	4.597

续表

DMU	y1 slack	y2 slack	y3 slack	DMU	y1 slack	y2 slack	y3 slack	DMU	y1 slack	y2 slack	y3 slack
17	8.877	0.119	0.200	73	16.000	19.527	14.225	129	0.000	0.000	0.000
18	0.000	0.000	0.000	74	16.000	12.238	10.016	130	17.000	6.349	21.503
19	3.000	0.721	6.621	75	19.198	3.101	1.438	131	0.000	0.000	0.000
20	16.000	12.224	11.055	76	0.000	0.000	0.000	132	22.000	9.994	15.347
21	0.000	0.000	0.000	77	18.863	3.229	1.654	133	4.968	0.039	0.114
22	4.180	1.353	0.223	78	0.920	1.523	1.303	134	4.424	0.609	0.592
23	0.000	0.000	0.000	79	0.000	13.930	24.923	135	17.265	3.561	3.573
24	0.000	0.000	0.000	80	10.187	1.422	1.699	136	7.252	1.814	3.416
25	0.000	0.000	0.000	81	2.766	0.238	2.298	137	16.000	5.651	21.694
26	0.000	0.000	0.000	82	0.000	0.000	0.000	138	21.000	9.838	15.711
27	19.462	0.510	2.059	83	19.410	11.470	8.424	139	0.000	5.265	18.797
28	0.000	12.895	7.376	84	18.804	0.943	0.586	140	21.331	0.488	2.122
29	23.000	10.055	21.190	85	0.263	3.347	0.029	141	14.310	1.302	10.198
30	4.000	20.689	11.411	86	16.000	12.489	12.346	142	23.000	6.701	12.086
31	25.614	5.432	6.082	87	0.000	0.000	0.000	143	8.895	1.154	1.983
32	0.000	0.000	0.000	88	15.615	9.074	4.301	144	4.831	0.531	0.908

续表

DMU	y1 slack	y2 slack	y3 slack	DMU	y1 slack	y2 slack	y3 slack	DMU	y1 slack	y2 slack	y3 slack
33	13.000	4.036	9.616	89	13.000	6.068	37.079	145	0.000	0.000	0.000
34	1.435	0.434	15.820	90	0.000	0.000	0.000	146	0.000	0.000	0.000
35	0.000	0.000	0.000	91	12.000	2.875	7.481	147	14.948	2.507	5.413
36	27.000	5.935	21.974	92	30.827	1.581	4.208	148	20.000	14.980	14.212
37	1.204	0.779	0.036	93	12.151	1.806	1.508	149	0.000	5.676	5.343
38	0.000	0.000	0.000	94	0.000	9.436	11.074	150	0.000	0.000	0.000
39	3.820	0.597	2.158	95	5.744	0.342	0.436	151	6.937	2.886	5.437
40	0.000	11.260	10.919	96	22.000	3.748	26.024	152	9.983	2.890	4.263
41	21.000	6.360	7.827	97	12.464	0.308	1.187	153	6.022	0.705	10.318
42	13.921	0.641	0.486	98	3.079	11.179	1.468	154	8.000	13.705	19.693
43	0.000	5.120	5.095	99	0.170	0.402	0.116	155	12.000	9.683	13.120
44	3.940	1.303	9.052	100	15.897	2.047	14.489	156	17.746	4.627	6.678
45	7.557	1.134	0.793	101	11.000	8.693	22.013	157	0.000	4.346	8.452
46	22.000	9.903	7.900	102	13.322	2.270	7.092	158	19.890	9.391	6.871
47	12.000	3.430	24.019	103	0.000	0.000	0.000	159	6.834	2.720	1.185
48	9.614	5.240	4.410	104	31.000	5.018	23.747	160	8.000	2.464	5.425

续表

DMU	y1 slack	y2 slack	y3 slack	DMU	y1 slack	y2 slack	y3 slack	DMU	y1 slack	y2 slack	y3 slack
49	18.038	2.589	3.014	105	11.585	4.290	1.744	161	19.940	8.465	9.808
50	0.000	0.000	0.000	106	0.000	0.000	0.000	162	0.000	15.444	12.889
51	7.875	2.821	3.646	107	20.000	3.379	7.476	163	17.000	2.493	3.064
52	0.000	0.000	0.000	108	7.755	8.104	7.199	164	19.000	14.584	13.580
53	10.311	1.240	5.336	109	11.000	11.609	14.923	165	17.000	2.546	13.515
54	0.000	0.680	8.947	110	7.618	0.808	5.459	166	0.000	0.000	0.000
55	10.978	2.258	1.728	111	5.041	0.145	0.721	167	0.000	0.000	0.000
56	0.000	0.000	0.000	112	22.327	4.133	10.531	168	0.000	0.000	0.000

在第二阶段相似 SFA 模型中,以第一阶段 DEA 模型求得的产出松弛变量作为因变量,以幼儿园所在城市人均 GDP、专任教师中本科以上学历教师所占比例作为自变量(其中,幼儿园所在城市人均 GDP 代表幼儿园所处地区的经济发展水平,专任教师中本科以上学历教师所占比例代表幼儿园师资结构状况)。基于此,共建立了 3 个回归方程,SFA 模型如下:

$$
\begin{cases}
S_{1i} = \beta_{10} + \beta_{11}Z_{1i} + \beta_{12}Z_{2i} + v_{1i} + u_{1i}\,; i = 1, 2, \cdots, I \\
S_{2i} = \beta_{20} + \beta_{21}Z_{1i} + \beta_{22}Z_{2i} + v_{2i} + u_{2i}\,; i = 1, 2, \cdots, I \\
S_{3i} = \beta_{30} + \beta_{31}Z_{1i} + \beta_{32}Z_{2i} + v_{3i} + u_{3i}\,; i = 1, 2, \cdots, I
\end{cases}
$$

在以上公式中,S_1 表示教学产出的松弛变量,S_2 表示科研产出的松弛变量,S_3 表示社会服务的松弛变量,Z_1 表示幼儿园所处城市人均 GDP,Z_2 表示幼儿园本科及以上学历教师所占比例。

使用随机前沿分析模型的前提是无效率项 u_i 存在,因为如果 u_i 不存在,就没有必要使用随机前沿分析模型,可以直接采用简单最小二乘法估计。对此,需要对 u_i 是否存在进行检验。一般通过单边广义似然比检验,如果通过检验,就可以拒绝管理无效率不存在的原假设($H_0 : \sigma_u^2 = 0$),接受管理无效率项存在的备择假设($H_1 : \sigma_u^2 > 0$),也即有必要使用随机前沿模型。

随机前沿分析需要应用 FRONTIER 4.1 程序,其原理是运用最大似然法估计随机前沿模型,对公式 $S_{ni} = f(Z_i\,; \beta_n) + v_{ni} + u_{ni}\,; i = 1, 2, \cdots, I\,; n = 1, 2, \cdots, N$ 进行估计,得出 β_n、u_n、σ_u^2、σ_v^2,然后根据以下公式求出管理无效率的条件估计 $\widehat{E}[u_{ni} \mid (v_{ni} + u_{ni})]$:

$$
\widehat{E}[v_{ni} \mid (v_{ni} + u_{ni})] = S_{ni} - Z_i\beta_n - \widehat{E}[u_{ni} \mid (v_{ni} + u_{ni})]
$$

(公式 4-2)

其中,$\widehat{E}[u_{ni} \mid (v_{ni} + u_{ni})]$ 如何求解是个关键问题。弗里德等人(Fried et al.,2002)[①]指出,可以借助德罗等人(Jondrow et al.)[②]的 JLMS 方法计算

---

① FRIED H, LOVELL C, SCHMIDT S, et al. Accounting for environmental effects and statistical noise in data envelopment analysis[J]. Journal of Productivity Analysis, 2002,17(1):157-174.

② JONDROW J M, LOVELL C A, MATEROV I S, et al. On the estimation of technical inefficiency in the stochastic frontier production function model[J]. Journal of Econometrics, 1982,19 (2-3):233-238.

得出 $\hat{E}[u_{ni}\mid(v_{ni}+u_{ni})]$。由于德罗等人给出的公式是针对随机前沿生产函数的,而弗里德等人三阶段 DEA 模型中建立的是随机前沿成本函数,因此不能直接套用德罗等人给出的公式。对此,我国学者罗登跃[1]、陈巍巍等人[2]在分析我国学者应用三阶段 DEA 模型的误区的基础上,应用 JLMS 方法推导出对三阶段 DEA 模型管理无效率进行估计的公式:

$$E(u_i\mid\varepsilon_i)=\frac{\lambda\sigma}{1+\lambda^2}\left[\frac{\varphi(\varepsilon_i\lambda/\sigma)}{\Phi(\varepsilon_i\lambda/\sigma)}\right]+\frac{\varepsilon_i\lambda}{\sigma} \qquad (公式 4-3)$$

其中 $\lambda=\sigma_u/\sigma_v$, $\sigma^2=\sigma_u^2+\sigma_v^2$, $\Phi(\varepsilon_i\lambda/\sigma)$ 是标准正态密度函数, $\varphi(\varepsilon_i\lambda/\sigma)$ 是标准正态分布函数。研究者应用罗登跃、陈巍巍等人的推导公式,利用 Excel 分离出了产出松弛变量的管理无效率项、环境因素和随机因素,随机前沿分析回归结果汇总如表 4-3 所示。

表 4-3　环境变量对产出松弛变量的 SFA 回归分析结果

环境变量	教学产出松弛		科研产出松弛		社会服务松弛	
	回归系数	t 值	回归系数	t 值	回归系数	t 值
截距项	−0.453	−2.031	−0.004	−0.420	−0.023	−0.748
城市人均 GDP	0.029	0.056	0.001	0.113	−0.011	−0.628
师资结构状况	−0.225	−0.216	−0.001	−0.188	−0.004	−0.529
σ^2	165.502	30.869	37.074	6.402	123.921	199.505
γ	1.000	963 399 220	1.000	3 949 598	1.000	7 013 706
log likelihood	−540.31		−422.92		−501.78	
LR 值	98.085***		143.681***		127.080***	

注:***表示在 0.1%水平下显著。

单边广义似然比检验表明,三个产出松弛变量的 LR 值均大于临界值 (12.81),且达到极其显著水平,说明影响江苏省幼儿园的教研产出松弛变量的因素中确实存在管理无效率项,采用 SFA 回归模型是合理的。SFA 回归模型反映的是环境变量对教研产出松弛变量的回归关系,如果某个环境变量的估计系数为正,则说明该环境变量的增加将会引起该产出松弛变量的增加,如果某个环境变量的估计系数为负,则说明该环境变量的增加将会引起该产

[1]　罗登跃. 三阶段 DEA 模型管理无效率估计注记[J]. 统计研究,2012,29(4):104-107.
[2]　陈巍巍,张雷,马铁虎,等. 关于三阶段 DEA 模型的几点研究[J]. 系统工程,2014,32(9):144-149.

出松弛变量的减少。通过分析各环境变量对教学产出松弛、科研产出松弛、社会服务松弛的回归系数，可以发现：城市人均 GDP 对于教学产出松弛、科研产出松弛存在正向影响，对社会服务松弛存在负向影响；本科及以上学历教师占比对教学产出松弛、科研产出松弛和社会服务松弛均存在负向影响。值得注意的是，两个环境变量对于三个产出松弛变量的回归系数均未达到显著水平（小于临界值 1.645），这说明 SFA 回归模型中的环境变量对于教研产出松弛的影响不显著，也即产出松弛变量主要受管理无效率影响。

（二）对原始产出进行修正

相似 SFA 回归的目的是剔除环境因素和随机因素对效率测度的影响，以便将所有的决策单元调整到相同的外部环境中。调整公式如下：

$$y_{ni}^A = y_{ni} + [\max(Z_i\beta_n) - Z_i\beta_n] + [\max(v_{ni}) - v_{ni}]; i = 1, 2, \cdots, I;$$
$$n = 1, 2, \cdots, N \qquad \text{（公式 4-4）}$$

其中，y_{ni}^A 是修正后的教研产出值；y_{ni} 是修正前的教研产出值（原始产出值），$[\max(Z_i\beta_n) - Z_i\beta_n]$ 是对外部环境因素进行调整，$\max(Z_i\beta_n)$ 表示处于最佳环境条件的情况，其他决策单元都以此为基础进行调整，最终将所有单元置于相同外部环境下；$[\max(v_{ni}) - v_{ni}]$ 是对随机误差因素进行调整，$\max(v_{ni})$ 表示处于最佳运气条件的情况，其他决策单元都以此为基础进行调整，最终将所有决策单元置于相同运气水平下。剔除环境因素和随机误差影响后，经修正的园本教研产出汇总见表 4-4，其中，DMU 列表示幼儿园序号，y_1^A 列表示修正后的教学产出，y_2^A 列表示修正后的科研产出，y_3^A 列表示修正后的社会服务。

三、第三阶段：第二次 DEA 分析

把修正后的园本教研产出变量 y_{ni}^A 和原始的教研投入变量带入 DEA-BCC 模型中，运行 DEAP 2.1 程序，重复第一阶段的操作步骤，再次测算各幼儿园的园本教研效率（见表 4-5），此时得到的效率值已经剔除环境因素和随机因素的影响，是相对真实准确的。其中，DMU 列表示幼儿园序号，TE 列表示综合技术效率值，PTE 列表示纯技术效率值，SE 列表示规模效率值，VRS 列表示规模报酬变化情况。

表 4-4 修正后的江苏省 168 所幼儿园的园本教研产出

DMU	y_1^A	y_2^A	y_3^A	DMU	y_1^A	y_2^A	y_3^A	DMU	y_1^A	y_2^A	y_3^A
1	60.186	1.434	5.367	57	74.710	19.245	50.556	113	51.298	0.589	1.132
2	53.634	0.245	1.143	58	67.669	43.939	21.846	114	66.505	19.925	21.093
3	77.460	0.772	2.587	59	66.127	5.466	2.172	115	70.531	1.173	4.345
4	52.435	3.897	5.672	60	66.357	0.365	11.330	116	75.819	0.327	2.919
5	55.217	7.333	4.031	61	77.852	4.829	9.467	117	77.530	0.888	3.879
6	67.373	1.963	4.225	62	61.565	1.126	1.041	118	62.548	8.703	15.687
7	72.226	0.069	1.658	63	49.819	7.640	24.022	119	56.628	9.104	11.874
8	72.304	8.986	26.584	64	61.732	2.152	12.046	120	65.852	8.925	17.804
9	77.460	16.941	21.307	65	62.174	0.743	2.556	121	77.852	2.553	36.316
10	68.591	7.593	6.415	66	73.243	2.471	4.788	122	77.592	17.507	12.329
11	57.695	16.222	7.014	67	62.819	8.640	6.393	123	66.505	0.468	30.357
12	77.425	9.420	4.253	68	53.852	0.556	1.183	124	67.558	0.209	2.721
13	59.547	9.330	10.039	69	55.070	0.675	8.479	125	60.298	1.525	2.136
14	67.373	1.503	0.668	70	69.852	0.286	1.376	126	75.584	16.112	4.672
15	63.304	2.523	9.929	71	68.808	1.318	8.193	127	68.644	11.023	20.420
16	62.869	11.700	3.851	72	53.113	0.087	10.986	128	66.852	0.264	31.312
17	53.374	0.714	1.201	73	61.548	5.828	2.321	129	77.792	33.484	52.051

续表

DMU	y_1^A	y_2^A	y_3^A	DMU	y_1^A	y_2^A	y_3^A	DMU	y_1^A	y_2^A	y_3^A
18	65.565	3.737	24.255	74	61.304	19.045	7.092	130	60.618	0.915	11.809
19	74.808	15.084	9.033	75	49.852	0.140	3.695	131	55.123	2.624	16.538
20	61.408	8.191	5.008	76	77.789	0.345	6.670	132	55.751	2.570	3.979
21	66.521	24.572	27.210	77	55.689	9.416	4.856	133	67.166	0.035	1.569
22	65.435	2.269	3.482	78	59.797	7.999	83.566	134	64.557	8.817	8.592
23	59.604	27.988	60.849	79	77.823	11.783	21.111	135	52.618	10.726	1.683
24	61.869	28.973	4.790	80	60.470	8.378	10.038	136	66.401	1.106	0.425
25	77.762	13.664	15.449	81	59.356	5.917	57.193	137	61.688	1.832	7.075
26	65.565	0.865	24.978	82	72.740	29.253	39.344	138	56.740	14.698	23.516
27	53.000	0.070	0.193	83	55.557	1.433	23.900	139	77.819	1.882	6.749
28	77.444	0.334	13.760	84	50.645	2.642	1.673	140	53.671	1.215	2.867
29	54.757	7.098	15.000	85	71.818	2.689	7.874	141	55.792	5.006	39.240
30	73.808	0.784	1.594	86	61.653	9.738	3.916	142	54.243	7.780	2.668
31	50.270	0.137	0.953	87	55.731	13.225	87.044	143	63.521	8.175	3.226
32	74.564	29.995	33.220	88	59.818	0.181	6.204	144	69.445	7.575	13.012
33	64.399	6.259	14.945	89	64.470	0.286	1.772	145	51.428	17.445	1.819
34	74.716	22.372	5.956	90	68.644	4.047	83.780	146	66.611	39.175	24.945

续表

DMU	y_1^A	y_2^A	y_3^A	DMU	y_1^A	y_2^A	y_3^A	DMU	y_1^A	y_2^A	y_3^A
35	77.660	9.314	1.364	91	65.436	9.012	23.487	147	60.628	10.065	21.775
36	50.340	1.266	11.371	92	45.331	2.310	1.233	148	57.869	5.760	6.241
37	70.154	0.279	2.131	93	64.765	9.517	7.965	149	77.584	24.465	23.080
38	64.823	2.480	62.885	94	77.783	6.018	7.083	150	77.695	9.529	72.841
39	65.667	3.859	36.752	95	67.600	3.987	5.106	151	55.515	22.884	43.155
40	77.823	8.167	5.077	96	55.444	1.612	11.230	152	67.732	19.398	12.117
41	56.476	0.966	1.524	97	61.678	1.507	2.297	153	68.441	7.970	0.902
42	43.070	2.419	1.835	98	70.302	5.405	33.403	154	69.524	3.235	1.628
43	77.406	6.861	6.852	99	76.372	3.875	51.849	155	65.428	13.139	6.751
44	66.243	21.827	4.148	100	55.724	7.083	50.171	156	59.667	15.384	22.252
45	63.823	9.456	6.641	101	66.705	2.830	7.208	157	77.539	21.917	8.211
46	55.684	11.219	8.255	102	59.731	4.051	31.443	158	55.645	2.027	1.327
47	65.737	1.658	11.625	103	51.488	0.345	1.393	159	55.654	30.642	6.853
48	66.389	0.471	2.662	104	46.574	1.429	6.768	160	69.636	9.399	20.740
49	56.435	1.081	1.452	105	61.331	1.928	9.195	161	57.706	24.201	12.774
50	62.467	1.088	56.010	106	77.484	32.312	17.222	162	77.506	16.602	13.903
51	67.834	23.998	31.042	107	57.548	1.835	4.074	163	60.489	8.217	10.149

续表

DMU	y_1^A	y_2^A	y_3^A	DMU	y_1^A	y_2^A	y_3^A	DMU	y_1^A	y_2^A	y_3^A
52	60.650	5.753	7.781	108	67.298	0.155	4.079	164	58.593	17.852	7.356
53	55.425	6.613	28.490	109	66.514	6.452	5.228	165	60.444	2.676	21.601
54	77.823	0.587	7.728	110	68.645	7.220	2.469	166	77.774	7.347	70.358
55	63.106	0.035	2.589	111	69.819	1.986	2.389	167	73.558	30.746	21.293
56	66.852	2.789	2.702	112	54.697	9.999	3.951	168	65.706	67.407	26.590

表 4-5　第二次 DEA 分析中江苏省 168 所幼儿园园本教研效益情况

DMU	TE	PTE	SE	VRS	DMU	TE	PTE	SE	VRS	DMU	TE	PTE	SE	VRS
1	0.774	0.839	0.923	drs	57	0.401	0.99	0.404	drs	113	0.711	0.731	0.973	drs
2	1	1	1	crs	58	0.444	1	0.444	drs	114	0.746	0.991	0.753	drs
3	0.415	0.998	0.416	drs	59	1	1	1	crs	115	0.4	0.918	0.436	drs
4	0.827	0.828	0.999	drs	60	0.437	0.862	0.507	drs	116	0.162	0.974	0.167	drs
5	0.62	0.738	0.84	drs	61	0.343	1	0.343	drs	117	0.473	1	0.473	drs
6	0.285	0.866	0.329	drs	62	0.799	0.875	0.914	drs	118	0.627	0.832	0.754	drs
7	1	1	1	crs	63	1	1	1	crs	119	0.252	0.728	0.346	drs
8	0.788	1	0.788	drs	64	0.802	0.954	0.84	drs	120	0.401	0.847	0.474	drs
9	1	1	1	crs	65	0.83	0.943	0.88	drs	121	0.688	1	0.688	drs
10	0.244	0.881	0.276	drs	66	0.843	0.99	0.851	drs	122	0.303	0.998	0.303	drs
11	0.417	0.743	0.561	drs	67	0.915	0.936	0.977	drs	123	0.756	0.943	0.802	drs
12	0.145	0.995	0.146	drs	68	1	1	1	crs	124	0.876	0.984	0.891	drs
13	0.664	0.774	0.858	drs	69	0.394	0.708	0.556	drs	125	0.75	0.825	0.909	drs
14	1	1	1	crs	70	0.399	0.899	0.443	drs	126	0.437	0.972	0.449	drs
15	0.63	0.927	0.68	drs	71	0.555	0.885	0.627	drs	127	0.56	0.883	0.634	drs
16	0.324	0.809	0.401	drs	72	0.808	0.814	0.992	drs	128	0.597	0.873	0.684	drs
17	0.816	0.856	0.954	drs	73	0.311	0.791	0.392	drs	129	0.49	1	0.49	drs

续表

DMU	TE	PTE	SE	VRS	DMU	TE	PTE	SE	VRS	DMU	TE	PTE	SE	VRS
18	1	1	1	crs	74	0.204	0.789	0.258	drs	130	0.27	0.779	0.347	drs
19	0.613	0.962	0.637	drs	75	0.517	0.727	0.711	drs	131	1	1	1	crs
20	0.267	0.789	0.339	drs	76	0.524	1	0.524	drs	132	0.326	0.717	0.455	drs
21	0.843	1	0.843	drs	77	0.599	0.748	0.801	drs	133	0.925	0.93	0.995	drs
22	0.644	0.941	0.684	drs	78	0.411	0.985	0.417	drs	134	0.875	0.937	0.933	drs
23	0.982	1	0.982	drs	79	0.194	1	0.194	drs	135	0.541	0.753	0.718	drs
24	1	1	1	crs	80	0.719	0.855	0.841	drs	136	0.51	0.902	0.565	drs
25	1	1	1	crs	81	0.796	0.961	0.828	drs	137	0.157	0.792	0.199	drs
26	0.978	1	0.978	drs	82	0.507	1	0.507	drs	138	0.323	0.73	0.443	drs
27	0.589	0.729	0.809	drs	83	0.672	0.741	0.906	drs	139	0.183	1	0.183	drs
28	0.423	0.996	0.425	drs	84	0.734	0.738	0.994	irs	140	0.396	0.717	0.552	drs
29	0.141	0.704	0.201	drs	85	0.763	1	0.763	drs	141	0.677	0.797	0.849	drs
30	0.332	0.952	0.349	drs	86	0.222	0.793	0.28	drs	142	0.286	0.697	0.41	drs
31	0.237	0.66	0.36	drs	87	0.853	1	0.853	drs	143	0.641	0.879	0.73	drs
32	0.619	1	0.619	drs	88	0.665	0.796	0.836	drs	144	0.582	0.933	0.624	drs
33	0.428	0.828	0.517	drs	89	0.169	0.828	0.204	drs	145	0.966	1	0.966	irs
34	0.463	0.982	0.471	drs	90	0.538	1	0.538	drs	146	0.545	1	0.545	drs

续表

DMU	TE	PTE	SE	VRS	DMU	TE	PTE	SE	VRS	DMU	TE	PTE	SE	VRS
35	0.707	1	0.707	drs	91	0.401	0.841	0.476	drs	147	0.446	0.801	0.556	drs
36	0.186	0.647	0.288	drs	92	0.331	0.594	0.558	drs	148	0.271	0.745	0.363	drs
37	0.845	0.982	0.86	drs	93	0.623	0.845	0.737	drs	149	0.218	0.998	0.219	drs
38	1	1	1	crs	94	0.303	0.999	0.303	drs	150	1	1	1	crs
39	0.853	0.946	0.901	drs	95	0.722	0.924	0.781	drs	151	0.514	0.887	0.579	drs
40	0.254	1	0.254	drs	96	0.258	0.712	0.363	drs	152	0.357	0.872	0.409	drs
41	0.289	0.727	0.398	drs	97	0.633	0.835	0.758	drs	153	0.859	0.92	0.934	drs
42	0.758	0.79	0.96	irs	98	0.527	0.954	0.553	drs	154	0.445	0.894	0.497	drs
43	0.539	0.996	0.541	drs	99	0.417	0.993	0.42	drs	155	0.629	0.843	0.747	drs
44	0.55	0.938	0.586	drs	100	0.347	0.778	0.446	drs	156	0.424	0.77	0.551	drs
45	0.686	0.896	0.765	drs	101	0.332	0.857	0.388	drs	157	0.298	0.998	0.298	drs
46	0.252	0.716	0.352	drs	102	0.611	0.818	0.747	drs	158	0.375	0.739	0.508	drs
47	0.195	0.844	0.231	drs	103	1	1	1	crs	159	0.611	0.918	0.665	drs
48	0.408	0.871	0.468	drs	104	0.266	0.598	0.444	drs	160	0.455	0.895	0.509	drs
49	0.462	0.758	0.61	drs	105	0.515	0.84	0.612	crs	161	0.351	0.744	0.471	drs
50	1	1	1	crs	106	1	1	1	drs	162	0.301	0.997	0.302	drs
51	0.399	0.898	0.445	drs	107	0.268	0.74	0.362	drs	163	0.424	0.778	0.545	drs

续表

DMU	TE	PTE	SE	VRS	DMU	TE	PTE	SE	VRS	DMU	TE	PTE	SE	VRS
52	1	1	1	crs	108	0.552	0.896	0.616	drs	164	0.262	0.754	0.348	drs
53	0.82	0.842	0.975	drs	109	0.346	0.855	0.404	drs	165	0.353	0.777	0.454	drs
54	0.254	1	0.254	drs	110	0.553	0.901	0.614	drs	166	0.461	1	0.461	drs
55	0.476	0.848	0.562	drs	111	0.644	0.938	0.687	drs	167	1	1	1	crs
56	1	1	1	crs	112	0.296	0.709	0.417	drs	168	0.725	1	0.725	drs

对比第一次 DEA 分析结果和第二次 DEA 分析结果，可以发现，两次 DEA 测算的效率值和规模报酬变化情况相近。

第一，有效单元数量相同或相近。在综合有效幼儿园方面，第一阶段 DEA 和第三阶段 DEA 均显示为 19 所，且这 19 所 DEA 有效幼儿园为同一批。在纯技术有效幼儿园方面，第一阶段 DEA 显示为 51 所，第三阶段 DEA 显示为 43 所，相差 8 所，其中有 9 所幼儿园的纯技术效率由接近有效（0.995 ≤PTE≤0.999）转化为有效（PTE＝1），有 1 所幼儿园由纯技术有效（PTE＝1）转化为接近有效（PTE＝0.996），总的来说，纯技术效率值变动不大。在规模有效幼儿园方面，第一阶段 DEA 和第三阶段 DEA 均显示为 19 所，且这 19 所规模有效幼儿园为同一批。

第二，教研效益均值相同或相近。在综合技术效率均值方面，第一阶段 DEA 和第三阶段 DEA 均显示为 0.565；在纯技术效率均值方面，第一阶段 DEA 显示为 0.887，第三阶段 DEA 显示为 0.888；在规模效率均值方面，第一阶段 DEA 显示为 0.630，第三阶段 DEA 显示为 0.629。综上，两次 DEA 测算结果中三类效率均值相同或相近。

第三，规模报酬变动情况相同。在规模报酬递增幼儿园方面，第一阶段 DEA 和第三阶段 DEA 均显示为相同的 3 所；在规模报酬递减幼儿园方面，第一阶段 DEA 和第三阶段 DEA 均显示为相同的 146 所；在规模报酬不变幼儿园方面，第一阶段 DEA 和第三阶段 DEA 均显示为相同的 19 所。综上，两次 DEA 测算结果显示幼儿园规模报酬变动情况相同。

第四，对于单个幼儿园来说，其教研效率值在滤除环境因素和随机误差的影响后变动不大。其中，综合技术效率变动介于－0.007—0.005，纯技术效率变动介于－0.006—0.009，规模效率变动介于－0.008—0.004，三个效率的最大变动水平绝对值均未超过 0.01，且分别有 91 所幼儿园、64 所幼儿园、58 所幼儿园的综合技术效率、纯技术效率、规模效率没有发生变动。综上，对于单个幼儿园来说，滤除环境因素和随机误差对于三个效率值大小及其排序影响不大。

以上结果呼应了第二阶段相似 SFA 分析中环境变量回归系数不显著的结论。可见，虽然环境变量（幼儿园所处地区经济发展水平和幼儿园师资结构状况）对于幼儿园的园本教研产出松弛有一定的影响，但是幼儿园本身的教研管理无效率项对园本教研效益造成的影响远远大于环境因素和随机误差。

第三节 三阶段 DEA 实证结果分析

一、整体分析:园本教研纯技术效率理想,规模效率偏低导致综合效率不高

通过对上述教研综合技术效率、纯技术效率和规模效率得分进行统计分析,可以得到江苏省 168 所幼儿园 2019 年园本教研效益的区间分布(见图 4-3)。整体看来,园本教研纯技术效率得分优于综合技术效率和规模效率,九成以上幼儿园的园本教研纯技术效率高于 0.7,而接近七成幼儿园的园本教研综合技术效率低于 0.7,接近六成幼儿园的园本教研规模效率低于 0.7。DEA-BCC 模型中"综合技术效率=纯技术效率×规模效率",可知 2019 年江苏省幼儿园的园本教研综合技术效率不佳的主要原因在于教研规模效率低下。

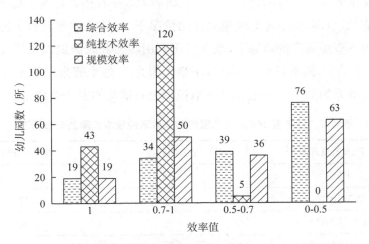

图 4-3 江苏省 168 所幼儿园 2019 年园本教研效益的区间分布

(一)综合技术效率结果分析

综合技术效率(TE)衡量的是园本教研的总体效率状况,指幼儿园在既定

教研投入下的最大教研产出能力[①],其大小受教研纯技术效率和教研规模效率的双重影响。在本书中,园本教研综合技术效率最大值为1,最小值为0.141,平均值为0.565,标准差为0.256,综合技术效率取值的具体分布情况如表4-6所示,在168所幼儿园中,有19所幼儿园显示综合技术有效(TE=1),DEA有效幼儿园占比11.31%,剩余149所幼儿园则或多或少存在纯技术效率损失或规模效率损失,属于非DEA有效单元。综合技术效率高于0.7的幼儿园仅有53所,占比不足三分之一,而综合技术效率低于0.5的幼儿园却高达76所,占比45.24%。综上,2019年江苏省幼儿园的园本教研综合技术效率总体不高。

表4-6　江苏省168所幼儿园的园本教研综合技术效率的分布情况

TE取值范围	幼儿园数量	幼儿园比例
TE=1	19所	11.31%
0.7≤TE<1	34所	20.24%
0.5≤TE<0.7	39所	23.21%
0<TE<0.5	76所	45.24%

(二)纯技术效率结果分析

纯技术效率(PTE)衡量的是园本教研的无效率在多大程度上是纯技术无效率造成的,也即,在不考虑规模效益的情况下,纯技术效率反映了各幼儿园在教研投入资源既定的前提下,教研资源利用能力和教研组织管理能力的高低。[②] 在本书中,园本教研纯技术效率最大值为1,最小值为0.594,平均值为0.888,标准差为0.108,纯技术效率取值的分布情况如表4-7所示。

表4-7　江苏省168所幼儿园的园本教研纯技术效率的分布情况

PTE取值范围	幼儿园数量	幼儿园比例
PTE=1	43所	25.60%
0.7≤PTE<1	120所	71.43%
0.5≤PTE<0.7	5所	2.98%
0<PTE<0.5	0所	0

① 科埃利,拉奥,奥唐奈,等.效率与生产率分析引论:第2版[M].王忠玉,译.北京:中国人民大学出版社,2008:50.

② 王水娟,柏檀.学前教育财政投入的效率问题与政府责任[J].教育与经济,2012(3):4-8.

在 168 所幼儿园中,有 43 所幼儿园显示纯技术有效(PTE=1),纯技术有效幼儿园占比 25.60%,剩余 125 所幼儿园则或多或少存在纯技术效率损失。教研纯技术效率高于 0.7 的幼儿园共计 163 所,占比高达 97.02%,而纯技术效率低于 0.7 的幼儿园仅有 5 所,且所有样本幼儿园的纯技术效率均高于 0.5。综上,2019 年江苏省幼儿园的园本教研纯技术效率较为理想。

(三)规模效率结果分析

规模效率(SE)衡量的是规模因素影响的生产效率[1],表示投入条件既定时,技术效率的生产边界产出量与最优规模下的产出量的比值。规模效率越大,表示该单元的生产规模越接近最优生产规模。在本书中,园本教研规模效率最大值为 1,最小值为 0.146,平均值为 0.629,标准差为 0.255,规模效率取值的分布情况如表 4-8 所示。

表 4-8　江苏省 168 所幼儿园的园本教研规模效率的分布情况

SE 取值范围	幼儿园数量	幼儿园比例
SE=1	19 所	11.31%
0.7≤SE<1	50 所	29.76%
0.5≤SE<0.7	36 所	21.43%
0<SE<0.5	63 所	37.50%

在 168 所幼儿园中,有 19 所幼儿园显示规模有效(SE=1),规模有效幼儿园占比 11.31%,剩余的 149 所幼儿园则或多或少存在规模效率损失。规模效率介于 0.5 到 1 之间的幼儿园共有 86 所,占比超过半数,规模效率小于 0.5 的幼儿园一共 63 所,占比超过三分之一。综上,2019 年江苏省幼儿园的园本教研规模效率普遍偏低。

(四)规模报酬变动分析

如前所述,DEA-BCC 模型通过约束条件的变换能判断目标生产单元规模报酬的类型,当模型结果显示为规模报酬递增时,表明该生产单元可通过继续扩大生产规模以提高生产效率;当模型结果显示为规模报酬递减时,则表明需要缩小生产规模以提高生产效率;当模型结果显示为规模报酬不变时,说明

---

① 科埃利,拉奥,奥唐奈,等.效率与生产率分析引论:第 2 版[M].王忠玉,译.北京:中国人民大学出版社,2008:57.

该生产单元处于最优生产规模,不需要扩大或者缩小生产规模。如表 4-9 所示,在 168 所样本幼儿园中,有 19 所幼儿园处于规模报酬不变状态(crs),说明这 19 所幼儿园目前处于最佳教研规模,不需要扩大或缩减教研规模;有 3 所幼儿园处于规模报酬递增状态(irs),说明这 3 所幼儿园目前教研规模过小导致规模效率损失,应该适当扩大规模以提高规模效率;剩余 146 所幼儿园则处于规模报酬递减状态(drs),说明这 146 所幼儿园目前教研规模过大导致规模效率损失。处于规模报酬递减状态的幼儿园在总样本中占比重高达 86.90%,说明江苏省绝大多数的幼儿园存在教研投入冗余的情况,这呼应了上文 2019 年江苏省幼儿园的园本教研规模效率普遍偏低的结论,规模效率偏低的原因则在于教研规模过大,造成成本浪费。

表 4-9　江苏省 168 所幼儿园的园本教研规模报酬变动情况

规模报酬状态	幼儿园数量	幼儿园比例
规模报酬递增	3 所	1.79%
规模报酬递减	146 所	86.90%
规模报酬不变	19 所	11.31%

二、比较分析:园本教研效益在幼儿园所处地域、教研引领类型上差异显著

(一)不同办园性质幼儿园的园本教研效益的比较分析

对江苏省不同办园性质幼儿园的园本教研效益情况进行比较分析,有助于了解公办园、民办园各自的园本教研效益现状及其差异,可为公办园、民办园优化其园本教研资源配置提供借鉴。

如图 4-4 所示,公办园的园本教研综合技术效率均值、纯技术效率均值、规模效率均值分别为 0.555、0.894、0.613,民办园的园本教研综合技术效率均值、纯技术效率均值、规模效率均值分别为 0.580、0.878、0.653。其中,公办园的园本教研纯技术效率略高于民办园,民办园的园本教研规模效率则较公办园更理想,最终,民办园的园本教研综合技术效率略优于公办园。独立样本 T 检验表明,公办园和民办园在综合技术效率、纯技术效率、规模效率得分上差异均不显著($p > 0.05$)。综上,2019 年江苏省公办园和民办园的园本教

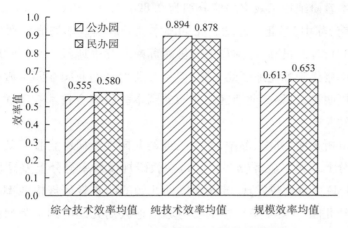

图 4-4 公办园、民办园的园本教研效益均值

研效益大致相当,公办园在园本教研纯技术效率上略有优势,民办园则在园本教研规模效率上更有优势。

(二) 不同地域幼儿园的园本教研效益的比较分析

对江苏省不同地域幼儿园的园本教研效益情况进行比较分析,有助于了解江苏省不同地区幼儿园的园本教研效益现状及其差异,可为优化教研资源的区域分配提供实证依据。

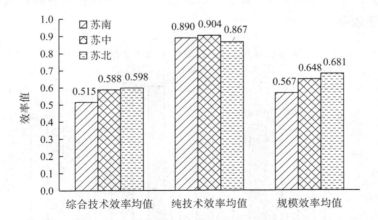

图 4-5 不同地域幼儿园的园本教研效益均值

如图 4-5 所示,苏南、苏中、苏北三地幼儿园的园本教研综合技术效率均值分别为 0.515、0.588、0.598,苏北最高,苏南最低。苏南、苏中、苏北三地幼儿园的园本教研纯技术效率均值分别为 0.890、0.904、0.867，苏中最高，苏北最低。苏南、苏中、苏北三地幼儿园的园本教研规模效率均值分别为 0.567、0.648、0.681，苏北最高，苏南最低。虽然苏南和苏中地区幼儿园的园本教研纯技术效率略优于苏北地区幼儿园，但是苏北地区幼儿园在园本教研规模效率上优势更明显，最终苏北地区幼儿园的园本教研综合技术效率优于苏南和苏中地区幼儿园。

方差分析表明，苏南、苏中、苏北三地幼儿园在教研综合技术效率和纯技术效率得分上差异不显著（$p > 0.05$），在教研规模效率得分上差异显著（$p < 0.05$）。HSD 多重比较发现，苏北地区幼儿园的园本教研规模效率显著高于苏南地区幼儿园（$p < 0.05$），这主要与苏南地区幼儿园的园本教研投入冗余严重有关，后续的投影分析结果也证实了这一点。相对而言，苏南地区经济更为富庶，园本教研资源更为充足，这也更容易造成教研资源浪费，而教研投入冗余会对规模效率产生负面影响。苏北地区经济发展水平不如苏南地区，园本教研资源也不如苏南地区那般充足，这在一定程度上避免了过多的资源浪费，因此，苏北地区幼儿园的园本教研规模效率相对更高。

（三）不同城乡地理位置幼儿园的园本教研效益的比较分析

对江苏省城乡幼儿园的园本教研效益情况进行比较分析，有助于了解江苏省城乡幼儿园的园本教研效益现状及其差异，可为优化城乡教研资源分配提供实证依据。

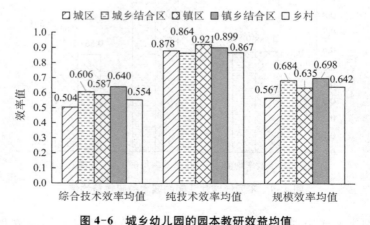

图 4-6 城乡幼儿园的园本教研效益均值

如图 4-6 所示，城区、城乡结合区、镇区、镇乡结合区、乡村幼儿园的园本教研综合技术效率均值依次为 0.504、0.606、0.587、0.640、0.554,镇乡结合区最高,城区最低;城区、城乡结合区、镇区、镇乡结合区、乡村幼儿园的园本教研纯技术效率均值依次为 0.878、0.864、0.921、0.899、0.867,镇区最高,城乡结合区最低;城区、城乡结合区、镇区、镇乡结合区、乡村幼儿园的园本教研规模效率均值依次为 0.567、0.684、0.635、0.698、0.642,镇乡结合区最高,城区最低。方差分析表明,城乡幼儿园在教研综合技术效率、纯技术效率、规模效率得分上差异均不显著($p > 0.05$)。综上,虽然城乡幼儿园在三类效率得分上存在一定的差异,但是这种差异不显著。

（四）不同教研引领类型幼儿园的园本教研效益的比较分析

除办园性质和地理位置外,幼儿园的教研组织管理特点也可能对园本教研效益产生影响,因此,本书对不同教研引领类型和不同教研组规模的幼儿园的园本教研效益进行了比较分析,以探索教研引领类型和常见教研组规模对园本教研效益可能的影响,从而为提高园本教研效益提供教研组织管理方面的启示。

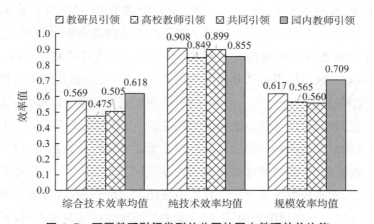

图 4-7　不同教研引领类型幼儿园的园本教研效益均值

本书将园本教研引领类型分为四类:教研员引领、高校教师引领、教研员和高校教师共同引领、园内教师引领,四类幼儿园数量各有 71 所、7 所、39 所、51 所,占总样本幼儿园比重依次为 42.26%、4.17%、23.21%、30.36%。在 168 所幼儿园中,教研员参与教研的幼儿园共有 110 所,占比 65.47%;高校教师参与教研的幼儿园共有 46 所,占比 27.38%。也即,六成以上幼儿园的教研得到教研员的专业引领,三成以下幼儿园的教研得到高校教师的专业引领,而将近三分之一幼儿园需要靠园内教师引领教研。

如图 4-7 所示,四类教研引领幼儿园的园本教研综合技术效率均值依次为 0.569、0.475、0.505、0.618,园内教师引领最高,高校教师引领最低。四类教研引领幼儿园的园本教研纯技术效率均值依次为 0.908、0.849、0.899、0.855,教研员引领最高,高校教师引领最低。四类教研引领幼儿园的园本教研规模效率均值依次为 0.617、0.565、0.560、0.709,园内教师引领最高,共同引领最低。可见,有教研员参与教研的幼儿园在园本教研纯技术效率上略有优势,而园内教师引领教研的幼儿园在园本教研规模效率上优势更明显,高校教师引领教研的幼儿园园本教研纯技术效率和规模效率均不理想,最终,园内教师引领教研的幼儿园的园本教研综合技术效率高于另外三类教研引领类型幼儿园。

方差分析结果表明,四类教研引领幼儿园在综合技术效率得分上差异不显著($p > 0.05$),在纯技术效率得分和规模效率得分上差异显著($p < 0.05$)。HSD 多重比较发现,教研员引领教研的幼儿园纯技术效率显著高于园内教师引领教研的幼儿园($p < 0.05$)。如图 4-7 所示,相对于园内教师引领教研的幼儿园来说,教研员参与教研的幼儿园(第一类和第四类)纯技术效率有所提升,说明教研员参与教研对于改善园本教研组织管理具有积极作用,这可能与教研员在园本教研中的独特贡献有关——一方面,教研员站位更高、视野更广,能够从省市区层面发现幼儿园存在的共性问题,帮助幼儿园明确教研大方向,增强教师的教研信心;另一方面,教研员的理论功底较为深厚,能够阶段性地对园本教研经验进行提炼,这既是对幼儿园一段时间教研工作的认可和总结,同时也为园本教研的可持续发展提供了重要抓手。与此相反,相对于园内教师引领教研来说,高校教师引领教研的幼儿园(第二类)纯技术效率不升反降,这说明当前高校教师对于园本教研引领的实效性较差,这可能与高校教师职业特点有关——在理论方面,不同专家主张的理念可能有所不同,容易导致幼儿园教师感到茫然、不知所措,削弱教师教研的信心和坚持性;在实践方面,不少高校教师接触一线的时间有限,可能出现理论过于高深,运用到实践中"水土不服"的情况,这也会对园本教研组织管理造成不利影响。值得注意的是,并不是所有的高校教师都会表现出上述特点,访谈结果表明也有高校教师能够在熟悉幼儿园一日生活和保教理念的基础上进行把脉式诊断,帮助教师在发现问题和解决问题的过程中推动园本教研不断前进。

HSD 多重比较同时发现,园内教师引领教研的幼儿园规模效率显著高于教研员和高校教师共同引领教研的幼儿园($p<0.05$),这与共同引领教研幼儿园的教研投入过大有关。首先,相比于幼儿园教师来说,教研员和高校教师的人力投入权重系数更大,教研员和高校教师参与教研会显著增加园本教研人力投入。其次,教研员和高校教师进入幼儿园指导时,幼儿园往往需要承担专家咨询费用,这进一步增加了园本教研财力投入。相对于园内教师引领教研,教研员和高校教师共同引领教研会导致园本教研投入规模扩大,对教研规模效率产生不利影响,因此,教研员和高校教师共同引领教研的幼儿园教研规模效率更低。

(五) 不同常见教研组规模幼儿园的园本教研效益的比较分析

本书将幼儿园常见教研组规模分为四类:1—10 人、11—20 人、21—30 人、31 人及以上,四类常见教研组规模幼儿园数量各有 65 所、64 所、27 所、12 所,占总样本幼儿园比重依次为 38.69%、38.10%、16.07%、7.14%,说明当前园本教研中教研组以 1—10 人和 11—20 人规模最为常见,这两类常见教研组规模幼儿园占样本园的七成以上。

如图 4-8 所示,四类常见教研组规模幼儿园的园本教研综合技术效率均值依次为 0.597、0.573、0.522、0.451,1—10 人规模最高,31 人及以上规模最低。四类常见教研组规模幼儿园的园本教研纯技术效率均值依次为 0.887、0.881、0.885、0.928,1—10 人、11—20 人、21—30 人规模相近,31 人及以上规模最高。四类常见教研组规模幼儿园的园本教研规模效率均值依次为 0.663、0.644、0.578、0.486,1—10 人规模最高,31 人及以上规模最低。方差

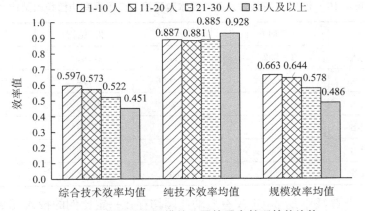

图 4-8 不同教研组规模幼儿园的园本教研效益均值

分析结果表明,四类常见教研组规模幼儿园在综合技术效率、纯技术效率和规模效率得分上差异不显著($p>0.05$),但是图4-8仍然呈现出一种趋势——随着幼儿园常见教研组规模增大,规模效率和综合技术效率逐渐下降。这种趋势可能与园本教研投入规模扩大有关,幼儿园常见教研组规模越大,每次教研活动涉及的人力投入必然更多,且需要更大的教研场地,相关经费投入可能也会增加,最终造成教研投入规模扩大,对规模效率产生负面影响,进而削弱综合技术效率。

三、投影分析:性质、地域和位置不同的幼儿园教研投入产出松弛差别较大

DEA方法不仅可以测算幼儿园的园本教研效率值,还可以得到非DEA有效幼儿园的教研投入产出松弛值,也即非DEA有效幼儿园观测值到DEA有效幼儿园观测值(前沿面)之间的距离(投影)。基于非DEA有效幼儿园的教研投入冗余和产出不足情况,投影分析可为非DEA有效幼儿园的教研决策指明方向。

(一) 整体分析

三阶段DEA表明,在168所幼儿园中,有19所是DEA有效单元,剩余149所幼儿园则或多或少存在教研效率损失。这149所非DEA有效幼儿园的教研投入产出现有均值和教研投入产出松弛均值汇总见表4-10。

表 4-10　非 DEA 有效幼儿园的园本教研投入产出现有均值和松弛均值

指标	现有均值	松弛均值	松弛幅度	松弛园数
人力投入	15.532	3.117	20.07%	30
财力投入	91 570.602	26 770.926	29.24%	55
物力投入	190.604	59.329	31.13%	71
教学产出	63.752	10.094	15.83%	149
科研产出	8.299	2.153	25.95%	125
社会服务	14.148	4.784	33.81%	149

整体来看,149所非DEA有效幼儿园均存在一定比例的投入冗余和产出不足情况。从松弛园数来看,人力投入、财力投入和物力投入冗余的幼儿园分

别有 30 所、55 所、71 所,教学产出、科研产出、社会服务不足的幼儿园分别有 149 所、125 所和 149 所,产出不足的幼儿园占比明显更多。从松弛幅度来看,非 DEA 有效幼儿园在人力投入、财力投入和物力投入上需要在现有水平上平均降低 20.07%、29.24%、31.13%,而在教学产出、科研产出、社会服务上则需要在现有水平上平均提高 15.83%、25.95%、33.81%,物力投入冗余最为严重,社会服务不足最为突出。综上,无论从松弛园数来看,还是从松弛幅度来看,教研投入方面物力投入冗余更为严重,教研产出方面社会服务不足更为突出。

(二) 比较分析

分别从办园性质、幼儿园所处地域及城乡位置对这 149 所非 DEA 有效幼儿园的园本教研投入冗余和产出不足进行统计分析(见表 4-11、表 4-12、表 4-13),可以发现以下特点。

第一,非 DEA 有效公办园教研投入冗余更为严重,非 DEA 有效民办园教研产出不足更为严重。在 149 所非 DEA 有效幼儿园中,公办园 88 所,在公办样本园中占比 88.89%,民办园 61 所,在民办样本园中占比 88.41%,非 DEA 有效公办园和民办园比例相当。分别对非 DEA 有效公办园和民办园的投入产出松弛值进行统计分析,结果汇总见表 4-11。从松弛均值来看,公办园人力投入和物力投入冗余相对明显、社会服务不足相对明显,民办园财力投入冗余相对明显、教学产出和科研产出不足相对明显。综上,公办园效率损失的主要原因是园本教研投入冗余,民办园效率损失的主要原因是园本教研产出不足。

表 4-11　非 DEA 有效公办园、民办园的园本教研投入产出松弛分析

幼儿园类型	投入冗余均值			产出不足均值		
	人力投入	财力投入	物力投入	教学产出	科研产出	社会服务
公办园	**3.568**	20 977.110	**70.070**	9.581	1.663	**5.013**
民办园	2.466	**35 129.210**	43.840	**10.834**	**2.861**	4.452

第二,相对苏中和苏北来说,苏南幼儿园的教研投入冗余和产出不足情况更为严重。在 149 所非 DEA 有效幼儿园中,苏南幼儿园 54 所,在苏南样本园中占比 90.00%;苏中幼儿园 49 所,在苏中样本园中占比 87.50%;苏北幼儿园 46 所,在苏北样本园中占比 88.46%,苏南非 DEA 有效幼儿园占比更大。分别对三地非 DEA 有效幼儿园的教研投入产出松弛值进行统计分析,结果

汇总见表 4-12。从松弛均值来看,苏南幼儿园财力投入冗余和物力投入冗余相对明显、科研产出不足和社会服务不足相对明显;苏中幼儿园人力投入冗余相对明显;苏北幼儿园教学产出不足相对明显。综上,苏南幼儿园的教研投入冗余和产出不足情况比苏中和苏北更为严重,这呼应了前文苏南地区幼儿园的园本教研综合技术效率最低的结论。

表 4-12　不同地域非 DEA 有效幼儿园的园本教研投入产出松弛分析

幼儿园地域	投入冗余均值			产出不足均值		
	人力投入	财力投入	物力投入	教学产出	科研产出	社会服务
苏南	3.494	**33 613.704**	**71.204**	9.873	**2.509**	**5.715**
苏中	**4.553**	21 033.714	49.592	8.774	1.977	4.584
苏北	1.145	24 849.478	55.761	**11.760**	1.924	3.903

第三,城区幼儿园的教研投入冗余最为严重,城乡结合区幼儿园的教研产出不足更为严重。在 149 所非 DEA 有效幼儿园中,城区幼儿园 55 所,在城区样本园中占比 91.67%;城乡结合区幼儿园 25 所,在城乡结合区样本园中占比 86.21%;镇区幼儿园 34 所,在镇区样本园中占比 89.47%;镇乡结合区幼儿园 20 所,在镇乡结合区样本中占比 80.00%;乡村幼儿园 15 所,在乡村样本园中占比 93.75%,也即城区和乡村非 DEA 有效幼儿园占比更大。分别对江苏省非 DEA 有效城乡幼儿园的教研投入产出松弛值进行统计分析,结果汇总见表 4-13。从松弛均值来看,城区幼儿园的人力投入冗余、财力投入冗余和物力投入冗余相对明显,社会服务不足相对明显,城乡结合区幼儿园的教学产出不足和科研产出不足相对明显。综上,城区幼儿园的教研投入冗余最为严重,且社会服务不足也是最严重的,这呼应了前文城区幼儿园的园本教研综合技术效率和规模效率最低的结论。

表 4-13　非 DEA 有效城乡幼儿园的园本教研投入产出松弛分析

幼儿园城乡位置	投入冗余均值			产出不足均值		
	人力投入	财力投入	物力投入	教学产出	科研产出	社会服务
城区	**4.624**	**45 102.600**	**75.582**	10.737	2.311	**5.397**
城乡结合区	0.645	15 115.480	52.920	**12.444**	**2.502**	3.659
镇区	3.382	13 402.265	68.088	7.043	2.008	4.681
镇乡结合区	2.155	12 444.200	31.500	9.826	1.772	5.054
乡村	2.392	28 385.133	27.667	11.094	1.830	4.281

本章小结

本章首先探讨了三阶段 DEA 模型运用于园本教研效益研究的适切性,进而基于三阶段 DEA 模型测算了江苏省 168 所幼儿园的园本教研综合技术效率、纯技术效率、规模效率和教研投入产出松弛情况,在此基础上进行了园本教研效益的整体分析、比较分析和投影分析,明确了江苏省幼儿园的园本教研效益现状、可能的影响因素和教研投入产出调整方向。

首先,整体分析发现,园本教研综合技术效率整体不高。一方面,DEA 有效幼儿园比例较低,仅有 19 所,占总样本园 11.31%,接近九成的幼儿园或多或少存在教研效率损失的情况;另一方面,园本教研综合效率均值不高,仅为 0.565。具体来说,园本教研纯技术效率较为理想,均值为 0.888,但是园本教研规模效率普遍偏低,均值为 0.629。综上,2019 年江苏省幼儿园的园本教研综合技术效率总体不高,其中,规模效率偏低是主要原因,纯技术效率损失也是原因之一。

其次,比较分析发现,园本教研效益在办园性质和城乡位置上差异不显著($p>0.05$),但是在幼儿园所处地域和教研引领类型上差异显著($p<0.05$)。具体来说,在所处地域上,苏北幼儿园的园本教研规模效率显著高于苏南;在教研引领类型上,教研员引领教研的幼儿园的园本教研纯技术效率显著高于园内教师引领教研的幼儿园,园内教师引领教研的幼儿园的园本教研规模效率显著高于教研员和高校教师共同引领教研的幼儿园。此外,虽然园本教研效益在常见教研组规模上差异不显著($p>0.05$),但仍然显示出常见教研组规模越大、园本教研规模效率和综合技术效率越低的趋势。综上,幼儿园所处位置可能是影响园本教研效益的外因,教研引领类型和常见教研组规模可能是影响园本教研效益的内因。

最后,投影分析发现,在非 DEA 有效幼儿园中,从办园性质来看,公办园的教研投入冗余相对明显,民办园的教研产出不足相对明显;从幼儿园所处地域来看,相对于苏中和苏北,苏南地区幼儿园的教研投入冗余和教研产出不足更为严重;从幼儿园所处城乡位置来看,城区幼儿园的教研投入冗余最为严重,城乡结合区幼儿园的教研产出不足更为突出。综上,不同类型幼儿园有必要结合自身园本教研投入产出松弛特点,有针对性地优化其园本教研投入和产出规模,从而提高园本教研效益。

第五章 成因剖析:基于混合设计探索园本教研效益的影响因素

从系统理论视角出发,系统绩效除了受内部组分及组分之间的连接关系影响外,还受到环境因素的影响,环境因素既是系统发生作用的动力,也是系统运行的条件。[①] 也即,园本教研效益不仅受幼儿园内部因素及其之间关系的影响,同时也受外部环境因素的制约。基于此,有必要深入考察园本教研效益的内外环境变量,从而为提升江苏省幼儿园的园本教研效益提供实证依据。

有学者认为,对同一个问题采用不同的方法进行研究,可以大大丰富对该研究主题的认识。[②] 量化研究和质化研究属于不同的研究范式,可以从不同角度对园本教研效益影响因素进行观察和解释。其中,量化研究的特点是将复杂的问题简单化,运用回归分析探索因果关系,优势是更加精确地揭示关系并能预测未来的发展趋势[③],局限之处在于可以纳入回归模型的环境变量有限,且无法获知这些环境变量究竟如何影响教研效益。而质化研究正好可以与之互为补充,更加全面和深入地揭示园本教研效益的影响因素。混合设计有助于促进不同观点在不同水平的辩证综合,使得两种研究方法彼此的优点最大化、缺点最小化[④],形成园本教研效益影响因素的完整图画。

本章基于混合设计,一方面,以三阶段 DEA 模型测算的园本教研综合技术效率得分、纯技术效率得分、规模效率得分作为因变量,筛选合适的环境变量作为自变量,构建 Tobit 回归模型,探索和检验幼儿园内外环境变量对于园本教研效益的影响方向和具体影响程度;另一方面,研究者对 35 位幼教工作者进行了灵活深入的半结构式访谈,以了解学前教育教研人员对于园本教研

---

① 白俊红,蒋伏心.考虑环境因素的区域创新效率研究:基于三阶段 DEA 方法[J].财贸经济,2011(10):104-112,136.
② 孙五三,刘晓红.量化 vs.质化是非七辨[J].新闻与传播研究,2012(4):76-84.
③ 陈向明.从"范式"的视角看质的研究之定位[J].教育研究,2008(5):30-35,67.
④ 麻彦坤.心理学研究中质化与量化两种取向的对立与整合[J].南京师大学报(社会科学版),2019(5):75-81.

效益影响因素的相关认识,通过对访谈文本的归纳分析,提炼出园本教研效益的影响因素群。在此过程中,整合量化研究和质化研究结果,形成对于园本教研效益影响因素的全面认识。

第一节 Tobit 回归模型的介绍与构建

一、Tobit 回归模型介绍

Tobit 回归模型是因变量受到限制的一种回归模型,因此也被称为截尾回归模型或删失回归模型(censored regression model),最早由诺贝尔经济学奖获得者詹姆斯·托宾(James Tobin,1958)提出[1],是托宾对 Probit 回归的一种推广。自从托宾开始研究被解释变量有上限、下限或者存在极值等问题以来,这类研究受到学者们的广泛关注,人们为了纪念托宾对这类回归模型的贡献,把被解释变量取值有限制、存在选择行为的这类模型称为 Tobit 模型。

运用 DEA 方法测算效率有一个特点,就是所测得的效率值分布是(0,1]区间的,即下限为 0、上限为 1,超过 1 的部分也被记为 1,因此又称为截尾数据(censored data)。如果用最小二乘法(Least Square,LS)对 DEA 效率得分进行回归分析,可能由于无法呈现完整数据,在估计参数过程中出现有偏且不一致的情况。而 Tobit 模型则很好地解决了这个问题,因此该模型被广泛应用到此类问题研究中,形成了配套使用的 DEA-Tobit 模型。

本书建立的 Tobit 模型如下式所示:

$$y_i^* = \beta_0 + \sum_{j=1}^{k} \beta_j x_{ij} + \varepsilon_i \qquad \text{(公式 5-1)}$$

其中,y_i^* 为观察到的因变量(被解释变量,也即效率得分),x_{ij} 为自变量(解释变量,也即环境变量),β_0 为截距项,β_j 为自变量的回归系数,ε_i 表示随机误差项。

---

① TOBIN J. Estimation of relationships for limited dependent variables[J]. Econometrica,1958,26(1):24-36.

二、环境变量的确定

在 DEA-Tobit 模型中,环境变量描述的是可能影响决策单元效率的因素,环境变量的选取需要考虑两点,一是选择已有研究普遍采用的变量,二是不能包括 DEA 模型中的投入变量和产出变量。[①] 在已有的教育效率研究中,学者们经常考察的环境变量包括学校所处地理位置、学校类型、师资结构、学校或班级规模等,且这些环境变量对教育效率的影响已经得到国内外教育效率研究的广泛证实。

曼科布和班德斯(Manceb & Bandrés)研究了学校所处地理位置对教育资源配置的影响,结果发现城市学校的教育资源配置效率显著高于农村学校。[②] 瓦宁(Warning)分析了竞争性环境、战略定位、大学特征对于教育资源配置的影响,结果发现这三个因素均与教育资源配置效率显著相关。[③] 雅西亚和艾希德(Yahia & Essid)采用 Tobit 回归检验了突尼斯中等学校教育效率的影响因素,结果发现班级规模对中等学校的教育效率有积极影响,同时发现学校资源分配责任和学生家庭社会经济背景是影响中等学校效率的消极因素。[④]

姜彤彤运用 Tobit 回归模型对我国高校效率的影响因素进行了分析,发现教师中硕导和博导的比重、博士学位教师比重、科研经费所占比例与高校效率显著正相关,人均科研经费与高校效率负相关。[⑤] 王水娟运用 Tobit 回归模型分析了小学办学效率的影响因素,发现教师平均工资水平、学校类型、"新机制"政策是影响小学办学效率的重要因素。[⑥] 彭莉君从外部环境因素和高校自身因素两个方面来检验其对研究生教育资源配置效率的影响,结果显示市场化程度、第三方经费和研究生教育规模对各地区高校研究生教育资源配置

① RAY S. C. Resource-Use Efficiency in Public Schools: A Study of Connecticut Data[J]. Management Science,1991,37(12):1620-1628.

② MANCEBB M-J, BANDRÉS E. Efficiency evaluation in secondary schools: The key role of model specification and of ex post analysis of results[J]. Education Economics. 1999,7(2):131-152.

③ WARNING S. Performance differences in German higher education: empirical analysis of strategic groups[J]. Reviews of Industrial Organization,2004,24(4):393-408.

④ YAHIA F B., ESSID, H. Determinants of Tunisian Schools' Efficiency: A DEA-Tobit Approach[J]. Journal of Applied Management and Investments,2019,8(1):44-56.

⑤ 姜彤彤. 基于 DEA-Tobit 两步法的高校效率评价及分析[J]. 高等财经教育研究,2011,14(2):1-5.

⑥ 王水娟. 小学教育效率的校际差异及影响因素实证研究:基于 DEA-Tobit 的分析[J]. 教育科学,2012,28(5):67-72.

效率有显著的正向影响，而人均 GDP 和师资结构对资源配置效率没有显著影响。[①] 汪彦等人通过构建 Tobit 回归模型，分析了人力资本、物质资本、对外联系度、研发机构数、时间虚拟变量五大环境变量对上海市高校科研创新技术效率的影响，发现除对外联系度以外，其他四项因素均通过了显著性检验。[②] 苏荟和刘奥运选取高校教学与科研人员、高校研究与发展支出经费、高校对外交流程度、科研机构、时间虚拟变量作为环境变量，运用 Tobit 回归模型分析高校科研效率的影响因素，发现教学与科研人员、高校研究与发展支出经费、科研机构显著影响了我国高校科研效率，对外交流和时间虚拟变量在一定程度上对我国高校科研效率有正向促进作用。[③]

在学前教育领域，包海芹和徐丹选取幼儿园类型、班级规模、班级规模的平方、生均图书册数、保教费和有正式编制的幼儿园教师数作为环境变量，建立了 Tobit 回归模型，发现班级规模与幼儿园纯技术效率和规模效率显著相关，编制则是影响城市幼儿园办学效率的重要因素，教师编制数与幼儿园综合技术效率和纯技术效率存在显著的正相关关系。[④] 陈岳堂和陈慧玲基于 Tobit 回归模型对我国 31 个省份学前教育资源配置效率的影响因素进行了实证研究，结果发现班级规模、生均教育经费指数和学前教育经费投入规模对学前教育资源配置效率具有显著影响。[⑤]

基于以上文献，结合第三章研究结果（幼儿园所处位置可能是影响园本教研效益的外因，教研引领类型和常见教研组规模可能是影响园本教研效益的内因），以及通过创设实践共同体重整园本教研的可能性，本书最终选取了六个环境变量：幼儿园办园性质、幼儿园所处地域、幼儿园城乡位置、园本教研专业引领类型、常见教研组规模、园本教研中实践共同体创设情况。其中，前三个变量为外部环境变量，后三个变量为内部环境变量。为了检验以上内外环境变量分别对江苏省幼儿园的园本教研综合技术效率、纯技术效率和规模效率的影响，笔者分别构建了三个效率的内外环境变量回归模型。

①　彭莉君. 我国高校研究生教育资源配置现状研究[D]. 合肥：中国科学技术大学，2012：56.

②　汪彦，陈悦，曹贤忠，等. 上海高校科研创新效率与影响因素实证研究：基于 DEA-Tobit 模型[J]. 科学管理研究，2018(8)：100-109.

③　苏荟，刘奥运. 双一流建设背景下我国省际高校科研效率及影响因素研究：基于 DEA-Tobit 模型[J]. 重庆大学学报(社会科学版)，2020，26(1)：107-118.

④　包海芹，徐丹. 基于 DEA 模型的我国东部城市幼儿园办学效率分析[J]. 学前教育研究，2015(11)：3-12.

⑤　陈岳堂，陈慧玲. 基于 Dea-Tobit 模型的我国学前教育资源配置效率研究[J]. 现代教育管理，2018(5)：47-53.

三、Tobit 回归模型构建

（一）提出研究假设

基于上文对园本教研效益环境变量的分析,提出以下关于园本教研效益影响因素的假设:

假设 1:幼儿园办园性质(BYXZ)对园本教研效益具有显著影响。

假设 2:幼儿园所处地域(SCDY)对园本教研效益具有显著影响。

假设 3:幼儿园城乡位置(CXWZ)对园本教研效益具有显著影响。

假设 4:园本教研专业引领类型(YLLX)对园本教研效益具有显著影响。

假设 5:幼儿园常见教研组规模(JYGM)对园本教研效益具有显著影响。

假设 6:园本教研中实践共同体创设情况(COP)对园本教研效益具有显著影响。

（二）构建 Tobit 回归模型

Tobit 回归模型设计如下:

$$efficiency = \beta_0 + \beta_1 \, BYXZ + \beta_2 \, SCDY + \beta_3 CXWZ + \varepsilon_i \quad （公式 5-2）$$

$$efficiency = \beta_0 + \beta_4 \, YLLX + \beta_5 \, JYGM + \beta_6 COP + \varepsilon_i \quad （公式 5-3）$$

其中,公式 5-2 对应的是幼儿园外部环境变量的 Tobit 回归模型,公式 5-3 对应的是幼儿园内部环境变量的 Tobit 回归模型。在上述公式中,efficiency 为效率值,属于因变量;幼儿园办园性质(BYXZ)、幼儿园所处地域(SCDY)、幼儿园所处城乡位置(CXWZ)、园本教研专业引领类型(YLLX)、幼儿园常见教研组规模(JYGM)、园本教研中实践共同体创设情况(COP),属于自变量;β_0 为截距项,β_1 到 β_6 表示各个自变量的回归系数;ε_i 表示随机误差项。

考虑到幼儿园办园性质、所处地域、城乡位置、教研专业引领类型、常见教研组规模为类别变量,因此在将其引入 Tobit 回归模型时需要设置虚拟变量。其中,幼儿园办园性质包括两个类别,以公办园为基准,需要引入一个虚拟变量(A1);幼儿园所处地域包括三个类别,以苏南为基准,需要引入两个虚拟变量(B1,B2);幼儿园城乡位置包括五个类别,以城区为基准,需要引入四个虚拟变量(C1,C2,C3,C4);园本教研专业引领类型包括四个类别,以园内教师引领为基准,需要引入三个虚拟变量(X1,X2,X3);幼儿园常见教研组规模也有四个类别,以 31 人及以上规模为基准,需要引入三个虚拟变量(Y1,Y2,Y3)。此外,园本教研中实践共同体创设情况为定序变量,由《园本教研中实践共同体创设量表》(李克特七点量表)得分代表。

(三)《园本教研中实践共同体创设量表》的编制过程

1. 基于文献分析法构建实践共同体创设的指标体系

为了测量园本教研中教师实践共同体的创设情况,我们首先需要对实践共同体的要素结构有大致的认识。国内外关于实践共同体构成要素的理论研究较为丰富,系统梳理相关研究有助于我们认识和把握实践共同体的要素结构。

"实践共同体"(Communities of Practice)这一术语最早见于认知人类学家让·莱夫(Jean Lave)和教育理论家埃蒂纳·温格(Etienne Wenger)1991年合著的《情境认知:合法的边缘性参与》一书,莱夫和温格在研究学徒制时创造了"实践共同体"这一术语,借以表达一种"基于知识的社会结构"[1]。在 1998 年出版的《实践共同体:学习、意义和身份》一书中,温格进一步扩展了对实践共同体的研究,并详细描述了"实践共同体"的形成原理:

> 人类活着就意味着我们必须不断卷入到各种事业的追求中:从确保我们的生存到最崇高的休闲。当我们定义这些事业并共同卷入到追求中时,我们彼此之间以及与世界都在互动。我们必须协调我们自己的关系以及与世界的关系。换句话说,我们在学习。……随着时间的推移,这种集体学习产生了实践——这种实践反映了我们事业的追求和参与者的社会关系。因此,这些实践是对共享事业的持续追求所创造的一种共同体的属性。这就能够容易理解我们为何将这种共同体称为实践共同体。[2]

在这段介绍中,温格对实践共同体的三个结构要素进行了特别的强调——相互卷入、合作事业、共享智库,试图通过这三个要素将实践和共同体联系起来。温格认为,实践共同体通过这三大关系维度界定自身。[3] 其中,相

---

① LAVE J, WENGER E. Situated learning: legitimate peripheral participation [M]. Cambridge, UK: Cambridge University Press,1991:5.

② 温格.实践共同体:学习、意义和身份[M].李茂荣,等译.南昌:江西人民出版社,2018:42.

③ 温格.实践共同体:学习、意义和身份[M].李茂荣,等译.南昌:江西人民出版社,2018:67-80.

互卷入是指通过参与共同体,成员建立了常规和合作关系,这些关系是联系共同体成员成为一个社会实体的纽带。合作事业是指通过互动,他们达成对于联系他们的事物的共同理解,合作事业是由共同体成员协商和重复协商的,有时候被认为与共同体的知识领域有关。共享智库是指作为实践共同体的一部分,共同体生产出的一套公共资源,共享智库在成员追求共同事业中被使用,包括字面意义和象征意义两种。温格的实践共同体"三要素论",成为后续实践共同体研究的基石。

布朗和杜吉德(Brown & Duguid)认为,实践共同体中的知识创造以三个关键要素为特征:一是叙事,用以诊断问题和代表现存知识的资料库;二是合作,由参与和共享共同实践的参与者推动;三是社会建构,参与者发展出对实践和如何解决问题的共同理解。[①] 赵健认为,实践共同体作为学习共同体的中观水平,应该包括六个基本要素:学习需求、学习目的、学习方式、教师角色、共同的事业和分布的专长、合作和多样化的成员互助。[②] 缪静霞基于赵健和郑葳等人的研究,归纳出在线实践共同体的五大构成要素,包括实践情境、实践主体、实践目标、实践方式、实践支持。[③] 张丽基于温格的实践共同体理论框架,认为在线实践共同体由结构元素和意义元素组成。其中,领域、社团、实践是实践共同体的结构三要素,而学习、意义、身份则是实践共同体的意义三要素。[④] 王利敏梳理出实践共同体的实践三要素和核心三要素,其中,实践三要素包括相互的介入、共同的事业、共享的技艺库,核心三要素包括共同领域、共同社区、共同实践。[⑤]

在教师实践共同体方面,张平和朱鹏从人力资源视角出发,强调教师实践共同体包括内部结构和外部支持,其中,内部结构包括新手教师、专家教师、指导专家和顾问;外部支持则指向学校行政层面的支持。[⑥] 布罗迪和弗里德曼(Brody & Friedman)指出,教师实践共同体的要素有五点:一是安全和不妄加评论的氛围;二是打破孤立状态;三是讨论和谈话;四是同侪学习/合作与分

① BROWN J, DUGUID P. Organizational learning and communities of practice: Toward a unifying view of working, learning, and innovation[J]. Organizational learning,1991,2(11):40-57.

② 赵健. 学习共同体:关于学习的社会文化分析[M]. 上海:华东师范大学出版社,2006:67-68.

③ 缪静霞. 促进在线实践共同体深度互动的策略研究:以师范生实习支持平台为例[D]. 上海:上海师范大学,2010:20-22.

④ 张丽. 在线实践共同体培育策略研究[D]. 上海:华东师范大学,2011:13-15.

⑤ 王利敏."实践共同体"研究综述[J]. 上海教育科研,2016(12):28-32,36.

⑥ 张平,朱鹏. 教师实践共同体:教师专业发展的新视角[J]. 教师教育研究,2009,21(2):56-60.

享；五是专业保证。[1]

综上，学者们一般倾向于从两个角度对实践共同体的结构要素进行解构，一是以温格的实践共同体三要素为分析框架，二是以学习或实践的分解为路向。其实，温格的实践共同体三要素本来就体现了共同体的实践属性，所以这两种视角有诸多重叠之处。加之温格的"三要素论"在实践共同体研究中的重要影响力，本书直接采用温格的"三要素论"作为实践共同体要素结构的分析框架，从相互卷入、合作事业、共享智库三个维度出发，考察园本教研中教师实践共同体的创设情况。

2. 基于专家咨询法编制《园本教研中实践共同体创设调查问卷》

（1）《专家咨询问卷》编制

如上所述，通过对国内外实践共同体要素结构相关文献的系统梳理，形成了园本教研中实践共同体创设的评价指标框架，在此基础上编制了《专家咨询问卷》（见附录 2）。问卷内容主要包括四个方面。一是问卷指导语，说明本问卷的制定背景。二是专家基本信息调查表，包括专家的工作单位、教龄、职称、最高学历/学位等。三是问卷的主体部分，请专家对园本教研中实践共同体创设的维度和条目重要性程度进行评定，依据李克特 5 级评分，每个维度和条目提供很不重要、不太重要、一般、比较重要、很重要五个级别，依次赋 1、2、3、4、5 分，同时注意保留足够的空间供专家就问卷内容发表意见。四是专家权威程度调查表，包括专家对该研究问题的熟悉程度和专家评定的判断依据，以专家自评的方式进行。熟悉程度分为很熟悉、比较熟悉、一般、不太熟悉、不熟悉5 级，分别赋予 1.0、0.8、0.6、0.4、0.2 分。[2][3] 判断依据包括工作经验、理论分析、参考国内外资料、直观感觉四个维度，影响程度分为大、中、小三个层次，并按照程度大小赋予具体分值（见第三章表 3-5）。

（2）专家基本信息

本书的专家咨询小组由 7 位学前教育领域的专家组成，其中，专职教研员

① DAVID B, AVIGAIL F. The Effectiveness of Community of Practice in Supporting Israeli Kindergarten Teachers Dealing With an Emotionally Laden Topic, in John A. Sutterby(ed.) Early Education in a Global Context(Advances in Early Education And Day Care, Volume 16)[M]. Emerald Group Publishing Limited,2012:183-210.

② 郑翠红,陈楚,李华萍,等. 社区高血压患者家庭访视方案的构建[J]. 护理学杂志,2014,29(21):81-84.

③ 林丹,潘勉,刘桂华,等. 产科责任护士护理服务满意度评价指标的初步构建[J]. 全科护理,2017,15(24):3033-3035.

2 位,高校教师 2 位,幼儿园园长 3 位。教龄方面,30 年以上教龄为 3 位,20 年以上教龄为 5 位,平均教龄约为 24 年。职称方面,教授 1 位,副教授 2 位,幼儿园高级教师 2 位,幼儿园一级教师 2 位。学历方面,7 位专家皆为本科以上学历,其中博士 2 位。

(3)专家调查的可靠性评价

①专家的权威程度。专家的权威程度与预测精度呈一定的函数关系,一般来说预测精度随着专家权威程度的提高而提高,因此,在对评价结果进行处理时常常要求考虑专家对某一研究问题的权威程度。专家权威程度用专家权威系数(Cr)表示,专家权威系数为熟悉程度系数(Ca)和判断系数(Cs)的算术平均值。[1] 在本书中,Ca 为 0.86,Cs 为 0.94,因此 Cr 为 0.9,均大于 0.7,说明函询的专家权威程度较高[2]。

②专家的积极程度。专家的积极程度用问卷回收率表示。[3] 研究过程中共发放 7 份问卷,回收有效问卷 7 份,有效问卷回收率为 100%,其中 4 位专家提出了具体的修改意见,表明专家对本次研究的积极程度和参与程度较高。

③专家意见协调程度。专家意见协调程度用变异系数(CV)和肯德尔和谐系数(W)表示。[4] 其中,3 个一级指标的变异系数介于 0—0.18,9 个二级指标的变异系数介于 0—0.18,说明专家对每个评价指标的协调程度较高。9 个二级指标的肯德尔和谐系数为 0.429($p<0.05$),一致性检验结果表明专家意见一致性显著,说明专家对全部评价指标的意见协调性较好。

(4)专家咨询结果

本书指标筛选标准为:均数≥4,变异系数<0.2,各条目的内容效度指数(I—CVI)≥0.8,总的内容效度指数(S—CVI)≥0.9,同时结合专家意见进行。专家咨询结果如表 5-1 所示,此外,总的内容效度指数为 0.97。以上统计结果说明,本书构建的园本教研实践共同体创设指标体系较好,不需要增删指标。同时,结合专家对指标和条目表述的建议,笔者优化了量表的表述,包括

---

① 曾光. 现代流行病学方法与应用[M]. 北京:北京医科大学、中国协和医科大学联合出版社,1994:258.

② 岳丽春,唐浪娟,谌秘,等. 帕金森病患者自我健康管理问卷的研制及信效度检验[J]. 中国全科医学,2016,19(27):3341-3345.

③ 李霞,莫霖,王启瑶,等. 儿科护理硕士专业学位研究生临床能力评价指标的构建[J]. 护理实践与研究,2018,15(21):4-9.

④ 李霞,莫霖,王启瑶,等. 儿科护理硕士专业学位研究生临床能力评价指标的构建[J]. 护理实践与研究,2018,15(21):4-9.

将一些翻译过来的术语转化为幼儿园园长更能理解的表述方式。

表 5-1　园本教研中实践共同体创设评价指标专家咨询结果

指标名称	均数	标准差	变异系数	内容效度指数
维度 1:共同参与	5.00	0.00	0.00	1.00
建立教研常规	4.86	0.38	0.08	1.00
共享兴趣领域	5.00	0.00	0.00	1.00
分享交换意见	5.00	0.00	0.00	1.00
维度 2:合作事业	4.86	0.38	0.08	1.00
拥有共同目标	5.00	0.00	0.00	1.00
达成共同理解	4.86	0.38	0.08	1.00
形成教学专长	5.00	0.00	0.00	1.00
维度 3:共享资源	4.29	0.76	0.18	0.86
形成共享资源	4.29	0.76	0.18	0.86
运用共享资源	4.43	0.53	0.12	1.00
拓展共享资源	4.43	0.79	0.18	0.86

3. 基于统计分析法形成《园本教研中实践共同体创设量表》

通过问卷星平台在江苏省内发放《园本教研中实践共同体创设调查问卷》,一共回收 234 份问卷,删除问卷填写时间少于 100 秒的 37 份问卷[①],剩余 197 份问卷。这 197 份问卷的取样范围涵盖苏南(南京、无锡、镇江、常州)、苏中(扬州、南通、泰州)、苏北(盐城、徐州、连云港、宿迁),其中,公办园占比约 64%、民办园占比约 32%,城市园占比约 42%、县镇园占比约 18%、农村园占比约 11%,说明初试样本基本覆盖了江苏省内各种类型的幼儿园,具有较好的代表性。通过对这 197 份问卷进行频数分析和描述性统计分析(如最小值、最大值),发现没有缺失值且变量取值均介于 2—7,说明原始问卷数据不存在缺失值或错误值。接下来,笔者借助 SPSS22.0 对这 197 份问卷进行项目分析、因素分析和信度分析。

(1)项目分析

①极端组比较。首先,对实践共同体创设量表题项进行加总,将量表总得

---

① 考虑到问卷填写时间少于 100 秒时,被调查者思考时间过短,所有题项选择相同等级(如全部为 7 级、全被为 5 级等)的被调查者比例较大,会影响数据质量,因此予以删除。

分前 27% 定义为高分组(63 分到最高分),将量表总得分后 27% 定义为低分组(最低分到 49 分),然后对两个极端组进行独立样本 T 检验,结果发现 9 个题项的临界比值介于 19.974—29.251 之间,均大于 3,达到 0.05 显著水平,说明 9 个题项的高分组得分和低分组得分显著不同,9 个题项均具有较好的区分度。

②题项与总分的相关。题项与总分的 Pearson 相关检验表明,9 个题项与总分均表现出显著相关,且相关系数介于 0.877—0.937,均大于 0.4,9 个题项与总分全部达到高度相关水平,说明题项与整体量表的同质性高。

③信度检验。9 个题项的内部一致性 α 系数等于 0.974,说明量表信度非常理想,且 9 个题项删除时的 Cronbach's α 值介于 0.969—0.972,均小于 0.974,说明 9 个题项内部一致性高。

④共同性与因素负荷量。9 个题项的共同性值介于 0.768—0.879,均大于 0.4。9 个题项的因素负荷量介于 0.876—0.938,均大于 0.4。说明 9 个题项与共同因素(总量表)的关系密切。

综上,项目分析的结果汇总如表 5-2 所示,根据判标准则,《园本教研中实践共同体创设量表》的 9 个题项全部达标,因此全部予以保留。

表 5-2　《园本教研中实践共同体创设量表》项目分析摘要表(初试)

题项	极端组比较	题项与总分相关	同质性检验			未达标准指标数	备注
	决断值		题项删除后的 α 值	共同性	因素负荷量		
b1	19.974	.877	.972	.768	.876	0	保留
b2	23.047	.908	.971	.823	.907	0	保留
b3	25.444	.921	.970	.852	.923	0	保留
b4	24.860	.898	.971	.808	.899	0	保留
b5	22.005	.889	.971	.791	.889	0	保留
b6	29.251	.937	.969	.879	.938	0	保留
b7	23.647	.891	.972	.790	.889	0	保留
b8	25.444	.933	.969	.873	.934	0	保留
b9	24.180	.936	.969	.878	.937	0	保留
判标准则	≥3.000	≥.400	≤0.974	≥.200	≥.450		

注:0.974 为园本教研中实践共同体创设量表的内部一致性 α 系数。

(2)因素分析

Bartlett 球形检验表明,9 个题项的 KMO(取样适当性量数)值为 0.922,

大于 0.9,说明实践共同体创设量表极适合进行因素分析。采用主成分分析法对 9 个题项进行第一次因素分析,基于前期预设,因子萃取方法为将因子个数限定为 3,因子萃取结果如表 5-3 所示,转轴后的成分矩阵与原先笔者编制的构念有所出入。其中,共同因素一包括第 6 题到第 9 题,共同因素二包括第 1 题到第 3 题,共同因素三包括第 4 题到第 5 题,与原有构念不同之处在于第 6 题预设属于共同因素三,却被纳入共同因素一中。考虑到量表的每个层面题目量最好不少于 3 个,说明第一次因素分析结果不理想。

表 5-3　《园本教研中实践共同体创设量表》第一次因素分析结果(初试)

题项	成分		
	1	2	3
b7	.831	.361	.324
b8	.719	.453	.434
b9	.702	.470	.439
b6	.672	.462	.482
b1	.415	.806	.293
b2	.395	.779	.398
b3	.422	.677	.504
b5	.364	.370	.830
b4	.416	.356	.804

接着,笔者采用主成分分析法对 9 个题项进行第二次因素分析,因子萃取方法改为保留特征值大于 1 的因子,因子萃取结果显示转轴后提取出一个因子(见表 5-4)。实践共同体创设量表的第二次因素分析结果与笔者的预设有所出入,这或多或少反映了温格的实践共同体"三要素论"本身的局限性。如前所述,温格认为通过三个关系维度(相互卷入、合作事业和共享智库)可以把共同体和实践概念整合到一个统一的结构中,通过分析这三个维度可以阐明实践共同体的特征。[①] 但是,"相互""合作""共享"等术语本来就体现出三个维度之间有诸多重叠之处,这也解释了本书中的因素分析结果,可能笔者预设的三个因子构面本身就存在较多交叉,导致构面之间界限不明,因此因子萃取结果为单因子。基于此,笔者选择尊重数据本身的特点,调整预设,将实践共同体的创设量表看成单因子量表,由 9 个题项构成。

----

① 温格.实践共同体:学习、意义和身份[M].李茂荣,欧阳忠明,任鑫,等译.南昌:江西人民出版社,2018:68.

表 5-4 《园本教研中实践共同体创设量表》第二次因素分析结果（初试）

题项	因子 1
b6	.938
b9	.937
b8	.934
b3	.923
b2	.907
b4	.899
b5	.889
b7	.889
b1	.876

（3）信度分析

由于实践共同体创设量表为单因子量表，因此只需要进行量表的内部一致性检验即可。信度分析表明，量表的 Cronbach's α 系数为 0.974，大于 0.9，说明量表信度非常理想。

综上，本书编制的单个因子、9 个题项的《园本教研中实践共同体创设量表》具有非常理想的信度和效度，符合心理测量学标准，可以作为有效工具测量园本教研中教师实践共同体的创设情况。正式问卷中，《园本教研中实践共同体创设量表》的统计分析流程如上，信效度检验结果均符合心理测量学标准，详见附录 6。

第二节　园本教研效益影响因素的 Tobit 分析

一、外因剖析：幼儿园所处地域、城乡地理位置是影响园本教研效益的外因

（一）园本教研综合技术效率的外因分析

以园本教研综合技术效率得分作为因变量，以幼儿园办园性质、所处地域、城乡位置为自变量，构建 Tobit 回归模型，运用 Eviews10.0 软件处理

Tobit 回归模型,得到的结果如表 5-5 所示。

第一,幼儿园所处地域会对园本教研综合技术效率产生显著影响。以苏南地区为基准,苏北地区(B2)对于园本教研综合技术效率的回归系数为0.093,达到 10% 显著水平,说明相对于苏南地区来说,苏北地区对于园本教研综合技术效率具有显著的正向促进作用。基于第四章投影分析可知(参见表 4-12),相对于苏中和苏北地区来说,苏南幼儿园的园本教研投入冗余和产出不足最为严重,这可能与苏南地区经济发展水平较高有关,因此园本教研中财力资源和物力资源较为丰富,但是其教研投入并未有效转化为适宜的教研产出,由此造成苏南幼儿园的园本教研综合技术效率最低。相反,苏北地区经济发展水平相对最低,教研资源相对来说更为有限,这在一定程度上避免了教研资源的大量浪费,投影分析结果也表明,苏北地区幼儿园的园本教研投入冗余情况相对于苏南和苏中更好一些,同时,苏北幼儿园的园本教研产出不足情况也不如苏南那么严重。综上,在园本教研综合技术效率上,苏北地区相对于苏南地区更有优势。

第二,幼儿园的城乡位置会对园本教研综合技术效率产生显著影响。以城区为基准,城乡结合区(C1)和镇乡结合区(C3)对园本教研综合技术效率的回归系数分别为 0.117 和 0.162,分别达到 10% 和 5% 显著水平,说明相对于城区来说,城乡结合区和镇乡结合区对园本教研综合技术效率具有显著正向促进作用。基于第四章投影分析可知(参见表 4-13),相对于其他地理位置来说,城区幼儿园的教研投入冗余最为严重,同时城区幼儿园的教研投入均值也最高,但是城区幼儿园未能将这些教研投入转化为适宜的教研产出,这不免会对城区幼儿园的教研综合技术效率产生负面影响。而城乡结合区和镇乡结合区幼儿园的教研投入相对更为科学,二者的教研投入冗余情况相对较好。综上,在园本教研综合技术效率上,城乡结合区和镇乡结合区相对于城区更有优势。

表 5-5　园本教研综合技术效率-外因 Tobit 回归结果

变量	回归系数	标准误	Z 值	p 值
A1	0.038 537	0.044 798	0.860 244	0.389 7
B1	0.083 693	0.051 428	1.627 370	0.103 7
B2	0.093 11*	0.052 550	1.771 781	0.076 4

续表

变量	回归系数	标准误	Z 值	p 值
C1	0.116 85*	0.062 543	1.868 369	0.061 7
C2	0.092 434	0.058 375	1.583 449	0.113 3
C3	0.162 4**	0.066 287	2.450 174	0.014 3
C4	0.057 305	0.078 742	0.727 760	0.466 8
C	0.435 876	0.051 495	8.464 399	0.000 0

备注：＊、＊＊、＊＊＊分别表示在 α＝10％、5％、1％水平上具有显著统计学意义。

（二）园本教研纯技术效率的外因分析

以园本教研纯技术效率得分作为因变量，以幼儿园办园性质、所处地域、城乡位置为自变量，运用 Eviews10.0 软件处理 Tobit 回归模型，得到的结果如表 5-6 所示。幼儿园办园性质、所处地域、城乡位置对园本教研纯技术效率均没有显著的影响（$p＞0.1$）。这也印证了纯技术效率反映的是幼儿园的教研资源利用能力和教研组织管理能力，因此更多受幼儿园内部环境影响。

表 5-6 园本教研纯技术效率-外因 Tobit 回归结果

变量	回归系数	标准误	Z 值	p 值
A1	−0.013 251	0.022 252	−0.595 475	0.551 5
B1	0.017 683	0.025 669	0.688 880	0.490 9
B2	−0.035 042	0.025 963	−1.349 690	0.177 1
C1	−0.014 524	0.030 931	−0.469 552	0.638 7
C2	0.041 960	0.029 077	1.443 069	0.149 0
C3	0.023 192	0.032 956	0.703 730	0.481 6
C4	−0.019 939	0.039 134	−0.509 523	0.610 4
C	0.909 883	0.025 868	35.173 78	0.000 0

备注：＊、＊＊、＊＊＊分别表示在 α＝10％、5％、1％水平上具有显著统计学意义。

（三）园本教研规模效率的外因分析

以园本教研规模效率得分作为因变量，以幼儿园办园性质、所处地域、城乡位置为自变量，构建 Tobit 回归模型，运用 Eviews10.0 软件处理 Tobit 回归模型,得到的结果如表 5-7 所示。

表 5-7 园本教研规模效率-外因 Tobit 回归结果

变量	回归系数	标准误	Z 值	p 值
A1	0.052 703	0.043 977	1.198 414	0.230 8
B1	0.091 59*	0.050 472	1.814 577	0.069 6
B2	0.1264**	0.051 589	2.450 619	0.014 3
C1	0.134 6**	0.061 434	2.191 562	0.028 4
C2	0.079 358	0.057 278	1.385 492	0.165 9
C3	0.162 7**	0.065 093	2.499 173	0.012 4
C4	0.088 327	0.077 241	1.143 527	0.252 8
C	0.478 938	0.050 516	9.480 932	0.000 0

备注:*、**、***分别表示在 $\alpha=10\%$、5%、1%水平上具有显著统计学意义。

第一,幼儿园所处地域会对园本教研规模效率产生显著影响。以苏南地区为基准,苏中(B1)和苏北(B2)对于园本教研规模效率的回归系数分别为 0.092 和 0.126,分别达到 10%和 5%显著水平,说明相对于苏南来说,苏中和苏北地区对园本教研规模效率具有显著的正向促进作用。基于第四章投影分析可知(参见表 4-12),相对于苏中和苏北地区来说,苏南幼儿园的教研投入冗余更为严重,造成教研投入规模过大,教研规模效率不佳。而苏中和苏北地区幼儿园的教研投入冗余情况相对于苏南要好得多,教研投入规模相对更科学。综上,在园本教研规模效率上,苏中和苏北相对于苏南地区更有优势。

第二,幼儿园的城乡位置会对园本教研规模效率产生显著影响。以城区为基准,城乡结合区(C1)和镇乡结合区(C3)对园本教研规模效率的回归系数分别为 0.135 和 0.163,均达到 5%显著水平,说明相对于城区来说,城乡结合区和镇乡结合区对园本教研规模效率具有显著正向促进作用。基于第四章投影分析可知(参见表 4-13),相对于其他地理位置,城区幼儿园的教研投入冗余最为严重,而城乡结合区和镇乡结合区幼儿园的教研冗余情况相对更好。综上,在园本教研规模效率上,城乡结合区和镇乡结合区相对于城区更有优势。

二、内因剖析:教研引领类型、常见教研组规模、实践共同体创设情况是影响园本教研效益的内因

(一)园本教研综合技术效率的内因分析

以园本教研综合技术效率得分作为因变量,以园本教研引领类型、常见教研组规模、实践共同体创设情况为自变量,构建 Tobit 回归模型,运用 Eviews10.0 软件处理 Tobit 回归模型,得到的结果如表 5-8 所示。

表 5-8　园本教研综合技术效率-内因 Tobit 回归结果

变量	回归系数	标准误	Z 值	p 值
X1	−0.045 498	0.052 845	−0.860 976	0.389 3
X2	−0.131 583	0.112 350	−1.171 187	0.241 5
X3	−0.120 92*	0.061 832	−1.955 633	0.050 5
Y1	0.158 62*	0.088 337	1.795 608	0.072 6
Y2	0.131 838	0.087 921	1.499 511	0.133 7
Y3	0.093 078	0.096 661	0.962 929	0.335 6
COP	0.002 529	0.003 170	0.797 600	0.425 1
C	0.367 321	0.196 419	1.870 087	0.061 5

备注:*、* *、* * *分别表示在 $\alpha=10\%$、5%、1%水平上具有显著统计学意义。

第一,园本教研引领类型会对园本教研综合技术效率产生显著影响。以园内教师引领为基准,教研员和高校教师共同引领(X3)对园本教研综合技术效率的回归系数为−0.121,达到 10%显著水平,说明相对于园内教师引领教研来说,教研员和高校教师共同引领教研对园本教研综合技术效率具有显著的负向作用。这可能与两个方面的原因有关:一方面,教研员和高校教师相对于幼儿园教师来说人力投入权重系数更高;另一方面,幼儿园往往需要承担专家咨询费用,因此,教研员和高校教师共同参与园本教研时会大大增加教研人力投入和财力投入,但是这些额外增加的教研投入并未有效转化为相匹配的教研产出,因此会对园本教研综合技术效率产生负面影响。也即,在园本教研综合技术效率上,园内教师引领教研相对于教研员和高校教师共同引领教研更有优势。

第二,幼儿园常见教研组规模会对园本教研综合技术效率产生显著影响。以 31 人及以上规模为基准,1—10 人规模(Y1)对园本教研综合技术效率的回归系数为 0.159,达到 10% 显著水平,说明相对于 31 人及以上规模来说,1—10 人规模对园本教研综合技术效率具有显著的正向促进作用。这可能与两个方面的原因有关:一方面,常见教研组规模越小,每次教研活动涉及的人财物投入也相对越小,有助于改善教研投入冗余状况;另一方面,常见教研组规模越小,教师参与教研时的积极性越高,尤其是在 1—10 人教研组中,既可以关注到每位教师日常保教工作中遇到的难题和困惑,又可以促进教师之间形成思维碰撞、互助合作,有助于扩大教研产出。综上,在园本教研综合技术效率方面,常见教研组为 1—10 人规模相对于 31 人及以上规模更有优势。

(二)园本教研纯技术效率的内因分析

以园本教研纯技术效率得分作为因变量,以园本教研引领类型、常见教研组规模、实践共同体创设情况为自变量,构建 Tobit 回归模型,运用 Eviews10.0 软件处理 Tobit 回归模型,得到的结果如表 5-9 所示。

如表 5-9 所示,园本教研中实践共同体创设情况是影响园本教研纯技术效率的内部因素。园本教研中实践共同体创设情况(COP)对园本教研纯技术效率的回归系数为 0.011,而且达到 1% 显著水平,说明实践共同体创设会对园本教研纯技术效率产生非常显著的正向影响。访谈结果也证实,实践共同体三要素(共同参与、合作事业、共享智库)对改善园本教研资源利用和教研组织管理具有重要意义。以园本教研纯技术有效的某幼儿园为例,该幼儿园在创设实践共同体方面积累了诸多有益经验。首先,教研组长会在教研活动前几天就向教师们抛出研讨问题,供教师们在日常保教实践中有意识地积累经验、深入思考、寻求答案,这样一来教师在正式参与研讨时就是有准备的、有话可说的,教师的教研积极性自然被调动起来,实现"共同参与";其次,该幼儿园非常注重阶段性的提炼和总结,目前已经建立了《指南》的细化手册、幼儿习惯养成教育手册、四季课程园本课程、幼儿园网络共享平台等"共享智库",及时归纳和提炼教研经验,为教师进一步开展教研提供了重要抓手,推动园本教研可持续发展。另一所园本教研纯技术有效幼儿园则在"合作事业"方面独树一帜,既以教师合作研究课题为切入点推动教师之间展开"合作事业",又以分层教研形式推动教研需求相似的教师之间展开"合作事业",助力教师之间形成常态的、深入的合作关系。

表 5-9　园本教研纯技术效率-内因 Tobit 回归结果

变量	回归系数	标准误	Z 值	p 值
X1	0.028 568	0.020 507	1.393 122	0.163 6
X2	0.002 573	0.043 706	0.058 879	0.953 0
X3	0.007 344	0.024 315	0.302 022	0.762 6
Y1	−0.004 073	0.036 073	−0.112 901	0.910 1
Y2	−0.024 006	0.035 883	−0.669 003	0.503 5
Y3	−0.024 500	0.039 135	−0.626 028	0.531 3
COP	0.011 ***	0.001 248	8.477 113	0.000 0
C	0.328 504	0.077 574	4.234 729	0.000 0

备注：*、＊＊、＊＊＊分别表示在 α＝10％、5％、1％水平上具有显著统计学意义。

（三）园本教研规模效率的内因分析

以园本教研规模效率得分作为因变量，以园本教研引领类型、常见教研组规模、实践共同体创设情况为自变量，构建 Tobit 回归模型，运用 Eviews10.0 软件处理 Tobit 回归模型，得到的结果如表 5-10 所示。

表 5-10　园本教研规模效率-内因 Tobit 回归结果

变量	回归系数	标准误	Z 值	p 值
X1	−0.068 292	0.051 544	−1.324 927	0.185 2
X2	−0.134 320	0.109 463	−1.227 077	0.219 8
X3	−0.126 2 **	0.060 267	−2.094 048	0.036 3
Y1	0.161 96 *	0.086 060	1.881 915	0.059 8
Y2	0.144 53 *	0.085 654	1.687 344	0.091 5
Y3	0.093 831	0.094 175	0.996 353	0.319 1
COP	−0.003 180	0.003 093	−1.028 290	0.303 8
C	0.748 479	0.191 592	3.906 630	0.000 1

备注：*、＊＊、＊＊＊分别表示在 α＝10％、5％、1％水平上具有显著统计学意义。

第一，园本教研引领类型会对园本教研规模效率产生显著影响。以园内教师引领为基准，教研员和高校教师共同引领（X3）对园本教研规模效率的回归系数为−0.126，达到5％显著水平，说明相对于园内教师引领教研来说，教研员和高校教师共同引领教研对于园本教研规模效率具有显著的负向作用。如前所述，教研员和高校教师共同参与园本教研时，一方面会增加园本教研的人力投入，另一方面会增加园本教研的财力投入，从而造成园本教研投入规模过大，教研规模效率不佳。也即，在园本教研规模效率上，园内教师引领教研相对于教研员和高校教师共同引领教研更有优势。

第二，常见教研组规模会对园本教研规模效率产生显著影响。以 31 人及以上规模为基准，1—10 人规模（Y1）和 11—20 人规模（Y2）对园本教研规模效率的回归系数为 0.162 和 0.145，均达到 10% 显著水平，说明相对于 31 人及以上规模来说，1—10 人规模和 11—20 人规模对园本教研规模效率具有显著的正向促进作用。从回归系数大小看，1—10 人规模效果最佳，11—20 人规模效果其次，然后是 21—30 人规模，31 人及以上规模效果最差。这呼应了第四章比较分析结果（参见图 4-8）——幼儿园常见教研组规模越小，规模效率相对越高，这一趋势与小规模教研组教研投入更加科学有关。幼儿园常见教研组规模越小，每次教研活动涉及的人财物投入相对也更小，可以有效避免或减少教研投入冗余情况，防止教研投入规模过大。综上，在园本教研规模效率上，幼儿园常见教研组为 1—10 人规模和 11—20 人规模相对于 31 人及以上规模更有优势。

第三节　园本教研效益影响因素的质化分析

Tobit 回归分析有助于从量化研究视角明确园本教研效益的相关环境变量，但是考虑到纳入 Tobit 回归分析中的环境变量有限，只能选择可以量化的、最有代表性的相关因素进行考察，因此无法窥探园本教研效益影响因素的全貌。基于此，有必要采用质化分析进行补充，从而更加全面深入地剖析园本教研效益的影响因素。基于《园本教研组织管理经验访谈提纲》（见附录 5），研究者对 35 位学前教育教研人员进行了灵活深入的半结构式访谈，这 35 位教研人员的基本信息汇总见表 5-11。

表 5-11　35 位访谈对象基本情况汇总表

属性	类别	数量/位
职务	教研员	4
	园长	20
	教科室主任	2
	教研/年级组长	3
	幼儿园教师	6
职称	未评	2
	二级	9
	一级	16
	高级	8
学历	专科	4
	本科	29
	硕士	2
工龄	1—9 年	10
	10—19 年	8
	20—29 年	14
	30 年及以上	3
区域	苏南	24
	苏中	8
	苏北	3

　　35 位访谈对象的具体信息和访谈代码如表 5-12 所示,其中,访谈代码由三节内容组成:第一节内容为访谈对象所处城市编号或所在幼儿园编号(属于问卷调查对象幼儿园的人员以幼儿园编号代表,否则以城市编号代表);第二节内容为访谈对象的职务编号和姓氏编号(在职务编号中,以 SJ、QJ 代表市级教研员、区县教研员,以 J 代表普通一线教师,园长、教科室主任、教研组长、年级组长省略编号);第三节内容为访谈日期。例如,"ZJ-SJW-20200324"表示 ZJ 市-市级教研员 W 老师-2020 年 3 月 24 日,"ZJ-QJT-20200326"表示 ZJ 市-区县教研员 T 老师-2020 年 3 月 26 日,"ZJG10-W-20200309"表示 ZJG10 幼儿园-W 园长-2020 年 3 月 9 日,"ZJG9-H-20200326"表示 ZJG9 幼儿园-教研组长 H 老师-2020 年 3 月 26 日,"NJ-JC-20200401"表示 NJ 市-幼儿园教师 C 老师-2020 年 4 月 1 日。

表 5-12 访谈对象代码及基本信息一览表

城市及数量	访谈对象	访谈代码	学历	工龄	职称
镇江市 10 位	市级教研员	ZJ-SJW-20200324	本科	36 年	高级
	区县教研员	ZJ-QJT-20200326	本科	26 年	高级
	区县教研员	ZJ-QJG-20200331	本科	26 年	高级
	ZJG10 园长	ZJG10-W-20200309	本科	21 年	一级
	ZJG5 园长	ZJG5-H-20200324	本科	22 年	一级
	ZJG11 园长	ZJG11-K-20200324	本科	11 年	一级
	ZJM8 园长	ZJM8-J-20200325	大专	23 年	二级
	ZJG9 园长	ZJG9-W-20200326	本科	21 年	一级
	ZJM6 园长	ZJM6-D-20200326	本科	22 年	二级
	ZJG11 教研组长	ZJG9-H-20200326	本科	5 年	二级
无锡市 4 位	市级教研员	WX-SJL-20200330	本科	28 年	高级
	WXG3 园长	WXG3-X-20200325	本科	26 年	高级
	WXG2 园长	WXG2-W-20200410	本科	21 年	一级
	WXG1 教科室主任	WXG1-L-20200327	本科	25 年	高级
南京市 10 位	NJG1 园长	NJG1-F-20200409	本科	18 年	一级
	教科室主任 P	NJ-P-20200401	硕士	3 年	未评
	教研组长 H	NJ-H-20200402	本科	9 年	一级
	年级组长 T	NJ-T-20200402	大专	8 年	二级
	幼儿园教师 C	NJ-JC-20200401	硕士	3 年	二级
	幼儿园教师 D	NJ-JD-20200401	本科	4 年	二级
	幼儿园教师 Z	NJ-JZ-20200402	本科	6 年	一级
	幼儿园教师 M	NJ-JM-20200402	本科	7 年	二级
	幼儿园教师 J	NJ-JJ-20200402	本科	11 年	一级
	幼儿园教师 Y	NJ-JY-20200402	本科	4 年	二级
泰州市 3 位	TZM3 园长	TZM3-H-20200330	本科	14 年	一级
	TZG12 园长	TZG12-C-20200403	本科	19 年	一级
	TZG11 园长	TZG11-D-20200403	本科	20 年	一级
南通市 3 位	NTM3 园长	NTM3-C-20200308	大专	39 年	高级
	NTG5 园长	NTG5-J-20200331	大专	30 年	高级
	NTM1 园长	NTM1-S-20200403	本科	26 年	一级
扬州市 2 位	YZM2 园长	YZM2-Y-20200307	本科	18 年	二级
	YZM10 园长	YZM10-Y-20200410	本科	26 年	一级

城市及数量	访谈对象	访谈代码	学历	工龄	职称
淮安市 3位	HAM3园长	HAM3-Y-20200408	本科	8年	未评
	HAG4园长	HAG4-L-20200408	本科	18年	一级
	HAG2园长	HAG2-W-20200409	本科	18年	一级

　　基于对访谈文本的归纳分析,笔者提炼出江苏省园本教研效益影响因素示意图(见图5-1)。总的来说,江苏省幼儿园园本教研效益的影响因素分为区域教研外围条件和园本教研组织管理两个层面,其中,外在条件有幸有绊,园本教研有利有弊,这些因素共同影响着园本教研效益。下文将结合 DEA 分析结果和 Tobit 分析结果作详细说明。

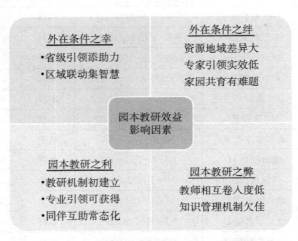

图5-1　江苏省幼儿园的园本教研效益影响因素示意图

一、区域教研外围条件有幸有绊

(一)外在条件之幸

　　基于对半结构式访谈文本的归纳分析,笔者发现江苏省学前教育教研呈现出"省级引领—区域联动—立足园所"模式(见图5-2)。其中,省级引领添助力、区域联动集智慧恰恰为幼儿园开展园本教研提供了优越的、有利的区域教研外围条件。

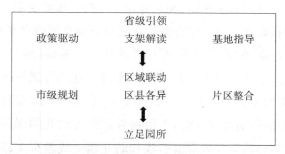

图 5-2　江苏省学前教育教研模式

1. 省级引领添助力

《江苏省教育厅关于加强学前教育教研工作的意见》(以下简称《教研意见》)强调要建立分级分区教研指导制度,其中,省级教研团队要研制幼儿园课程实施指导要求、幼儿园课程质量诊断指南、教师专业研修课程体系等文本,深度参与市、县学前教育教研工作的规划与实施,直接组织各类教研活动以作示范。在《教研意见》指导下,江苏省园本教研的省级引领以政策驱动、支架解读、基地指导等形式展开。

(1) 政策驱动

何锋指出,政策引导是各级政府管理和发展学前教育的重要责任,学前教育事业的健康发展需要学前教育政策加以保障和推进。[①] 学前教育教研的可持续发展也是如此,需要学前教育政策为之保驾护航。在教育部颁布的《规程》《纲要》《指南》《标准》等国家级学前教育政策文件之外,江苏省专门出台了两个事关学前教育教研的重要文件——《江苏省幼儿园课程游戏化项目实施要求(试行稿)》和《江苏省教育厅关于加强学前教育教研工作的指导意见》,依托政府支持、投入和领导推动园本教研深入开展。

2014 年,江苏省开始在全省范围内实施幼儿园课程游戏化建设项目,该项目既是一个课程改革项目,更是一个质量工程,其目标是引领幼儿园树立正确的儿童观、游戏观、课程观,推进幼儿园课程实施符合幼儿身心发展规律和学前教育规律,促进幼儿健康快乐成长。江苏省学前教育研学中心发布《江苏省幼儿园课程游戏化项目实施要求(试行稿)》,提出了推动课程游戏化建设的五个块面(观察和正确解读儿童的行为、审议和改造课程方案、关注生活的教

---

① 何锋.“政策成本”视域下学前教育政策制定的有效性探微[J]. 教育探索,2015(5):13-15.

育价值、注重活动形式的多样性、和家庭建立双向互惠的关系),每个块面都明确了目标、内容和参考书目。课程游戏化项目领衔专家虞永平指出,课程游戏化是贯彻落实《指南》的重要抓手,课程游戏化本身就是《纲要》和《指南》的精神本质之一,江苏省选择以课程游戏化作为切入点进行课程改革是适合当前幼儿园教师认知水平且较容易与实践靠近的。① 也即,课程游戏化项目上可承接教育部颁布的学前教育政策,下可指导江苏省幼儿园课程建设和园本教研实践,在国家学前教育宏观价值引领和幼儿园一线教育实践中起着承上启下的关键作用。

2017年江苏省教育厅出台了《江苏省教育厅关于加强学前教育教研工作的指导意见》,该文件详细说明了加强学前教育教研工作的重要意义、开展学前教育教研工作的基本原则、学前教育教研工作的主要内容、学前教育教研工作的实施策略、学前教育教研工作的保障措施。值得注意的是,《教研意见》将学前教育教研工作内容总结为五个块面,包括观察和解读儿童行为、审议和改造课程方案、实现生活环节的价值、研究采用多种活动形式、主动建立家园互惠关系。可见,《教研意见》强调的五大教研内容和江苏省课程游戏化建设的五个块面是一一呼应的。也即,《教研意见》可视为推动幼儿园课程游戏化建设的工具文件,课程游戏化项目需要依托扎实的教研实现。综上,《教研意见》对江苏省幼儿园课程改革和课程游戏化项目推进具有重要意义,对江苏省学前教育教研工作的有效开展具有重要的指导作用。②

以上两个省级政策文件为提升江苏省幼儿园课程建设和实施水平、引领江苏省学前教育教研工作提供了极其重要的航向标。教研员和园长普遍反映,课程游戏化为幼儿园教育改革提供了重要抓手,有园长提道:

> 以前老师比较高控,很多时候不让小孩子去碰这个、不让小孩子去玩那个,怕出现安全问题。自从课程游戏化后,强调让小孩子自主、愉悦,老师的观念有一个转变的过程。(YZM2-Y-20200307)

> 我们这边的老师教育理念已经有很大的转变,一开始玩的时候,老师总是感觉安全最重要,还是不太敢放手,什么事情老师都想把孩子捏在手里,上课就是很喜欢让孩子回答老师想要的那个答案。现在老师已经有

---

① 虞永平.课程游戏化的意义和实施路径[J].早期教育,2015(3):4-7.
② 虞永平.构建新型教研队伍,创新教研工作机制,提升教研活动成效[J].早期教育,2017(11):17-19.

了很大的转变,不管是户外游戏活动还是上课,都是老师跟随孩子。我们一致认为,课程游戏化建设对于我们幼儿园是有益的,还是真真实实做起来。(TZG12-C-20200403)

一位大市教研员总结道,"江苏省课改在领着我们跑,我这几年的进步相对于前二十几年,要快得多,感觉更加得心应手了。我很感谢这次课改!"(ZJ-SJW-20200324)。江苏省教科院幼教所所长张晖亦感慨,课程游戏化项目园就像星星之火,带动各市县践行《指南》,在此影响下,江苏省的幼儿教育从理念到实践都发生了巨大的变化。① 综上,两个省级政策文件不仅为幼儿园教育改革提供了重要抓手,也为园本教研指明了方向。

(2) 支架解读

学前教育教研工作的政策保障非常重要,关于政策的解读亦同样重要。最近几年,江苏省教科院的科研人员和江苏省重点高校的幼教专家对《指南》、课程游戏化、教研工作及三者之间的关系做出了系列解读,科学到位的政策解读能够为幼教工作者有效开展教研工作提供专业支架。

在《指南》解读方面,张晖强调教育科研是促进《指南》实施的重要支点,幼教工作者需要用《指南》的理念引领幼儿园教育科研的方向、让教育科研成为贯彻实施《指南》的助推器、用教育科研的态度和方法贯彻实施《指南》②;何锋提出《指南》是了解儿童的重要参照,当前幼教工作者在学习和使用《指南》中存在一些问题,包括对儿童的理解"零散化""戴帽式""评估化",对此,幼教工作者需要合理地参照《指南》以理解儿童的复杂性,科学地使用《指南》以指导幼儿园教育实践。③

在课程游戏化解读方面,虞永平系统剖析了江苏省幼儿园课程游戏化项目的重要意义和实施路径④、基本要求⑤、实践样态⑥、已有的进步和未来的突破点⑦,为江苏省广大幼教工作者深入理解和贯彻落实课程游戏化精神提供

---

① 张晖.课程质量提升之路:下:以江苏省课程游戏化项目推进为例[J].学前教育,2017(2):4-7.

② 张晖.以教育科研促《指南》贯彻实施[J].早期教育,2013(4):4-5.

③ 何锋.回到《指南》回归儿童[J].幼教365,2019(2):31-32.

④ 虞永平.课程游戏化的意义和实施路径[J].早期教育,2015(3):4-7.

⑤ 虞永平.幼儿园课程游戏化项目的基本要求[J].早期教育,2018(4):4-7.

⑥ 虞永平.村园的未来不是梦:课程游戏化项目中的皂河二小幼儿园[J].早期教育(教育教学),2019(11):4-5.

⑦ 虞永平.着力研究区域推进,实现课程游戏化项目新突破[J].早期教育(教育教学),2020(4):4-9.

了有效支撑;张晖结合具体案例细致解读了课程游戏化项目推进的"六个支架",为幼教工作者提供了六个支点以改变固有的儿童观、游戏观和课程观,帮助幼儿园通过行为的改变体会并形成正确的理念,引发幼儿与课程实质性的改变①②;叶小红针对幼儿园教师"记录烦,分析难,判断没把握"的观察记录现实困境,揭示了教师观察能力的本质特点,提炼了教师观察能力的培养路径③④。

在教研工作解读方面,何锋认为教育科研能力是新时期教师的必备素质,是促进教师专业发展的关键,并在此基础上分析了当前中小学教师教科研的现状、影响教师教科研的因素、提升教师教科研能力的途径⑤;虞永平提出教研工作是提升教育质量的重要保证,强调学前教育教研必须关注保教过程,教研的重点是研究儿童的兴趣、需要和可能及其与环境和材料的关系,研究教师的观察、分析和引导的合理性和有效性⑥;何锋提出,跨区域名师工作室作为一种优秀教师合作互动的新机制,为各地教师队伍建设提供了新的思路,为学前教育教研注入了"科研引领,优势互补,草根拉动"的优势和活力⑦。

以上科研人员和高校专家关于国家和省级重要文件以及教研工作的深入解读,为江苏省幼儿园开展园本教研提供了切实有效的专业支撑。此外,江苏省教科院还会承办课程游戏化项目教研员和骨干教师培训活动,帮助教研员和项目园骨干教师结合项目园和帮扶园现状,更进一步明晰课程游戏化理念、改造课程游戏化方案、创建课程游戏化环境、构建游戏化互动区域、建设课程游戏化资源、提高课程游戏化能力,这对于一线教师理解和贯彻课程游戏化精神、深入开展园本教研具有重要的引领作用。

《教研意见》还要求建立专业书籍进阶阅读机制,由省研学中心制订学前教育专业书籍进阶阅读书目,并组织专家进行深度领读,布置进阶阅读与实践任务,为全省幼儿园教师搭建融阅读反思、观察实践、分享交流、专业指导于一

---

① 张晖.课程质量提升之路:上:以江苏省课程游戏化项目推进为例[J].学前教育,2017(1):6-9.

② 张晖.课程质量提升之路:下:以江苏省课程游戏化项目推进为例[J].学前教育,2017(2):4-7.

③ 叶小红.走向视域融合:幼儿教师观察能力培养的思考与探索[J].学前教育,2017(6):43-46.

④ 叶小红.突破幼儿园教师观察能力提升的瓶颈[J]幼儿教育,2018(10):19-23.

⑤ 何锋.对中小学教师教科研现状与专业发展的思考[J].基础教育参考,2016(6):3-6.

⑥ 虞永平.幼儿园教研需要革命性转身[J].幼儿教育,2017(94):52-53.

⑦ 何锋.科研引领,优势互补,草根拉动:跨区域名师工作室联动研究的启示[J].江苏教育,2017(94):21-23.

体的学习空间。专业书籍的推荐、领读与进阶学习，对于推动园本教研的可持续发展具有重要意义，有教研员表示：

> 以前的教改都没有配参考书目，这次开出书单，对于幼儿园老师主动学习、主动研究是非常好的支架，而且那些书操作性特别强，有助于老师主动利用理论指导实践。(ZJ-SJW-20200324)

> 我们的理论学习是分层的，园长层面会看《幼儿园课程图景》，老师层面会看《幼儿园创造性课程》《0～8 岁儿童学习环境创设》，我们会用整年的时间阅读、实践、返场，把书上的东西运用到实践中，再把实践转化成30 分钟的微教研视频作为暑期教师培训的素材，经过培训的老师回到幼儿园可以按照书上和视频中的内容落实到实践中。这样下来，明显感觉效果很好。(ZJ-QJT-20200326)

(3) 基地指导

江苏省会滚动遴选《指南》实验园和课程游戏化建设园、共建园，以点带面促进幼儿园落实《指南》和课程游戏化精神，切实提升幼儿园的教研水平和保教质量。以 ZJ 市为例，2012 年在全市范围内遴选了 15 个《指南》实验园，江苏省教科院幼教所科研人员和高校幼教专家和这些实验园对接，定期进行跟踪指导，市级和区县级教研员也会分片负责《指南》实验园的指导工作。在《指南》实验园教育改革推进过程中，科研人员、高校专家、教研员会敏锐捕捉先进做法并及时提炼、示范、推广，以点带面带动其他幼儿园更好地贯彻实施《指南》精神。

课程游戏化项目园的基地指导也是按照上述模式推进的，2014 年开始在全省范围内以结对幼儿园为单位申报，对接科研人员、高校专家定点指导，教研员分片负责，充分利用项目研究过程带动区域内各级各类幼儿园贯彻落实课程游戏化精神。幼儿园课程游戏化项目实行三年跟踪管理，市级教科研部门每学期要组织课程专家对项目幼儿园进行一次以上专业化诊断与指导，县级教科研部门要经常深入项目幼儿园，对课程游戏化进行伴随性、参与式研究。[①] 对于项目园来说，定点专家的跟踪指导有助于课程游戏化精神更加深入人心：

> 我们是 2017 年申报成为江苏省课程游戏化项目园的，NT 大学 X 教

---

① 程友伟. 江苏省启动幼儿园课程游戏化建设[J]. 早期教育,2015(1):15.

授是我们的定点专家,她给了我们幼儿园很大的指导,经常帮我们问诊把脉。(ZJG9-W-20200326)

对于非项目园来说,课程游戏化建设也会影响到其教育实践的方方面面,以 NTM1 幼儿园为例:

我们幼儿园虽然不是课程游戏化建设园,但是区域检查以及每年的年检,基本都是按照江苏省课程游戏化建设的要求来的,教室的布局和课程的建设都紧紧围绕课程游戏化。(NTM1-S-20200403)

在课程游戏化项目启动之初,针对全省幼儿园课程建设实践中存在的主要问题(对幼儿园课程的本质把握不够、以儿童为本的理念理解和落实不到位、以游戏为基本活动的观念有偏差、课程环境和资源不够丰富且有"小学化"倾向、课程实施方式和手段不够丰富),课程专家对幼教教研员和项目园骨干教师进行了系统的培训,并在实践中跟踪指导。五年下来,项目园在教育观的更新和落实、幼儿园环境的创设和资源配置、课程实施方式的多样性、游戏精神的落实、教研工作的有效性等方面取得了明显成效,这为以区域为单位推进课程游戏化项目创造了良好的条件。① 基于此,2019 年江苏省教育厅因势利导,将原来以结对幼儿园为单位申报改为以区域(区县)为单位申报,希望以一大批有效推进课程游戏化实践的示范区为支点,提升江苏省学前教育的整体质量。

综上,省级引领有助于江苏省广大幼教工作者确立科学的教研观,使得幼教工作者对于教研目的、教研内容、教研重难点、教研形式等产生新的认识和思考,为园本教研指明了努力方向,为《指南》和《纲要》精神的贯彻落实提供了有力抓手。

2. 区域联动集智慧

《教研意见》指出,市、县、幼儿园的教研团队要在省级框架指导下,研究开展系统性教研活动,各级教研团队之间要在学术与实践上,建立彼此促进的良性协作关系,实行教研指导责任区制度,各教研员的责任分工应统整在课程实施之下,分工而不分割,开展经常性交流,促进彼此融合互补。在《教研意见》的指导下,江苏省市区层面的学前教育教研工作呈现出区域联动的格局(市级

---

① 虞永平.着力研究区域推进,实现课程游戏化项目新突破[J].早期教育(教育教学),2020(4):4-9.

规划、区县各异、片区整合），能够有效整合教研资源、凝聚教育智慧。

（1）市级规划

市级层面的学前教育教研形式包括：

第一，围绕国家和省级学前教育政策文件开展通识性培训，例如 ZJ 市相继开展了观察儿童、活动区环境创设、在集体活动中实施《指南》等通识性培训，WX 市则以幼儿园区域化学习与游戏活动为主题展开专题培训研讨会，每年都有不同的聚焦；

第二，在全市范围内滚动遴选《指南》实验园和课程游戏化项目园、示范区，以点带面带动全市各级各类幼儿园贯彻落实《指南》精神和课程游戏化精神，例如 ZJ 市采取基地园小组研究、基地园大组推广、全市教师暑期培训的方式来辐射和发散教研经验；

第三，组建市级领域教研组，以骨干教师为组长，引领一线教师开展领域教研。此外，市区三级骨干教师评选机制（教坛新秀—教学能手—学科带头人）为教师教研提供了努力方向：

> 例如我知道我现在是教坛新秀，下一步是评教学能手，那还缺什么，还要怎么努力，会有一个清晰的成长路径，骨干教师评选机制能够激励老师不断向上发展。（TZG11-D-20200403）

第四，以赛促研，举办市级教科研论文评比活动、市级课题评比活动，以促进和激励本市幼儿园教师深入开展教研工作，例如 WX 市每年都会举办"秋溢峰影杯"幼儿园课程游戏化案例评比活动，ZJ 市每年都会举办"师陶杯"教育科研论文评选活动。

（2）区县各异

区县层面的学前教育教研形式包括：

第一，建立专业陪伴队伍，进入幼儿园蹲点，开展浸入式教研。其中，教研机构科研人员、高校幼教专家、区县专兼职教研员、区县分管学前教育的负责人和督学共同构成专家团队，定期进入幼儿园进行专业化诊断与指导，陪伴教师专业成长。

第二，选定专题，开展全区通识性培训。例如有的区县教研员会通过问卷和访谈，调查和梳理幼儿园教师存在的共性困惑和需求，提供针对性的培训和相关主题的教研活动，而有的区县教研员会邀请高校专家开展专题讲座，组织区县内的园长和骨干教师一起集中学习。

第三，分层开展教师培训，合理打造教师梯队。例如 ZJ 市 YZ 区的教师培训分为新教师岗位培训、青年教师带教、骨干教师培育站、名师工作室，ZJ市 RZ 区分别针对骨干教师、新教师、男教师开展培带活动，WX 市 BH 区则采取幼儿园自主申报、教研中心统筹安排的双向选择方式来组织各项培训活动。

第四，组建区级领域教研组，由骨干教师担任组长，在区县内各幼儿园招募感兴趣的组员，带领教师开展领域教研。有老师表示："我们园也有老师参与区里面的领域组，在区领域组的学习成果也会辐射到我们园"。（WXG2-W-20200410）

第五，区域内幼儿园之间开展结对帮扶活动。例如"我们 JR 这边有一个结对帮扶活动，和我们结对的是 CC 幼儿园，我们会定期在一起交流和研讨"（ZJG11-K-20200324），又如"我们幼儿园在本区有两个共建园，每年都有两到三次教研活动，互相取经共赢"（WXG3-X-20200325）。

第六，各区根据自身条件和特点，因地制宜开展特色教研活动，例如 ZJ 市RZ 区将幼儿园划分为三个层次，分层研究园本课程，ZJ 市 DY 区以各种类型的共同体方式推进教研，WX 市 BH 区教育局引领幼儿园开展微课程研究，TZ 市 JY 区鼓励教师独立或合作申报区级微课题。

（3）片区整合

片区层面的学前教育教研形式包括：

第一，划分片区，遴选片长，片区姐妹园定期开展开放活动，例如 ZJ 市 JR区分为四个片区：

> 四个片区的园长、副园长、老师会定期在一起交流讨论。（ZJG11-K-20200324）

> 我们 QJP 区比较大，片区联动教研，片区园与园之间学习机会很多，会让老师分批次去学习，学习后归园分享交流，每次都会有很大的收获。（HAG2-W-20200409）

第二，片区内幼儿园结对教研，有园长提道：

> 片区幼儿园分组教研、结对教研，幼儿园之间的教研经验互通，优质资源共享，促进了我们教师团队以及幼儿园教研能力的提升与发展。（YZM10-Y-20200410）

第三，片区之间合作研究课题，例如 ZJ 市 YZ 区四个片区合作研究一项省级课题"优化幼儿园一日生活的实践研究"，每个片区有各自的研究焦点，有的片区聚焦教师观察能力，有的片区聚焦师幼互动，有的片区聚焦生活教育价值落实，有的片区聚焦空间与设施的优化。

第四，片长、片区教研员定期到片区内幼儿园指导：

> 片区的教研员隔段时间就会来幼儿园看一下，我们搞大一点的活动也会邀请她来指导一下（HAG2-W-20200409）。

> 我们去年加入QJP区教育局，创建市优质园，所以也邀请了我们片区的园长来指导我们。（HAM3-Y-20200408）

毛佩清认为，区域教研可以强强联合、以强扶弱、借力发展等联动方式，形成多样化的教研共同体。[①] 区域教研是一种高于幼儿园园本教研组的教研团体，能够将市内、区县内、片区内的优秀教师资源进行整合、重组，有效凝聚优秀教师的教学经验和教育智慧，有效辐射优秀园所和优秀教师的有益经验，同时有效缓解教研员因工作任务繁重而无法对每一所幼儿园的园本教研工作进行指导的难题。[②] 综上，江苏省学前教育教研的区域联动格局有助于园本教研实现优势互补、资源共享、共同提高。

（二）外在条件之绊

1. 资源地域差异大

Tobit回归分析表明，幼儿园所处位置会对园本教研综合技术效率和规模效率产生影响：从所处地域来看，苏北幼儿园的园本教研综合技术效率高于苏南，苏北和苏中幼儿园的园本教研规模效率高于苏南；从城乡位置来看，城乡结合区和镇乡结合区幼儿园的园本教研综合技术效率与规模效率显著高于城区幼儿园。学者普遍认为，我国幼儿园教研存在着区域发展差异大、教研资源分布不均等问题[③]，学前教育资源配置历来都是以社会中的优势地区、优势群体为重点倾斜对象，优先满足条件和基础好的地区与幼儿园。[④] 结合DEA分析结果和访谈结果可以推断，幼儿园所处位置通过影响财力资源多寡和专

① 毛佩清. 经济欠发达地区校本教研的实施策略[J]. 浙江教育学院学报,2006(5):17-21.
② 胡骁勍. 贵州省幼儿园教研工作现状调查与研究[D]. 贵阳:贵州师范大学,2016:48.
③ 胡骁勍. 贵州省幼儿园教研工作现状调查与研究[D]. 贵阳:贵州师范大学,2016:7.
④ 何锋. 农村学前教育教育补偿路径优化:基于供需适配性理论的思考[J]. 现代教育管理,2015(9):29-34.

家资源丰富程度进而影响园本教研效益。

(1) 财力资源地域差异大

园长普遍反映,教研经费是影响园本教研效益的重要条件。其一,教研经费多寡会影响教师教研的积极性:

> 对于老师来讲,巧妇难为无米之炊,教研财力投入和物力投入非常关键,老师会想幼儿园都投入了这么多财力物力了,我为什么不去努力,这样会影响老师教研的积极性。(ZJG5-H-20200324)

> 幼儿园提供给老师的物资比较重要,教师如果有一定的环境和材料,他们就会挖掘自己的潜能,就会动脑筋,更有激情一点。(HAM3-Y-20200408)

其二,教研经费状况会影响园本教研的形式和深度:

> 财力当然比较重要,经济上允许嘛,就可以让老师多走出去,可以把专家请过来;经济不允许,就让老师在家里掂饬掂饬,肯定是有影响的。(TZG11-D-20200403)

从幼儿园所处地域来看,方差分析表明苏南幼儿园的教研财力投入显著高于苏中和苏北,此外,DEA 松弛分析显示苏南幼儿园的教研财力投入冗余最为严重(见表 5-13)。也即,无论是从教研经费投入量来看,还是从教研经费浪费量来看,均是苏南地区更为庞大。李梅园的研究表明,地区是一个重要的人口学变量,不同区域的教育资源、教育投入各不相同。[①] 相对于苏北和苏中来说,苏南地区经济发展水平更高,苏南幼儿园的教研经费投入更为充裕,可惜财力投入过剩反而降低了其园本教研规模效率和综合技术效率。

表 5-13 江苏省不同地域幼儿园的园本教研财力投入情况汇总

幼儿园所处区域	财力投入现有均值	财力投入冗余均值
苏南	**114 327.2**	**33 613.7**
苏中	75 053.3	21 033.7
苏北	75 701.0	24 849.5

从幼儿园所处城乡位置来看,方差分析表明城区幼儿园的园本教研财力投入显著高于城乡结合区、镇区、镇乡结合区、乡村,此外,DEA 松弛分析显示

---

① 李梅园.中小学教师对教研活动的认同感的调查研究[D].上海:华东师范大学,2018:48.

城区幼儿园的园本教研财力投入冗余最为严重(见表5-14)。也即,无论是从教研经费投入量来看,还是从教研经费浪费量来看,均是城区幼儿园最为庞大。龙安邦认为,我国教育公平问题的最突出矛盾就是城乡教育差距的问题,农村教育资源、教育效果长期落后于城市已是不争的事实[1],胡骁勍指出由于经济条件的差异以及政府和社会给予的关注程度的不同,农村幼儿园无教研经费情况突出,且拥有教研专项经费的幼儿园的比例明显小于城市和县镇。[2]本书的研究结果也显示,相对于乡镇幼儿园来说,城区幼儿园的教育经费投入更多,但是财力投入过剩反而降低了园本教研规模效率和综合技术效率。

表5-14　江苏省城乡幼儿园的园本教研财力投入情况汇总

幼儿园城乡位置	财力投入现有均值	财力投入冗余均值
城区	**136 337.5**	**45 102.6**
城乡结合区	56 253.1	15 115.5
镇区	73 305.2	13 402.3
镇乡结合区	54 192.8	12 444.2
乡村	65 441.3	28 385.1

综上,幼儿园所处位置不同会造成园本教研经费投入的差异,苏南地区幼儿园相对于苏中和苏北地区幼儿园教研经费投入更多,城区幼儿园相对于乡镇幼儿园教研经费投入更多,但是过多的经费投入未能有效转化为教研产出,因此表现为教研财力投入冗余严重,对园本教研规模效率造成不利影响,最终导致苏南幼儿园和城区幼儿园的园本教研综合技术效率反而更低。

(2) 专家资源地域差异大

焦佩婵认为,专家引领是校本教研的保障,专家引领重在强化理论对实践的指导,有助于引领教师提升教育智慧、实现专业成长。[3]一线教师自陈,专家引领对于园本教研意义重大:

> 专业的引领对于教研效益的影响还是比较显著的,比如我们平时的教研活动,如果有专家引领的话,方向会更加明确,效率更高,否则教师自己摸索时间比较长。(NJ-H-20200402)

[1]　龙安邦,范蔚.我国教育公平研究的现状及特点[J].现代教育管理,2013(1):16-21.
[2]　胡骁勍.贵州省幼儿园教研工作现状调查与研究[D].贵阳:贵州师范大学,2016:34-35.
[3]　焦佩婵."三校一体校际联动"教研模式的构建与实践[J].教育理论与实践,2017,37(1):41-44.

有专家参与到我们园本教研中来,整个教研就是人员上更丰富了,特别是教研员和高校老师可以帮助我们把理论联系实际,这个肯定是很重要的。(NJ-JC-20200401)

从幼儿园所处地域来看,苏南、苏中、苏北幼儿园在专家资源的丰富性上有明显差异。方差分析表明,在专家资源上,苏南地区幼儿园显著优于苏北地区,并呈现出苏南>苏中>苏北的趋势;具体到教研员引领,苏南地区幼儿园显著优于苏北地区,也呈现出苏南>苏中>苏北的趋势;具体到高校教师引领,苏南、苏中、苏北地区幼儿园不存在显著差异,但仍显示出苏南>苏中>苏北的趋势(见表5-15)。综上,相对于苏中和苏北地区来说,苏南地区幼儿园的园外专家资源更为丰富。有学者指出,经济欠发达地区,信息闭塞,交通不便,往往很难请到真正对学校开展校本教研有实际指导作用的专家,也不可能经常请到大专家。[1] 一位苏北地区的园长打趣道,"其实我们蛮难的,一些苏北城市真的不方便,非常期盼专家'雨露均沾'"(HAG4-L-20200408)。

表5-15 江苏省不同地域幼儿园专家资源情况汇总

幼儿园所处区域	有无专家资源	有无教研员引领	有无高校教师引领
苏南	**0.82**	**0.80**	**0.35**
苏中	0.70	0.66	0.25
苏北	0.56	0.48	0.21

从幼儿园所处城乡位置来看,城乡幼儿园在专家资源的丰富性上有明显差异。方差分析表明,在专家资源方面,城乡幼儿园差异不显著,均表现为七成左右的幼儿园有专家引领;具体到教研员引领,城乡幼儿园差异不显著,均表现为将近三分之二的幼儿园有教研员引领;具体到高校教师引领,城区幼儿园显著优于镇区(见表5-16)。综上,城乡幼儿园在教研员引领上无显著差异,但是在高校教师引领上存在显著差异。总的来说,城区幼儿园的专家资源相对丰富,访谈结果也印证了这一点——"城区幼儿园的教研氛围还是很好的,教育方面的资源和机会还是蛮丰富的"(NTM1-S-20200403),"城区幼儿园整体的教研氛围、教研生态还是蛮好的,我们的教研员就是我们名师工作室的成员,所以我们幼儿园开展教研活动,可以得到区里的支持"(TZG11-D-20200403);乡镇幼儿园的专家资源则不那么乐观——"我们是镇区幼儿园,我

---

① 毛佩清.经济欠发达地区校本教研的实施策略[J].浙江教育学院学报,2006(5):17-21.

们一直觉得欠缺专家的引领，都是自己在网上看专家的文章"（WXG3-X-20200325），"高校教师引领这个方法非常好，只不过我们是村园，目前还没有这方面的资源"（ZJG9-W-20200326）。

表 5-16　江苏省城乡幼儿园专家资源情况汇总

幼儿园城乡位置	有无专家资源	有无教研员引领	有无高校教师引领
城区	**0.73**	0.67	**0.38**
城乡结合区	0.69	0.66	0.17
镇区	0.68	0.66	0.11
镇乡结合区	0.64	0.60	0.36
乡村	0.69	0.69	0.31

综上，幼儿园所处位置不同会造成专家资源的差异，总的来说，苏南地区幼儿园的专家资源相对于苏中和苏北地区更为丰富，城区幼儿园的专家资源相对于乡镇更为丰富。值得注意的是，专家资源的引入一方面会造成人力投入增大，另一方面也会增加财力投入（专家咨询费用），遗憾的是这些扩大的教研投入并未有效转化为教研产出，因此表现为教研投入冗余，对教研规模效率产生不利影响，导致苏南幼儿园和城区幼儿园的园本教研综合技术效率反而偏低。

2. 专家引领实效低

Tobit 回归分析表明，园本教研引领类型会对园本教研综合技术效率和规模效率产生影响：园内教师引领教研的幼儿园其园本教研综合技术效率和规模效率显著高于教研员和高校教师共同引领教研的幼儿园。然而，第四章 DEA 分析和方差分析结果显示，教研员引领教研的幼儿园的教研纯技术效率显著高于园内教师引领教研的幼儿园。对比可知，专家引领对园本教研效益的负向影响大于正向促进作用，也即专家引领实效低是削弱园本教研效益的重要因素。正如有教师提道，"自上而下的专家引领需要更多的时间，一层层的部署存在传达意思不清晰或者表达有误的情况，反馈讨论起来也存在问题"（NJ-JZ-20200402），由此导致园内教师引领教研反而效益更高。

（1）教研引领未能一脉相承

首先，专家学者的教育理念不一致，会加剧一线教师的思维混乱。其一，不同专家的教育理念可能不一致，如果不能有效结合幼儿园教育教学实践加以本土化，则会导致以下局面：

这个专家这样讲，那个专家那样讲，老师会无所适从。（ZJ-SJW-20200324）

像我们幼儿园评级验收的时候，就请了各路专家来，然后每个人说的其实都不一样，就让我们很困惑。（NJ-H-20200402）

其二，同一位专家前后引领不一致，会导致园本教研方向动摇，削弱教师的教研信心：

我们在做项目课程的时候，专家最开始指导说三五个小朋友一组，老师要每天跟进，及时发现问题。但是我们每个班就两个老师，根本做不到。等到这位专家再次引领的时候，又说项目课程不能代替原来的课程，只能说是一个特色，不能当主线。就是说的和做的，不是一条轨迹向下走，所以老师比较困惑。（ZJG5-H-20200324）

其次，学前教育理念不断推陈出新，导致教师难以静心专注做好研究：

现在幼儿园前进的步伐很快，大家都想做一点不一样的东西。有的专家可能有发表新颖观点的需要，但是我们跟不上这样的节奏，因为研究是需要时间的，一个理念从提出到实践需要过程，不能这个学期这个花样，那个学期那个花样，不做不行，做也来不及，很难静下心来专注一条线的研究。（WXG2-W-20200410）

有时候，教育理念的前后矛盾更是打击了教师的教研积极性：

我们这个团队以前真的很精彩，园长每天查我们玩游戏，我们幼儿园底蕴是很好的，做得很超前。近几年反而不知道该怎么做，前几年集体活动被批得很厉害，2019年好像有一些反转，可以上一点课。（NTG5-J-20200331）

（2）教研引领脱离保教实践

当前，园本教研脱离保教实践的现象仍时有发生，这导致了教研和实践两张皮，大大增加了教育理论和教育实践相互转化的困难。作为成人学习者：

一线教师还是最关心怎么做的问题。就像酿制葡萄酒，你要把葡萄摘下来，自己酿制。你怎么做的，把经验总结出来，沉淀下来，这是最接地气的，是一线老师最容易学习的。（TZG11-D-20200403）

一线教师需要的是实践性的指导，需要针对本地实际的、能够与保教实践紧密联系的策略性理论。① 然而,仍有不少教研专家过于强调刻板化教研理论的培训或"走马观花式"、形而上学式的空泛指导,导致园本教研团队难以产生教研共鸣②,削弱了专家引领的实效性。

高校教师教研引领脱离实践,往往与高校教师进入幼儿园蹲点指导过少、开展预设的专题讲座偏多有关,未能根据幼儿园实际情况将相关理论本土化。园长们反映了部分高校教师教研引领脱离实践的情况:

> 高校老师的理论比较丰富,下幼儿园的时间相对来说偏少。可能一些情况理论上容易解决,但是在实践上还是有点偏颇。(TZM3-H-20200330)

> 有些高校老师谈的理论比较深,并不是所有参与教研的老师都能在一个小时内和他的日常教育教学实践结合起来。(WXG1-L-20200327)

> 有些高校教师的讲座听完了,可能还是不知道具体怎么做,有一种脱节的现象。(WXG2-W-20200410)

教研员教研引领脱离实践,往往与蹲点指导偏少、开展理论讲解类和观摩展示类教研活动偏多有关。W园长十分介意教研员未能入园蹲点引领教研:

> 教研员没有真正来我们幼儿园待半天,发现我们活动中存在的问题,然后加以指导。像我们这样一个大的幼儿园,一年来一天,看一下活动,正儿八经坐下进行反馈,针对我们的问题进行指导,还是很有必要的,可以帮助我们提升,对其他幼儿园也有辐射作用。(ZJG10-W-20200309)

一线教师普遍反映,教研员更多是在幼儿园开展理论讲解类或观摩展示类教研活动:

> 有几次,我们幼儿园请了教研员,这种情况一般会制定一定的主题,围绕某种理论展开。好像说是来教研的,但是感觉教研员更多地在表达他的观点,或者是在给我们讲解理论。(NJ-JC-20200401)

> 有时候,教研员不是针对我们幼儿园进行一些教研培训,而是把我们幼儿园作为一个场所,组织一些语言组、科学组、数学组的课程展示活动,我觉得这样的活动没有什么针对性。(NJ-P-20200401)

① 毛佩清. 经济欠发达地区校本教研的实施策略[J]. 浙江教育学院学报,2006(5):17-21.
② 黄豪. 园本教研中教师共同体文化生成研究[D]. 重庆:西南大学,2018:96.

> 好像在一些比较大的比赛上,才能在幼儿园看见教研员,平时基本上见不到教研员,教研员过来基本上是开展观摩活动的。(NJ-JM-20200402)

郑行军的研究亦表明,教研员到校指导偏少,点对点精准帮扶教研更少,提供的帮助未能得到多数教师的认可。[①]

(3) 一线教师反思能力不足

值得注意的是,一线教师自身缺乏专业判断力和反思力也是造成专家引领实效低的重要原因。专业引领是引领者与被引领者之间相互作用的过程,引领者的专业性固然会影响引领效果,被引领者的反思能力也会影响引领实效。

其一,部分幼儿园在邀请专家入园指导时重"量"不重"质",未能发挥专家引领的最大效益。周晓娟认为,有的幼儿园没有做好前反思,没有明确外请专家的目的,使专家对教研内容不了解,降低了园本教研的实效性;还有的幼儿园在园本教研时遇到了困难,但没有把握专家介入的时机,造成了园本教研在原有水平上的反复。[②] 也即,如果幼儿园没有提前明确专家指导目的和指导重点,会导致"专家也很尴尬"的局面:

> 专家不能随便请,如果我自己看我们幼儿园就一堆问题,还请专家来干什么呢? 先自己整改,要把专家的价值发挥到最大,不然专家也很尴尬。(HAG4-L-20200408)

其二,当前大部分的幼儿园教师还是倾向于认为专家手握放之四海而皆准的"答案",更多将自己视作教育理念的践行者,而非教育理论的批判思考者和检验者,这与当前"幼儿园教师普遍学历不高,专业性不够强"(HAG4-L-20200408)有关,导致幼儿园教师整体研究能力不足[③]。有专家指出,幼儿的有效学习其实与教师的脑力消耗成正比,教师需要创造性的劳动。[④] 这意味着教师需要积极动用自己的思维,有能力甄别和判断什么是适合本幼儿园、本班幼儿的教育理念和实践。如果教师仅仅将自己视作现有教育理论的践行

① 郑行军.基于供给侧视角的教研转型改革探索[J].教育参考,2018(6):99-105.
② 周晓娟.南京市幼儿园园本教研现状和问题的研究[D].南京:南京师范大学,2011:22.
③ 张艳丽.教研员在园本教研中专业引领作用的研究:以上海市三级教研体系中的幼教教研员为例[D].上海:华东师范大学,2009:54,77.
④ 虞永平.课程游戏化的意义和实施路径[J].早期教育,2015(3):4-7.

者，不免会导致教研的被动与低效。

其三，部分乡镇幼儿园教师的教育理念易受其他幼教同行的不良影响。由群体动力学理论可知，个人的行为不仅取决于个人生活空间，还受到群体心理动力（如人际关系、群体决策、舆论、气氛等）的制约①，作为群体的一分子，幼儿园教师的教研心态和教研实践不免受到其他幼教同行的影响。有园长表示，同一地区其他幼教同行的小学化倾向会影响园本教研的效果：

> 因为在乡镇嘛，老师受到的影响会比较多，有时候我们给他们讲的很多教育教学理念，他们在跟同行交流之后就会觉得实际情况不是这样，所以我们就要不断重复地去培训。（TZM3-H-20200330）

这种情况的发生也与一线教师自身缺乏专业判断力和反思力有关。

3. 家园共育有难题

《教研意见》强调，学前教育教研工作的主要内容之一是主动建立家园互惠关系，高质量的家园关系应当是双向互惠的。根据布朗芬·布伦纳的人类发展生态学理论，家庭和幼儿园作为两个微观系统，二者之间会发生相互作用，共同构成幼儿成长的中观系统，也即，幼儿园与家庭之间的关系会影响幼儿的学习和发展。然而，专家表示在课程游戏化实施之初，有乡镇幼儿园反映最大的阻力是家长——当孩子热衷于游戏，投入各种发现和探索，不再学拼音和开展数学练习时，家长认为孩子没有学到东西，因此，对课程游戏化有一些抵触情绪。② 当前，仍有园长反映家园共育方面存在困难。

（1）部分家长教育观念的小学化倾向

部分家长教育观念的小学化倾向与课程游戏化的精神本质相背离，不利于教师教研成果的落地，不利于家园合力促进幼儿发展。《纲要》《指南》和课程游戏化项目从幼儿身心发展规律出发，高举游戏对于幼儿学习与发展的重要价值，主张幼儿园以游戏为基本活动。然而，不少家长对幼儿教育的期待还停留在"学拼音和数学"的阶段。有园长反映：

> 家长恨死课程游戏化了，会抱怨孩子学到的东西太少。（ZJG10-W-20200309）

---

① 刘宏宇. 勒温的社会心理学理论述评[J]. 社会心理科学，1998(1)：57-61
② 虞永平. 村园的未来不是梦：课程游戏化项目中的皂河二小幼儿园[J]. 早期教育（教育教学），2019(11)：4-5.

我们幼儿园在镇上,周边所有幼儿园都在进行汉语拼音的教学,都是小学化倾向,包括我们这边直属的幼儿园,他们的观念你没办法矫正,以至于家长要求我们幼儿园进行教育教学改革。怎么改革呢? 就是要学汉语拼音。(TZM3-H-20200330)

有些家长非常功利,倾向于小学化,很关注孩子学拼音和数学。(HAG4-L-20200408)

当家长抱持功利化的教育观念时,是难以理解进而有效配合教师落实《纲要》和《指南》精神的,导致幼儿园教师教研火热,家长却不予配合的局面,削弱了园本教研成效。

(2) 农村留守儿童的隔代抚养难题

在城市化进程中,农村留守儿童占比不断增大,幼儿养育多由祖辈承担,"隔代教育"引发的问题渐趋增多。杨帆认为,家园共育在我国绝大多数农村地区仍然是学前教育的短板。[①] 其一,相对于年轻父母,农村祖辈传统的教育理念更加根深蒂固,也更难以矫正,有园长提道"爷爷奶奶就是希望孩子不要一直玩玩玩,也要学习一些东西,例如拼音、数数,比较小学化倾向"(TZG12-C-20200403)。其二,农村祖辈在幼儿园亲子活动等家园共育方面,配合效果不如年轻父母好,"农村幼儿园在家长资源这一块利用得不是太好,可能在农村隔代抚养的情况比较多"(ZJG9-W-20200326)。其三,已有研究表明,平均而言留守儿童父母相对于非留守儿童父母更不重视教育。[②] 综上,"城乡二元经济结构及二元教育结构已内化成城乡人口不同的教育意识与教育观念,这种意识与观念的不同又会反作用于城乡教育差别的存在"[③],导致城乡教育差别进一步扩大。

(3) 幼儿园教师劳动环境质量较差

当前,幼儿园教师的社会地位和福利待遇较低是公认的事实,这可能造成家长轻视其专业性,影响家园共育质量。有园长提道,"作为幼儿园教师,我们老师的回报还不是很理想,幼儿园老师的工资都不是很高"(YZM10-Y-20200410)。叶小红调查发现,江苏省幼儿园教师的职称晋升常会因为晋升名

① 杨帆. 陕西省农村留守儿童学前教育问题再探究[J]. 新西部,2018(8):34-35.

② 段颀,刘冲,钱留杰. 父母外出务工对农村留守儿童基础教育的影响[J]. 世界经济文汇,2020(3):107-120.

③ 张乐天. 城乡教育差别的制度归因与缩小差别的政策建议[J]. 南京师大学报(社会科学版),2004(3):71-75.

额向小学教师倾斜而被降低了晋升概率,民办幼儿园教师甚至没有职称评定的渠道,这势必影响幼儿园教师职业的社会认可度,也压缩了政策性待遇提升和兑现的可能空间。[①] 有一种观点认为,学前教育质量包括三个组成要素:过程质量、条件质量和劳动环境质量,其中,劳动环境质量包括教师的工资福利待遇和职业满意度等。[②] 也即,当前我国幼儿园教师劳动环境质量仍然较差,可能导致家长的不重视与不配合,对园本教研成果落地造成不利影响。

二、园本教研组织管理有利有弊

(一)园本管理之利

1. 教研机制初建立

学前教育教研对于教师专业成长、幼儿发展和幼儿园保教质量提升的重要意义已经深入人心[③][④][⑤],基于此,江苏省幼儿园已经基本建立了完整的教研机制,包括前期的教研规划、中间的教研组织和实施、后续的教研评价与跟进等,以保障园本教研的常态化开展和可持续发展。

(1)教研规划奠基础

《教研意见》提出,系统规划设计原则是开展学前教育教研工作的基本原则,教研工作应基于国内外科学研究成果,针对教师专业发展中普遍存在的问题,对教师专业能力形成过程进行系统规划,做到系统设计与弹性实施相结合,力求每一次教研就是一次进阶,防止教研活动的随意性和碎片化。对此,江苏省幼儿园一般会在学期初制定园本教研规划,明确本学期的教研重点和教研进度安排,为整个学期的教研工作奠定基础。与此配套的是区县教研员审议教研计划——"我们每学期都会对业务园长提交上来的学期教研计划进行集体审议,学期初就会对幼儿园教研进行整体把关"(ZJ-QJT-20200326)。专家

① 叶小红. 江苏省六地区幼儿园师资结构现状及存在问题研究[J]. 早期教育(教科研版),2013 (11):42-46.
② 何锋. 农村学前教育教育补偿路径优化:基于供需适配性理论的思考[J]. 现代教育管理,2015 (9):29-34.
③ 刘占兰. 从专题到现场:相互衔接与呼应的培训方式[J]. 学前教育研究,2006(10):44-47.
④ 张晖. 以教育科研促《指南》观察实施[J]. 早期教育,2013(4):4-5.
⑤ 虞永平. 着力研究区域推进,实现课程游戏化项目新突破[J]. 早期教育(教育教学),2020(4): 4-9.

指出,审议教研计划有助于确保教研工作的正确方向,确保教研工作聚焦真问题,确保教研工作方法和策略的有效性。①

有园长强调,计划先行是保证园本教研有效的重要前提:

> 一个幼儿园能真真正正有自己的教研效益,我的理解就是一定要计划在前,根据计划和整个学期教育教学遇到的实际情况做调整,这个是比较重要的。现在很多幼儿园教研都浮于形式,比如今年要创市优、创省优,需要一课三研,我就做一课三研,需要什么教学评比,我就做什么教学评比,这属于人家要什么教研我就给什么教研。但是我们所需要的教研是常序的教研,不是说今天教研完了、不检查了就没有了,所以计划先行特别重要,不能上面要什么我们就给什么。(TZM3-H-20200330)

事先明确园本教研计划和重点,有助于教师在教研中聚焦研究问题,推动园本教研持续地、深入地开展下去。

针对园本教研规划如何制定的问题,虞永平提出,教研计划的出发点和立足点一定是教师实际工作的需要,一定是教师面临的具体问题,一定是教师自身难以克服的困难。教研活动的计划应该围绕这些问题和困难展开,所涉及的环节和采取的措施应有助于这些问题和困难的解决。② X园长结合自身园本教研规划制定经验,总结了教研规划的三个内容来源:

> 我们每学期一开始就会对老师进行一个摸底调查,弄清楚老师到底需要什么,然后基于老师的迫切需要、基于幼儿园的特色、基于社会大背景下需要的东西,我们再制定一个园本研究计划。(WXG3-X-20200325)

(2)教研形式成体系

基于对访谈文本的归纳分析,笔者发现当前江苏省幼儿园园本教研显示"园级—组级—班级"三级联动教研模式。也即,园本教研不仅需要适合面广量大共性问题探究的全员教研,同时也需要深入研究不同问题领域的分组教研,教研实效最终需要教师落实到班级教育实践之中。园级、组级、班级教研形式灵活多样,共同构成园本教研形式体系。

园级教研常见的模式包括园内引领、专家请进来、教师走出去三类。园内

① 虞永平.幼儿园教研需要革命性转身[J].幼儿教育,2017(31):52-53.
② 虞永平.幼儿园教研需要革命性转身[J].幼儿教育,2017(31):52-53.

引领包括：①园长进班蹲点，现场诊断和指导；②针对教师日常工作中遇到的共性问题，全员研讨；③分层培训，常见的是按照教龄分层，也有园所实行自主分层；④以赛促研，常见的是教育活动展示和教学技能评比，例如环境创设评比、案例撰写评比、操节评比、基本功评比；⑤教师外出学习后的归园二次培训，辐射外出学习经验；⑥领学书籍，开展读书交流活动。专家请进来中的专家团队包括教研员、高校专家、科研人员、姐妹园骨干教师，主要分为两种形式：一是邀请专家开展专题讲座；二是邀请专家开展现场把脉式的实地指导。教师走出去主要包括两种形式：一是教师外出培训，包括参与本区或外区其他幼儿园、区教研组、市教研组、其他省市优秀幼儿园组织的教研活动；二是业务园长跟岗学习，即业务园长到本区或者外区优秀幼儿园短期驻扎参访学习，有园长反映：

> 其实跟岗效果还是蛮好的，不懂的地方可以直接问，互动性更好，可以更加真实地了解别的幼儿园的经验，再结合我们幼儿园的情况转化成我们自己的东西。（TZG11-D-20200403）

组级教研常见的模式包括领域教研组、年级组、课题组等，不同幼儿园有不同的分组方式。①领域教研组往往是基于领域划分的，对不同学科领域感兴趣的教师组合在一起形成研究共同体，共同就某个学科领域进行深入探究，常以现场式教研和体验式教研的方式开展，现场式教研包括集体教学活动和区域活动的观摩交流，体验式教研是指教师扮演幼儿的角色，在游戏过程中探索更适合幼儿的课程。②年级组是基于教师所带班级幼儿年龄阶段划分的，包括小班、中班、大班年级组，常见的教研形式包括课程审议、针对本年龄段幼儿遇到的问题及时研讨、年级组长组织教学观摩活动等。③课题组由共同研究一个课题的一组教师构成，大家分工合作，共同完成课题申报、资料收集、分析论证、课题答辩等任务。

班级教研是指班组教师之间就本班教育教学实践中遇到的一些问题或者针对本班幼儿现阶段的特点展开研究，例如 WX 市 BH 区很多幼儿园都在做班级微课程研究，班组教师在班本教研过程中探索和构建班本课程。

（3）教研评价制度化

教研评价是园本教研的重要一环，一方面，教研评价有助于梳理园本教研的阶段性成果，另一方面，也有助于发现现阶段教研中尚存在的问题与不足，这对增强教师的教研信心和教研动力、拟定后续教研方向和重难点至关重要，有助于促成教研规划、教研组织和实施、教研评价再到教研规划的完整闭环。对此,江苏省幼儿园制定了教研评价制度,包括考核制度和激励制度。

教研考核常包括以下内容:教师参与教研的情况、教师的科研成果、教师公开活动开展情况、教师的教育水准、幼儿发展水平、幼儿园行政队伍、家长满意度等。X园长提道"绩效考核包括对老师上课、孩子发展、家长满意度考核"(WXG3-X-20200325),C园长提道"我们会考核教师每周参加研训的情况,教师每个月完成了多少次班务分享,学期结束时教师的论文和课题生成情况,还会侧重看哪个老师培育的孩子比较好"(NTM3-C-20200308),H园长提道"除了我们行政班子以外,还要对小朋友进行教学评估,对幼儿园的教育质量进行一定的评估,我们的家长也会参与评估"(TZM3-H-20200330)。

教研激励则包括物质激励和精神激励两种。物质激励表现为教师教研考核结果与绩效奖金挂钩,精神激励表现为教师教研考核结果与评优评先挂钩。有学者指出,评价具有十分重要的导向功能,将教师参加教研的情况与职称评聘、推选省、市学科带头人和教学能手等推优工作、年终考核挂钩,有助于强化教师的教研意识。[①] 在物质激励方面,园长们提道:

> 我们幼儿园制订了教科研奖励制度,对教师自己教研成果获奖、指导学生获奖、幼儿园集体获奖等,都给予老师一定的奖金激励。(YZM10-Y-20200410)

> 我们幼儿园专门设立了创新成果奖,这个奖主要针对教科研方面的创新活动,我们幼儿园有专门的学术委员会,会对这些创新活动的价值进行评定,然后按照比例发放奖金,这对老师们的激励很明显。(WXG1-L-20200327)

在精神激励方面,园长们提道:

> 我们幼儿园月月都会评优秀班级。(HAG4-L-20200408)
> 园内会评优秀教师。(HAM3-Y-20200408)

> 我们开设了园内教师专家论坛,只要你在幼儿园一日活动的某个方面有成功的经验分享,那你就可以成为专家,效果好的话还会推荐到集团进行分享。教师专家论坛活动搞得好,职务的提升、提拔新的园长都会考

---

① 侯嘉梅,薛继红.搭建生命成长的舞台:山西省实验中学校本教研模式实践[J].教育理论与实践,2015,35(32):27-30.

虑。(NTM3-C-20200308)

2. 专业引领可获得

张艳娟指出,研究能力比较欠缺是幼儿园教师在园本教研中面临的主要困难之一,近四分之三的教研员认为幼儿园教师的研究能力普遍比较低[①],周晓娟的研究也发现,幼儿园园本教研中存在的主要问题之一是教师研究能力不足,表现为理论知识欠缺、缺乏问题意识。[②] 时至今日,仍有园长在反映——"幼儿园教师普遍学历不高,专业性不够强"(HAG4-L-20200408)。针对我国幼儿园教师的科研素质现状,园本教研呼唤专业引领和外力支持,园内外专家的引领能够有效避免园本教研的低水平重复,对于提升园本教研的理论层次、支撑园本教研纵深可持续发展具有重要意义。问卷和访谈发现,当前江苏省园本教研中专业引领基本是可实现的。

(1) 园外专家得以保障

园本教研虽然是在幼儿园、为幼儿园、由幼儿园展开的,但不局限于园内的力量,相反,离开了园外专家"局外人"的参与,园本教研常会拘囿于同水平反复,得不到实质性的提升。[③] 如前所述,本书将园本教研引领类型分为四类——教研员引领、高校教师引领、教研员和高校教师共同引领、园内教师引领,问卷调查表明四类教研引领类型幼儿园数量各有 71 所、7 所、39 所、51 所,占总样本园比重依次为 42.26%、4.17%、23.21%、30.36%。其中,有教研员和高校教师参与引领的幼儿园共有 117 所,占比 69.64%,也即江苏省近七成的幼儿园可以获得教研员或高校教师的专业引领,具体来说,65.48% 的幼儿园园本教研有幼教教研员引领,27.38% 的幼儿园园本教研有高校幼教专家引领。黄豪曾调查 C 市幼儿园园本教研专业引领情况,结果发现在应然层面一线教师期待高校幼教专家和幼教教研员参与园本教研的比例为 32.74% 和 66.27%,而在实然层面高校幼教专家和幼教教研员参与园本教研的比例为 8.13% 和 31.15%,说明 C 市幼儿园园本教研中专家引领的实际比例明显低于理想比例。[④] 相对而言,江苏省园本教研的专业引领资源可获得性较好,比较接近一线教师期待的比例,园外专家资源基本得到保障。

---

① 张艳娟. 教研员在园本教研中专业引领作用的研究:以上海市三级教研体系中的幼教教研员为例[D]. 上海:华东师范大学,2009:54,77.
② 周晓娟. 南京市幼儿园园本教研现状和问题的研究[D]. 南京:南京师范大学,2011:19.
③ 余文森. 专业人员如何促进校本教研[J]. 人民教育,2003(5):33-35.
④ 黄豪. 园本教研中教师共同体文化生成研究[D]. 重庆:西南大学,2018:81.

以 ZJ 市为例，教研员配备充足有助于教研员进园服务：

> 教研员的人员配备，要是配足了，个人分管一块，那教研员的专注度肯定是很高的。（ZJ-QJT-20200326）

> 我们有四个专职教研员，每个专职教研员带动一个片区，教研员可以经常来，一个电话预约就可以，教研员是能够上门服务的。（ZJ-QJG-20200331）

对此，ZJ 市园长们给出了积极反馈：

> 教研员每周都会来园进行指导，针对园所活动的安排对我们进行切实可行的指导，我们也邀请教研员深入班级观看一日活动，对我们的教育活动进行现场的指正。（ZJM8-J-20200325）

> 教研员每个月会定期来我们幼儿园进行引领，带我们老师对园本课程、幼儿发展、教师专业水平进行提升和引领。（ZJG9-W-20200326）

（2）园内专家充分利用

问卷调查表明，江苏省近三成的幼儿园没有教研员和高校教师入园引领，需要依靠园内骨干教师引领园本教研。对此，幼儿园采取了充分利用园内专家资源的策略，包括园长引领园本教研大方向、骨干教师示范和展示优质活动、园内名师分享教育教学经验等。

其一，园长引领园本教研大方向。园长是园本教研的领军人物，园长对园本教研的重视程度以及园长的领导力是影响园本教研有效性的重要因素。[1]总的来说，园长上可沟通省市区课改主流方向，下可沟通本园教师的教研需求，结合园本课程实施特点，不断调整教研重难点，精准确立教研内容：

> 我们园长和业务园长负责引领幼儿园教研方向，市区教研有哪些好的做法会及时和老师沟通，每次园本教研都会参与进来，教研大方向把握得很好，发现大方向出现偏差会及时整改。（HAG2-W-20200409）

> 业务园长其实主要是把握教研方向和内容，业务园长要有敏感性，比如说上个学期教育教学中我们在哪些方面偏弱，那么我们要定一下接下来的研究方向。（TZM3-H-20200330）

其二，骨干教师借助自身专业行为进行示范和引领。叶小红认为骨干教

---

[1] 张艳娟. 教研员在园本教研中专业引领作用的研究：以上海市三级教研体系中的幼教教研员为例［D］. 上海：华东师范大学，2009：76.

师是幼儿园教育、教学的中坚力量,也是推动幼儿园发展的重要动力,能对幼儿园整个教师群体的专业发展起到引领、示范作用。[①] 有的幼儿园设置了园内骨干教师评选机制,赋予骨干教师示范和引领的义务:

> 园内专家也是参照三级骨干教师评选,我们会在园内评选园内教坛新秀、园内教学能手、园内学科带头人,评上了之后,就必须开展公开活动,要师徒结对,要引领。(TZG11-D-20200403)

有的幼儿园会分层利用园内骨干教师资源:

> 我们幼儿园的骨干教师分为两类:一类是市级骨干教师,像市教学能手、市学科带头人、市特级教师;另一类是园级骨干教师,是园内推选的骨干教师,他们是某领域或者某方面发展有特长的老师。我们在组织专项教研活动时,可以借助某领域骨干教师力量,和他们商量怎么组织,以他们的力量带动其他老师。暑期进行课程整理的时候,我们也会邀请领域经验型教师,这样工作比较有针对性,比较有实效。(WXG1-L-20200327)

其三,园内名师共享教育教学经验。除了园长和骨干教师之外,幼儿园还有一些在某些方面能力十分突出的老师,幼儿园可以充分利用这些教师的专长,打造园部名师团队。有的幼儿园称之为"园内讲师"——"我们幼儿园有一项机制,就是培养园内讲师,班本课程做得好的老师,就可以在园内分享经验"(TZG11-D-20200403),有的幼儿园称之为"园内专家"——"我们开设了园内教师专家论坛,只要你在幼儿园一日活动的某个方面有成功的经验分享,那你就可以成为专家"(NTM3-C-20200308)。

3. 同伴互助常态化

"自我反思、同伴互助、专业引领"是园本教研的三个基本要素[②③],园长普遍反映,同伴合作与互助是影响园本教研效益的重要因素:

> 我工作30年了,发现其实不管一个人到哪里,一个团队是很重要的,互相学习和促进真的很重要。(NTG5-J-20200331)

---

① 叶小红. 江苏省六地区幼儿园师资结构现状及存在问题研究[J]. 早期教育(教科研版),2013(11):42-46.
② 刘占兰. 园本教研的基本特征[J]. 学前教育,2005(5):10-11.
③ 黄迪皋. 从外推走向内生:新中国中小学教研制度研究[D]. 长沙:湖南师范大学,2011:17.

幼儿园教科研不是单打独斗,我们需要团队共同努力。个人的智慧总是有限的,团队的形式总比我在幼儿园树立一个灵魂人物要更好一些。(TZM3-H-20200330)

周晓娟认为同伴互助对于提升园本教研效益意义重大——"K园音乐教研组有着悠久的历史,在南京市乃至全国都有一定的影响力,探究其成功的原因,其中同伴互助发挥了关键的作用。该园根据教师的特长,采用自愿报名和统筹分配的方式,将教师划分为三个研究小组,有收集素材组、分析创作组、试上组,三个组分工不同,但都是为了整合音乐教学研究的资源,发挥教师各自的专长,教研的效益得到最大化"[1]。

(1)同伴互助成为常态

问卷调查表明,《园本教研中实践共同体创设量表》的9个题项中,第3题得分最高(6.262分),其对应的表述为"在教研活动中,教研组成员会分享和交换意见,彼此支持";其次是第4题得分(6.256分),其对应的表述为"教研组成员共同致力于解决一组问题,或者为了一个主题共同投入热情",这两个题项均指向"同伴互助"维度。对于七点量表来说,得分6分以上可以说是很理想的,这说明园长普遍认为当前江苏省园本教研中同伴互助已经成为常态,教研中教师之间已经形成了分工合作的习惯。

(2)合作形式灵活多样

访谈结果表明,江苏省幼儿园园本教研已经建立了常态化的同伴互助,且同伴互助的形式灵活多样,包括师徒结对、年级组、课题组、领域教研组、项目组等:

我们幼儿园每年9月都有青蓝工程,就是在教师节的时候让骨干教师、有学术荣誉的教师去带一个入职三年内的新教师,让他们师徒结对,师傅会在班级常规管理、计划制定等方面引导徒弟。(WXG3-X-20200325)

我园园本教研以年级组为主要的沟通方式,年级组形式是有优势的,老师们可以讨论同一年龄段孩子的发展有什么共性特点,然后再讨论进行什么样的教育。(NTM1-S-20200403)

我们有区级微课题申报,有时候班上两个老师一起申报,有时候是四五个老师一起合作申报。(TZG11-D-20200403)

① 周晓娟.南京市幼儿园园本教研现状和问题的研究[D].南京:南京师范大学,2011:18.

　　我们幼儿园设立了五大领域教研组,每一位教师都有自己的教学专长,教师根据需要自主选择,在小组研讨之中提升自己某学科领域的教育教学能力。(YZM10-Y-20200410)

　　我们幼儿园有项目组,比如近期开展的户外循环加模块的体育活动,会有骨干教师引领这个项目,招募同样感兴趣的愿意参与的老师。(WXG2-W-20200410)

(二)园本管理之弊

1. 教师之间相互卷入度低

　　已有研究表明,超过四成比例的幼儿园在一定程度上存在着园长、保教主任(教学园长)、年级组长等教研管理领导组的"一言堂"现象,以及一线教师不积极参与教研而教研领导组无奈产生的"一言堂"现象。[①] 访谈发现,当前江苏省部分幼儿园依然存在教研中教师之间相互卷入度低的情况——"教研中最怕空气突然安静,经常会遇到这种情况"(NJ-H-20200402),"园长在场的时候,大家讲话比较少,但是园长不在场,大家讨论得就很热烈"(TZM3-H-20200330)。结合上述"同伴互助常态化"判断,可知教师之间表面上建立了常规的合作关系,在完成任务过程中实现了分工合作,但是这种合作的深度和质量有待商榷,也即教师之间的相互卷入度还不够高。常见教研组规模过大、部分幼儿园的教研文化不浓、教师研究意识和能力不足是导致教师之间相互卷入度低的重要原因。

(1)常见教研组规模过大

　　Tobit 回归分析表明,常见教研组规模会对园本教研规模效率和综合技术效率产生影响,其中,常见教研组规模为 1—10 人的幼儿园其教研综合技术效率显著高于 31 人及以上规模;常见教研组规模为 1—10 人和 11—20 人的幼儿园其教研规模效率显著高于 31 人及以上规模。也即,教研规模为 1—10 人时,教研规模效率和综合技术效率是最为理想的,11—20 人其次,31 人及以上最差。访谈中幼教工作者普遍反映常见教研组规模为 1—10 人和 11—20 人时教研效益更佳:

　　我们希望在教研的时候,每个老师都能发言,都能充分表达自己的思

---

　　① 黄豪. 园本教研中教师共同体文化生成研究[D]. 重庆:西南大学,2018:74.

想,人多的话轮不过来,所以 10 人以内、20 人以内都是比较理想的。(TZG11-D-20200403)

在 1—10 人小规模的研讨中,每个老师都有机会向别的老师阐述自己在教育教学过程中遇到的问题、困惑,而每个问题又都能有机会放在老师中去研讨。大家用集体的智慧解决自己个人的问题,一个问题一个问题地解决,就能很好地提高老师的能力。(ZJM8-J-20200325)

教研本来就是一个广泛性与个性相结合的讨论模式,如果人员太少的话,没有普遍性;如果人员太多的话,交流起来会比较吃力。想要事半功倍,我觉得 11—20 人相对而言是比较理想的。(ZJG11-K-20200324)

在 168 所样本幼儿园中,常见教研组规模为 1—10 人、11—20 人、21—30 人、31 人及以上的幼儿园数量各有 65 所、64 所、27 所、12 所,占总样本园比重依次为 38.69%、38.10%、16.07%、7.14%,也即 20 人以上规模占比近四分之一,10 人以上规模占比六成以上。综上,江苏省大部分幼儿园的教研组常见规模并不理想,仅有四成以下的幼儿园达到理想规模。教研组规模过大,势必会造成诸多负面影响,不利于教师之间相互卷入。其一,教研组规模过大时,教师教研积极性不高:

全体教研的话,30 个老师,参与性不强,因为不可能每个人都有机会发言,老师听得更多。听得多了,老师就不动脑筋了。(NTG5-J-20200331)

大规模教研,效益真的不好,教师教研专注度和参与度都会受影响。(WX-SJL-20200330)

其二,教研组规模过大,园本教研的研究和指导功能会弱化:

教研组的功能就是研究、指导、培养,为教育教学服务,要达成这样的功能,我个人觉得中小型教研组相对来说比较合适。越是小的教研组,越能够展开讨论与交流,实现研究的功能;越是小的教研组,越是容易落实指导责任,实现指导的功能。(TZM3-H-20200330)

其三,教研组规模过大,会造成教研资源的浪费:

我们幼儿园以前也搞过大教研,一些老师开展活动,其他老师观摩,我们就发现,对于不参与的老师来说是在浪费时间。(HAG4-L-20200408)

综上，幼儿园常见教研组规模过大时，会滋生部分教师的无聊情绪，浪费部分教师的时间和精力，导致教师之间相互卷入度低。

（2）部分幼儿园的教研文化不浓

如前所述，教师的教研心态和教研实践不免受到幼教同行的影响，幼儿园的教研文化和教研氛围会通过影响教师个体的教研积极性而影响教研效益：

> 园所的教研氛围蛮重要的，如果幼儿园的教研氛围不是很浓厚，仅仅是领导要搞教研活动，老师更多是被动去参加；如果每个人都想得到专业成长，老师就是主动想要教研。人的自制力有个体差异，但是外界的影响也蛮重要的。如果大家都很积极进行教研，不断有新的创意，对比教研氛围相对淡薄的幼儿园，教师个体的积极性肯定还是受影响的。（NJ-JM-20200402）

稳定的教研文化一旦形成，一方面对置于教研文化中的教师个体的职业生存具有决定性的制约作用；另一方面因它构成了校本教研运行发展的内在机理，能从深层制约校本教研发展的方向。[①] 也即，幼儿园的教研文化不仅会影响教师个体的教研积极性，还会影响教师群体的同伴互助情况。

当前，江苏省不同幼儿园的教研文化差异较大：

> 我们幼儿园的老师，点他一点他就通了。而我们帮扶的那个幼儿园，就差代他们做了，他们没有这样的需求、这样的渴望。（ZJG10-W-20200309）

不少一线教师反馈了园本教研文化不浓的现象：

> 我们幼儿园常常进行那种教研，围绕某个大家都不关心的问题，或者围绕教研室某个老师要上的一节课，请大家帮他想一想这节课应该怎么优化，这时大家积极性就会比较低。（NJ-JC-20200401）

> 领导不在的时候，大家坐在一起就开始聊天，你聊你的、我聊我的。（NJ-JC-20200401）

> 我们年级组的教研，因为大家比较熟悉，经常会讨论着讨论着就跑偏了，聊一些其他的。（NJ-H-20200402）

李广强认为，教师的教学潜能之所以得不到充分发挥，主要原因就是校本

---

① 李广强.营造大教研观的良好教研生态环境[J].教育实践与研究，2012(2)：4-5.

教研的文化氛围不浓——基层教研虚化、教师继续教育形式化、课题研究功利化,导致教师在教研活动中已基本处于被动顺应而非主动参与的境地。[①]

相对来说,民办园的教研文化和教研氛围不如公办园,这与民办园的教研意识和教研条件有关。有教研员提道,"民办园的教研是薄弱的"(WX-SJL-20200330)。民办园园长也反映,"我们之前一直是跟着总部做,相对来说教研是很欠缺的,不知道以什么样的模式进行,区域规划、环境创设等和公办园还是有很大区别的"(HAM3-Y-20200408);"民办园教研可能没有公办园那么深入,涉及资金的来源问题"(NTM1-S-20200403)。周晓娟称其所在民办园也表现出教研文化不浓的特点,"幼儿园的园本教研从我来了以后才开展,在一年内经历了从无到有的变化,我觉得非常辛苦,教师说不出来,长期不研究,导致了园本教研无话可说的尴尬局面"[②]。黄豪认为教研意识不足和物质支持不足制约了民办园的教研发展——民办园质量参差不齐,为迎合市场和家长需求,工具理性主义和功利主义至上,忽视本园内部的文化建设和保教质量,教研物质支持条件不足。[③]

（3）教师研究意识和能力不足

教师作为园本教研的主体,是促成教研投入向教研产出转变的重要中介,其教研心态和教研能力自然会对园本教研效益产生重要影响。教研员表示,"更多是教师主动学习的态度决定了效益"(WX-SJL-20200330)。园长表示,"教研效益和老师的思想有关系"(ZJG10-W-20200309);"老师的教研能力要有一定的基础,这样大家一起参与教研活动,能把教研进行得更深入一点"(TZG12-C-20200403);"教师自身的专业素养很重要,例如课题生成方面,个人专业性强的就容易做起来"(NTM3-C-20200308)。教师们也表示,"影响教研效益的因素应该有教师本身的专业程度"(NJ-JY-20200402);"教师的教科研能力对于教研效益也是有相当影响的"(NJ-H-20200402)。基于此,当教师研究意识和能力不足时,也会影响教师之间相互卷入的深度和质量。

一方面,部分教师的研究意识和教研状态仍有进步空间。园长反映,当前有些年轻教师的教研主动性不足——"有的年轻老师可能家里条件比较好,他们不想成就自己,就是追求安逸"(WXG3-X-20200325);"年轻教师没有长远打算,想着做好自己的工作就行,比较安逸"(WXG2-W-20200410)。此外,追

① 李广强. 营造大教研观的良好教研生态环境[J]. 教育实践与研究,2012(2):4-5.
② 周晓娟. 南京市幼儿园园本教研现状和问题的研究[D]. 南京:南京师范大学,2011:19.
③ 黄豪. 园本教研中教师共同体文化生成研究[D]. 重庆:西南大学,2018:101.

求学历提升以及忙于家庭生活也会对教师的教研状态产生影响：

> 老师的年龄、教科研状态或者说生活状态也会影响教研效益。像 Y 老师身上就体现了很多老师现阶段的特点，读本科、读研究生有一个比较长的过程，现在又要生二胎，她们的生活和学习压力很大，这也是很大的因素。比如教科研的时候，当时投入是好的，但是你还需要把教研中学到的东西运用到实践中，如果被其他东西拖累，没有积极的教研工作状态，教研效益也会大打折扣。（WXG1-L-20200327）

另一方面，当前幼儿园教师整体的研究能力比较欠缺：

> 幼儿园教师普遍学历不高，专业性不够强。（HAG4-L-20200408）

> 现在老师的整体素质没有我们那会儿高。有一部分本科毕业的老师明显好一些，实践中发现上没上高中区别还是很大的。同样说一件事，本科毕业的老师就理解得快一些，初中毕业的老师反应就慢一些，你要说很多次，这样效率就很低。（NTG5-J-20200331）

教师研究能力不足主要表现为问题意识不强、理论水平有限、反思能力不足等：

> 在调研老师存在的教研问题时，我们发现老师不太会提问题，这是普遍存在的情况，要不就是问题太大太空，要不就是问题小到通过自身学习就可以解决，而不需要协调幼儿园整体力量帮助你。（HAG4-L-20200408）

> 教师理论层次缺乏，虽然我们在梳理、撰写方面也做了很多培训，但是老师动笔、反思状态不是非常好。（HAG4-L-20200408）

2. 教研知识管理机制欠佳

Tobit 回归分析表明，园本教研中实践共同体创设情况对园本教研纯技术效率具有极其显著的正向促进作用。问卷调查表明，《园本教研中实践共同体创设量表》的 9 个题项中，第 7 题得分最低（5.607 分），其对应的表述为"在实践中，教研组形成了一整套共享资源，包括惯例、特色工具、共享故事、解决重复出现问题的方法、手册、用语或概念等"；第 9 题得分第二低（6.030 分），其对应的表述为"教研组成员在教研活动和日常保教实践中会进一步拓展教研组的共享资源"；第 8 题得分第三低（6.071），其对应的表述为"教研组成员在教研活动和日常保教实践中会运用教研组的共享资源"。值得注意的是，这三个题项均属于温格实践共同体"三要素论"中的"共享智库"维度,指向园本教研资源库的建立、运用和拓展,这说明当前江苏省园本教研知识管理和共享机制尚不完善,是实践共同体创设的短板所在。园本教研知识管理机制不佳表现为两个层面:一是教师层面实践经验上升为理论较困难;二是幼儿园层面教研智库建设尚不完善。

(1) 实践经验上升为理论较困难

一方面,幼儿园教师的提炼和归纳能力欠缺,这与教师对教育科研方法的掌握和运用还不到位有关,教师对教育现象的洞察力和分析力有待提升。W园长提道"我们木工坊那个老师,不管是在班上,还是在木工坊,都很爱动脑筋,但是你让她从理论、从文本方面总结,她是总结不出来的"(ZJG10-W-20200309);Y园长对此也深有感触——"我们发现老师的反思提炼这一块还是需要提升的,过程性的东西大家做得还是很好的,但是总结、提升、归纳这一块没有那么好""提炼和归纳能力不强是幼儿园教师的共性问题,不光是我们幼儿园,很多幼儿园都存在这个问题"(YZM10-Y-20200410)。有学者指出,教育科研成果的总结和推广一直是学校教科研工作中的薄弱环节。[①] 一线教师对教育实践缺少洞察、认识、提炼、概括和成果转化的能力,这可能与教师在职前培养中没有经过系统的培训有关[②],一线教师教科研方法仍存在着单一和层次较低的问题[③],科研方法欠缺是教师从实践到理论飞跃的拦路虎。

另一方面,幼儿园教师撰写能力不强,难以将自己的实践经验和教育心得转化为理论文本。不少园长表示,幼儿园教师面对教育写作时普遍存在畏难、自卑、应付等心理障碍:

> 我们在进行教科研计划制定的时候,会向年轻老师发放调查问卷,询问年轻老师有什么教研需求,很多年轻老师都提到不会写论文。(WXG1-L-20200327)

> 虽然撰写论文方面也做了很多培训,但是老师动笔、反思状态不是非常好。(HAG4-L-20200408)

> 我园老师论文撰写能力比较欠缺。(TZM3-H-20200330)

---

① 侯嘉梅,薛继红.搭建生命成长的舞台:山西省实验中学校本教研模式实践[J].教育理论与实践,2015,35(32):27-30.

② 颜莹.教师如何在专业写作中成长[J].幼儿教育,2020(25):55.

③ 何锋.对中小学教师教科研现状与专业发展的思考[J].基础教育参考,2016(6):3-6.

在一些教师心中,教育写作往往与职称评聘或业绩考核有关,是一种外在的压力,而不是一种内在的成长习惯。受职称评定、职务提升所迫,教师即时选择一个题目编辑或抄袭,托人发表或评奖,进行虚假研究、杜撰数据、制造伪结论等现象时有发生。[①]

其实,提炼归纳能力与撰写能力是相辅相成的,幼儿园教师越是不会提炼归纳,就越是不敢动笔写作;幼儿园教师越是不敢动笔写作,其提炼归纳能力就会愈发萎缩,从而造成恶性循环。颜莹强调,教育写作具有重要的价值,可以改变教师的知识结构,帮助教师从知识的搬运工变为理论的创生者,还可以丰富教师的专业智慧,影响教师的专业习性、专业信念、专业素养、情感与态度,使他们体验到职业的幸福。[②] 遗憾的是,很多一线教师都没有认识和体验到教育写作的价值,大部分幼儿园也没有足够的条件提供专业指导、开展教育写作培训,导致不少教师畏惧写作甚至放弃写作,造成教师专业发展受阻。

(2)教研智库建设尚不完善

基于三阶段 DEA 模型,可以测得 149 所非 DEA 有效幼儿园的教研产出不足情况,通过对这 149 所幼儿园的教研产出现有均值进行对照,可以求得非DEA 有效幼儿园的教研产出松弛幅度。由表 5-17 可知,非 DEA 有效幼儿园的教学产出、科研产出和社会服务松弛幅度依次为 15.83%、25.94%、33.81%。其中,科研产出不足和社会服务不足尤其明显。

表 5-17　149 所非 DEA 有效幼儿园的园本教研产出不足分析

教研产出	教学产出	科研产出	社会服务
松弛均值	10.094	2.153	4.784
现有均值	63.752	8.299	14.148
松弛幅度	15.83%	25.94%	33.81%

访谈中,园长普遍反映科研产出不足是园本教研产出的短板:

我们幼儿园教研成果出版和发表方面还是薄弱一点。(WXG3-X-20200325)

我们是民办幼儿园,师资力量还有待提高,所以我们在科研产出方面还有可以改进的空间。(ZJM6-D-20200326)

①　黄迪皋.从外推走向内生:新中国中小学教研制度研究[D].长沙:湖南师范大学,2011:152.
②　颜莹.教师如何在专业写作中成长[J].幼儿教育,2020(25):55.

我们还要不断提高对教研成果的汇编整理、总结提升能力,提高我们的科研产出。(YZM10-Y-20200410)

一所幼儿园的科研产出不佳,势必会影响教研成果的推广,也会影响社会服务的开展情况。基于此,科研产出不足是制约江苏省园本教研效益的重要因素,这主要与园本教研智库建设能力不足、园本教研智库应用和拓展效果不佳有关。

一方面,园本教研智库建设能力不足。原晋霞和汪丽提出,由于缺乏园级层面的课程资源管理,幼儿园课程资源的利用率和共享率较低,例如很多幼儿园没有教具回收制度,导致与课程相配套的教具每年都需要重复制作,浪费了不少人力、物力和财力,课程资源管理问题已严重影响课程成本和质量。① 近些年,一些幼儿园开始意识到加强课程资源管理的重要性,并探索出行之有效的课程资源管理策略。遗憾的是,当前的课程资源库更多指向幼儿的学习资源,较少涉及教师的学习资源,也即教研智库的建设能力仍然十分欠缺。教研员和园长均反映了教研经验提炼不足的现状:

我们有一些很好的教研做法,但是我们需要不断进行教研经验的提炼。(ZJ-QJG-20200331)

目前教研都是记录式的结束,后续怎么形成材料式的提炼,这个还需要深入思考。(HAG4-L-20200408)

对此,提升科研成果转化能力是后续江苏省园本教研的一大重点:

这方面我们要向上海学习,人家就出书了,有版权,而且很畅销,所以科研成果的转化是今后的一个方向,我们需要花时间和精力去做。江苏省每四年会评选基础教育成果奖,其实我们应该落实到平时去梳理、去整理,把成果拿出去参加评比获奖,一是含金量很高,二是获奖比奖金更能激励大家前行。(ZJ-QJT-20200326)

另一方面,园本教研智库应用和拓展效果不佳。当前,不少幼儿园已经对教科研开展形式和奖励办法建章立制,访谈中园长提及幼儿园有教科研制度、教科研奖励制度、教科研激励方案、绩效考核制度等,这些规章制度往往对教师的科研成果要求和奖励做了详细说明。遗憾的是,少有幼儿园能做到定期系统梳理教师的科研产出,并将其纳入园本教研智库中,努力使之不断拓展和

---

① 原晋霞,汪丽.试论幼儿园课程资源室建设[J].教育导刊,2011(11):36-39.

延伸。现实中，教师的科研产出好像成了一个终点，成果发表了或者获奖了就被束之高阁，导致教研经验仅停留于表浅层次。其实，阶段性的科研产出只是一个中间站，其他教师可以从中汲取力量，在教育实践中真正加以应用，并争取进一步丰富和完善，由此形成园本教研智库建立、应用、拓展的闭环。

本章小结

首先，本章基于 Tobit 回归模型测算了幼儿园内外环境变量对园本教研效益的影响，分别以三个效率值为因变量、以内外环境变量为自变量，构建了"园本教研综合技术效率-外因""园本教研综合技术效率-内因""园本教研纯技术效率-外因""园本教研纯技术效率-内因""园本教研规模效率-外因""园本教研规模效率-内因"六个 Tobit 回归模型，主要结论如下：①幼儿园所处地域和城乡位置是影响园本教研综合技术效率的外因，教研引领类型和常见教研组规模是影响园本教研综合技术效率的内因；②实践共同体创设情况是影响园本教研纯技术效率的内因；③幼儿园所处地域和城乡位置是影响园本教研规模效率的外因，教研引领类型和常见教研组规模是影响园本教研规模效率的内因。

其次，本章基于《园本教研组织管理经验访谈提纲》（见附录 5），对 35 位学前教育教研人员进行了灵活深入的半结构式访谈，基于对访谈文本的归纳分析，梳理出园本教研效益的影响因素，发现江苏省园本教研效益受区域教研外围条件和园本教研组织管理的共同影响，主要结论如下：①区域教研外围条件有幸有绊，外在条件之幸包括省级引领添助力、区域联动集智慧，外在条件之绊包括资源地域差异大、专家引领实效低、家园共育有难题；②园本教研组织管理有利有弊，园本管理之利包括教研机制初建立、专业引领可获得、同伴互助常态化，园本管理之弊包括教师之间相互卷入度低、教研知识管理机制欠佳。

第六章 路径勾画:基于深度访谈探寻园本教研效益的提升策略

从经济学视角来看,教研效益指的是教研产出与教研投入的相对关系,这说明我们追求的教研效益,不是指一味缩减教研投入而不顾教研产出,也不是指一味扩大教研产出而不顾教研投入,而是指在现有教研资源条件下,优化教研资源配置,完善教研组织管理,以追求尽可能多的教研产出。教研员 W 老师对教研效益的理解很有意思——"让教研有效益,不是投入越多,效益越好,我们要做到四两拨千斤"(ZJ-SJW-20200324)。笔者也十分赞同此观点,抓准教研中的核心要素,可以使教研达到事半功倍的效果。基于对江苏省幼儿园园本教研效益现状特点和影响因素的分析,结合对 35 位学前教育教研人员的深度访谈,笔者发现,为提高园本教研效益,幼教工作者首先需要树立科学的教研观,在此基础上,一方面从人财物外围条件出发优化教研资源配置,另一方面从重整实践共同体视角出发完善园本教研管理。

第一节 树立科学的教研观

理念是行动的先导,要想提高教研实效,幼教工作者需要对教研形成科学的认识和正确的理解。鉴于儿童观是指社会对儿童的看法和观点,课程观是人们对课程的各种认识和看法的总称,可以类推教研观是人们对教研的看法的总称。史贵权认为,树立大教研观是搞好教研工作的前提,因为思想观念上的朦胧必然导致行动上的迟疑和盲从,多一些理性思考,就会减少一些盲目实践。[1]

---

① 史贵权.不断解放思想,树立大教研观[J].成人教育,1998(6):29-30.

侯嘉梅和薛继红也提出要树立以教师为主体、促进教师成长的教研观①。唯有幼教工作者树立科学的教研观，对教研目的、教研视角、教研范式、教研情怀等达成共识，才能促使幼教教研员、高校幼教专家、一线教师围绕园本教研实现和谐共振。

一、坚定教研目的，聚焦师幼发展

泰勒原理强调，课程与教学包括四大核心要素——教学目标、教学内容、教学方法、教学评价，其中确定教学目标是统领课程与教学工作的重中之重，是做好另外三项工作的重要前提。与之相似，树立科学的教研观首先需要明确教研目的，因为明确教研目的是确定教研内容、教研方法和教研评价的重要前提，此外，教研目的也是判断教研效益的重要准绳。教研目的是教研初心，"我们都在讲'不忘初心，方得始终'，我就想啊，我们做教研员的初心是什么？你如果连初心都不明白，你怎么做得好教研！"（ZJ-SJW-20200324）。教研的目的究竟是什么？一线名师任勇的教研观可为我们提供启示："一所学校，只有坚持不断提高教育科研品位，才能有长远的发展；一个教师，也只有走教学与教研相结合之路，才能将教育教学工作提高到一个新的境界。"②也就是说，教研主要是为了提升教师专业水平、提高学校教育教学质量，进而促进学习者的全面发展。具体到园本教研领域，教研目的往往围绕教师发展、幼儿园教育质量提升和幼儿发展三层展开。

首先，教研员主管一个区域的教研工作，其对教研目的的认识会影响整个区域的教研风格，这就需要教研员以专业的眼光确定适宜的教研目的，始终以教研目的来警醒自己、敦促园长、熏陶教师。市级教研员 W 老师以"惠泽儿童、解放老师"八个字概括自己的教研初心：

> 　　我们教研的初心还是围绕人的发展，无非两个方面，孩子和教师。一个是惠泽儿童，不能老师职称评上去了，孩子却没有发展，教研的初心应该是关注儿童有没有受益、有没有得到发展。第二个是解放老师，教研做来做去到底有没有做到解放老师、有没有提高生产力，如果老师加班加

---

　　①　侯嘉梅，薛继红.搭建生命成长的舞台：山西省实验中学校本教研模式实践[J].教育理论与实践，2015，35(32)：27-30.

　　②　任勇.我的数学教育教学教研观[J].福建中学数学，2011(2)：1-2.

点，孩子发展了，但是老师累死累活，这种情况下持续发展是不可能的。高压政策短时间能获得效果，如果只讲投入，不讲效益，长时间是做不到的，也是无效的，所以一定要解放我们的老师。如果我们能做到这八个字，就能把老师做教研的激情和内在动力激发出来，这样就有效益。（ZJ-SJW-20200324）

在市教研员 W 老师的影响下，区县教研员也确立了相似的教研目的观——"课程游戏化建设最终追求的是教师和儿童的双提升"（ZJ-QJG-20200331）。

其次，园长作为园本教研的领军人物，其教研目的观会对园本教研组织管理产生重要影响，下面摘录部分园长对教研目的的精彩认识：

> 我们的教研主要是让我们的孩子得到更好的发展，让我们的老师能够得到更加丰富的经验、更加充盈的知识，同时也要适合幼儿园的发展，我想这是比较理想的教研。（ZJG11-K-20200324）

> 教研是为了提高幼儿园保教质量，解决教师工作中遇到的难题，创设园所特色，为了教师更专业，为了幼儿更加全面发展。（HAM3-Y-20200408）

> 通过教研，我们也确实希望小孩在幼儿园不是放养的，希望小孩能在幼儿园获得多方面的发展。（HAG2-W-20200409）

> 我们主要是秉承着一种"教而不研则浅，研而不教则空"的理念，希望能够服务农村的家长，希望让农村的孩子也享受到优质的幼儿教育。（ZJG9-W-20200326）

综上，从园长视角来看，教研目的涉及提升教师专业化水平、促进幼儿全面发展、提升幼儿园教育质量、服务幼儿家长等。

那么，园本教研的目的是怎么层层实现的呢？《教研意见》指出，教师是课程实施质量的决定力量，教研工作的目标是促进教师专业发展、提升教师专业能力，教研工作应当从诊断教师专业能力开始，指导教师专业实践。也即，园本教研的直接目的是促进教师专业成长，以教师成长带动幼儿园教育质量提升，最终实现促进幼儿全面发展的根本目的。园长们的反馈也证实了这一判断：

> 学校的发展主要靠老师，那么我们要培养好老师，培养好老师就不能离开教研。（TZM3-H-20200330）

> 园所的发展当然主要依托教师的发展，教师才是一所幼儿园的核心

竞争力,提高教师的素质,才能促进孩子的发展。(TZG11-D-20200403)

二、更新教研视角,重识园本教研

《教研意见》指出,学前教育教研工作要从研究教师如何教转向研究幼儿如何学,要从研究教学内容转向研究幼儿游戏中发生的学习,要从研究教师的教学策略转向研究如何为幼儿游戏提供适宜的空间、环境和材料,这反映了学前教育教研视角的转换。随着幼教工作者对幼儿身心发展规律认识的不断加深,幼教工作者应更新教研视角以匹配新时期的园本教研,包括更新对教研主体的认识、更新对教研内容的认识、更新对教研关系的认识。

首先,要重识教研主体——幼儿园教师是有能力的主动学习者,具备研究潜能。有教研员提道:

> 课改中说得比较多的是儿童观的转变,我们相信儿童是有能力的主动学习者。我一直在思考,其实要求老师这样看儿童,就需要这样看老师,相信老师! 当我们相信孩子的时候,会发现很多闪光时刻,当我们开始相信老师的时候,会发现老师也有很多闪光时刻! 我发现越是放手,老师们就越是积极,只要引领方法得当,老师们能够做得很好。儿童观的转变,带来的思考是怎么看待教师、怎么支持和回应教师。(ZJ-SJW-20200324)

当教研员和园长认识到一线教师是有能力的主动学习者后,就需要适当放手、及时肯定、为教师提供适宜的发展平台:

> 我觉得有时候教研组织者在小型会议里退一步,作为聆听者、半参与者,效果会更好,让骨干教师、有能力的年轻教师说在前,你说在后。适当放手,老师们的思想碰撞更明显。(WXG1-L-20200327)

> 对教师的发言,园领导能及时发现价值所在,给予肯定并引导、启发教师进一步补充和完善,能够有效促进教师的专业成长。(HAG2-W-20200409)

> 每个老师都有亮点,年级组长、教研组长、业务园长要努力发现每位普通老师的闪光点,要强化老师们的优点,让所有的老师都愿意展示自己的优点,我觉得这是有益的。(TZM3-H-20200330)

其次，要重识教研内容——园本教研的重点在于科学观察、正确解读和有效支持幼儿的"学"。虞永平指出，学前教育教研的重点不是研究书面材料及教师的讲授策略，而是研究儿童的兴趣、需要和可能及其与环境和材料的关系，研究教师的观察、分析和引导的合理性与有效性。① 也即，学前教育教研内容经历了从关注教师的"教"到关注学生的"学"的转变，这种视角转化对于增强教师的教研信心、提升教师的教研热情十分重要：

> 我们过去更多是研究教法，一般幼儿园有一半在编老师就不错了，老师们研究理论特别痛苦。现在我们从研究和支持孩子的视角出发做教研，研究孩子究竟学了什么、怎么学的，在此基础上怎么顺应他的学习、支持他的学习。这样也有不一样的成效，一线老师更有优势，这个视角可能更适合目前幼儿园教师队伍状况。以儿童为中心的课改理念，带来的直接好处是，老师不怕教研了，因为研究儿童是他们的强项，这样的教研让老师更加得心应手。（ZJ-SJW-20200324）

教研视角转换有助于教师认识到研究并不是高不可攀的，相反，研究需要第一手活生生的教育资料，这正是一线教师做研究的优势所在。②

再次，要重识教研关系——幼儿园教师与助学者是平等的合作研究者关系。苏霍姆林斯基提醒我们注意，上课是教师和儿童的共同劳动，这种劳动的成功首先是由师生关系来确定的，同理，要想教研有效益，首先要理清教学研究者之间的关系。③ 郑行军在调研一线教师理想中的教研员指导方式时发现，47%的教师选择"作为合作伙伴，一起探课、议课、备课、磨课、评课"，而仅有8%的教师选择"给教师提供有关信息或资料"，6%的教师选择"评比"，5%的教师选择"教学讲座"④。张艳娟的研究也表明，近一半的教师认为专家和优秀教师和自己合作备课、听课、评课指导改进对自己帮助最大。⑤ 访谈中，教研员对自己与教师之间的关系进行了反思，主张建立平等的合作研究者关系：

> 我是教研员，我不是教研官，我和老师是平等的，我不只是做行政和管理工作，我还有服务意识，希望慢慢让大家都参与进来。我们做教研，

① 虞永平.幼儿园教研需要革命性转身[J].幼儿教育,2017(31):52-53.
② 任勇.我的数学教育教学教研观[J].福建中学数学,2011(2):1-2.
③ 李永柏.教导主任的"教研"观[J].江苏教育,2005(1A):39.
④ 郑行军.基于供给侧视角的教研转型改革探索[J].教育参考,2018(6):99-105.
⑤ 张艳娟.教研员在园本教研中专业引领作用的研究:以上海市三级教研体系中的幼教教研员为例[D].上海:华东师范大学,2009:57.

就要蹲班，就要和老师平等地交流，你发现了什么问题，提交观察记录给老师，听取老师的意见，教研员要和老师一起成长，这是一种陪伴的、沉浸式的教学相长。（ZJ-SJW-20200324）

在有些人看来教研员就像上级领导，在我看来教研员更像是并肩作战的战友。（WX-SJL-20200330）

三、确立教研范式，立足实证实践

库恩对"范式"有多种界定，其一为"'范式'是一个成熟的科学共同体在某段时间内所接纳的研究方法，问题领域和解题标准的活水源头"[①]。本书参照此界定，将教研范式界定为幼教工作者开展教研活动常用的方法和流程。当前，江苏省幼教工作者逐步确立了实证研究的教研范式，主张教研需要立足证据和实践，这对激发教师的教研积极性、提高教研实效具有重要意义：

实证研究对于一线老师来说是他们的强项，你说话、做事的方式方法到底有没有效，要凭证据说话。现在我们每个人都有手机，有的时候你想讲你身边孩子有趣的事情，就用现在流行的方式交流和分享你的研究成果，一来老师不怕教研了，二来我们的教研不再是读读文件、学学理论，而是以年轻人非常容易上手、非常喜欢的方式进行，他们能够积极参与，大大提高了老师的教研积极性。（ZJ-SJW-20200324）

实证研究范式使教研是有据可依的，能够有效提升教研结果的信服力。有教研员提到"老师们在实践的时候是有记录的，研讨的时候是真的去进行辩论的，基于现场的、有图有真相的研讨，基于实践证据来研讨"（ZJ-QJT-20200326）。王阳明先生的知行合一理论强调，认识事物的道理与在现实中运用此道理是密不可分的。对于幼儿园教师来说，理解某一幼教理论与践行这一理论也是相辅相成的。尤其是在信息技术日新月异的今天，教研的实证研究范式强调的证据和实践更显重要：

现在的孩子在变、家长在变、课程在变、教师在变，我们不能根据自己的经验想当然，不能根据这么多年的经验、理论知识、成熟度、工龄去判断现在的事情。在教研中我也是秉持着这种立场，强加你的想法是不可以

---

① 库恩.科学革命的结构[M].金吾伦，胡新和，译.北京：北京大学出版社，2003：49.

的,你一定要去做这件事,才有发言权,否则教研会变成形式,没有什么价值。(HAG4-L-20200408)

综上,对于园本教研来说,立足实践和实证是取得实效的重要前提。

为了帮助幼儿园确立实证研究的教研范式,有必要建立完善的教研流程。ZJ 市 YZ 区对此进行了深入探索:

> 开展教研活动要有科学规范的方法,现在我们讲教研流程:教研前要有教研计划,例如学期教研需要按照周次做好计划,每周解决什么问题、责任人是谁、需要解决哪些问题、预期的教研成果是什么,每次教研活动之前有一个教研方案,教研过程的中心发言人是谁、流程是怎样的、由谁记录、及时小结等,然后按照计划进行,有一个科学的流程,教研后要进行教研资料的整理和归档。我觉得流程规范了,也会影响教研效益。我们做教研不能只是蜻蜓点水或者浅尝辄止,否则只是表面的热闹。科学规范地开展教研活动,老师也有一些抓手,能够沉下心来做一些事情。(ZJ-QJG-20200331)

四、涵养教研情怀,乐意持续教研

成人学习理论认为,成人更多是受到内在因素而非外在因素的驱动而学习[1],也即幼儿园教师参与教研的积极性更多与教师内在的教研动机有关。虞永平认为,教师的专业情怀(对幼儿和幼儿教育的感情),为教师的专业学习和进取奠定了情感和态度基础[2]。基于此,涵养教研情怀是推动教师乐意教研、持续教研的重要一环。

首先,要帮助教师感受到教研带来的幸福和快乐。有教研员表示:

> 我感觉做教研还是要做得很幸福的,孩子发展了,老师成长了,那么幼儿园肯定也会有提升。怎么让教研这样一个老生常谈的话题,变得生动吸引人,怎么为基层服务,怎么为孩子服务,怎么让教师很幸福地做这件事,是需要深入思考的。(ZJ-SJW-20200324)

---

[1] 梅里安,凯弗瑞拉.成人学习的综合研究与实践指导:第 2 版[M].黄健,张永,魏光丽,译.北京:中国人民大学出版社,2010:249.

[2] 虞永平.村园的未来不是梦:课程游戏化项目中的皂河二小幼儿园[J].早期教育(教育教学),2019(11):4-5.

帮助教师感受到教研带给自己的长进，让教师的教研付出有回报，可以有效提升教师的教研获得感：

> 教研就是围绕着问题来的，老师在解决问题的过程中，收获了成长的力量，就会体会到教研的快乐。在幼儿园，其实大家都很努力，每个人的付出都看得见，所以老师们都做得很开心。（TZG11-D-20200403）

其次，要帮助教师感受到教研中浓浓的人文关怀。当行政力量支持教研时，教研员是深受鼓舞的：

> 这个团队比较好，ZJ市行政这一块对我的支持蛮大的，鼓励和欣赏我，那我也会鼓励和欣赏老师和孩子。（ZJ-SJW-20200324）

当市教研员受到鼓舞时，会对区县教研员和一线教师更添关怀：

> 教研需要温暖的人文关怀，就像W老师那样，任何时候她都能站在幼儿园立场来帮我们想问题，帮我们从实际情况出发分析问题，甚至包容我们的一些不足，寻找我们工作中的闪光点，对我们和老师真的有很大的激励作用。在W老师的带领下，区县教研员的热情被点燃了，我们要做的就是点燃全区幼儿园教师的教研热情，这就是一个良性循环。（ZJ-QJG-20200331）

当园长真心关怀教师时，"人心比人心，他们会回报"（YZM2-Y-20200307）。

再次，巧妙利用幼教工作者彼此的感染与激励。访谈发现，幼教工作者的教研情怀和教研状态会互相感染：

> 我还是感动于我们幼教圈的，有些偏远农村园的老师，不为名，不为利，但是教研做得很扎实，做得很好，她们也在感染着我。（ZJ-SJW-20200324）

> 我们区县的教研员比我辛苦多了，我非常感谢她们，一个比一个做得好，一个比一个做得有意思，她们在激励着我。（ZJ-SJW-20200324）

> 我刚到教研员岗位时，对教研怎么开展怀着忐忑的心。W老师非常好，她会告诉我，其实教研员不是万能的，不是说老师不会的教研员都要会。教研员起到的推进作用是什么？星星之火，可以燎原，我们可以做那个星星之火。这些感性的话让我很受鼓舞。（ZJ-QJG-20200331）

此外,遴选和宣传有大爱精神的幼教工作者和幼教团队,能够有效感染和扶助其他幼儿园开展教研工作:

> 我们幼儿园接纳其他幼儿园的参观非常多,而且从来不收费,如果其他幼儿园有需要,也会提供餐食,有些县区条件不太好的幼儿园,甚至吃住都会提供。我们园长觉得还是要有大爱情怀,尽量开放,民办园、县区园都会来学习观摩甚至跟岗,我们都非常乐意接待。(HAG4-L-20200408)

第二节　优化教研资源配置

由第四章三阶段 DEA 松弛分析结果可知,江苏省幼儿园的园本教研人力、财力、物力投入均存在一定的冗余情况,降低了教研规模效率,导致江苏省园本教研规模效率整体偏低。由第五章园本教研效益影响因素的质化分析可知,对江苏省园本教研效益不利的外围条件包括资源地域差异大、专家引领实效低、家园共育有难题。对此,有必要从教研人力、财力、物力投入视角出发,优化教研资源配置,以提高教研规模效率。

一、优化人力配置,建设幼教专家智库

如前所述,幼儿园教师的科研素质现状呼唤专业引领,园内外专家的支持、指导能够有效避免园本教研的低水平重复[①],专家引领有助于提升园本教研的理论层次,支撑园本教研的可持续发展[②]。当前,园本教研邀请专家主要还是以点对点的形式展开,往往是园长借助自身的人脉资源推进,因此有些偏远地区的幼儿园或者经济条件不佳的幼儿园在外请专家方面往往处于劣势:

> 其实,我们蛮难的,离南京太远,专家来一趟不容易。专家也很忙,一些苏北城市真的不方便。(HAG4-L-20200408)
> 我们很羡慕有高校教师引领,但是我们这边基本没有。(NTG5-J-

---

① 周晓娟.南京市幼儿园园本教研现状和问题的研究[D].南京:南京师范大学,2011:22.
② 毛佩清.经济欠发达地区校本教研的实施策略[J].浙江教育学院学报,2006(5):17-21.

20200331)

此外,专业引领实效低是制约江苏省园本教研效益的重要因素,幼儿园并不总能邀请到对口的、高质量的幼教专家入园指导。对此,各级教研室有必要建设幼教专家人才库,以便幼儿园能够有渠道地、有针对性地寻求高质量的专业支持。

(一) 分级分类配备专家

各方幼教专家(幼教教研员、教研机构科研人员、高校幼教专家、一线名师)因其学历背景、实践经验、研究专长不同,在指导园本教研时有各自的优势。总的来说,教研员具有丰富的实践经验,对本地幼儿园的教研实践较为熟悉,能够引领一个地区园本教研的大方向:

> 教研员通常有幼儿园的实际教学经验,比较了解幼儿园真实的教研现状和教师们的问题与困难所在。(NJ-JJ-20200402)

> 教研员肯定是能够引领一定方向的,教研员比较能代表区里或者市里的教研方向。(NJ-T-20200402)

> 教研员可能会根据我们地级市一些比较普遍的问题,开展一些教研活动,可能会更有针对性、更适合我们这个地方。(ZJG11-K-20200324)

科研人员和高校专家则更具深厚的理论素养,对国内外前沿教育理念更有把握,能够以专业的眼光审视园本教研中存在的问题:

> H 老师(科研人员)的理论水平是非常高的,一般是站在一个比较高的高度上引领,让你不要跑偏。(ZJG5-H-20200324)

> 高校老师来幼儿园更多是开阔我们的视野,和我们分享他们的国际视野。(HAG4-L-20200408)

> 高校教师站位高,见多识广,一眼就能看出问题所在,以及接下来要怎么走。(ZJ-QJG-20200331)

一线名师则具有丰富的教育教学实践经验,更了解幼儿和教师的特点,"相对而言开展的一些教研活动更加适合孩子"(ZJG11-K-20200324)。L 老师总结道"我们当然希望可以请到经验丰富的,既和基层接触比较多,又有理论高度的专家充实进来,带领园本教研"(WXG1-L-20200327)。为此,有必要分级分类建设幼教专家人才库,为园本教研提供全方位的专业支撑。尤其需要注意筛选不同研究专长的专家互相补充,一方面可以缓解某些地区教研员人数有限而无力应对众多园所和教师的困境①,另一方面有助于幼儿园根据园所特色或当前研究重难点有针对性地邀请专家指导。

专家人才库建设要纳入各级教研室工作范畴之内。早在十多年前,董绍才就提出有必要协助各学科在网页上建立人力资源库,以方便学校或教师随时随地寻求专业支持②,胡骁勍认为专家人才库是隶属于各级教研室的智囊团队,由教研员、高校专家、名师、知名园长、骨干教师按照一定的比例共同组成③。对此,省、市、区县级教研室有必要梳理各级各类专家名录,省级专家人才库包括省内高校幼教专家、研究机构科研人员、省级教研员、省特级教师,市级专家人才库包括市级教研员、市级学科带头人、市级督学,区县级专家人才库包括区县级教研员、区级学科带头人、优秀园长。其一,制定专家库人员选拔制度,由各级教研室制定筛选标准,通过考核和双向选择将有资质的幼教专家纳入各级人才库。其二,制定专家库人员在岗服务制度,由各级教研室和专家库成员协商制定年度、月度入园指导计划,保证专家库的工作落到实处。其三,制定专家库人员工作质量评估制度,由各级教研室制定工作质量评价细则,对专家指导工作质量进行阶段性评估,以便及时发现问题、予以调整。此外,专家库的人员应根据区域内幼儿园数量按比例配备,详细划分专家库的辐射面积,以便对所在地区的所有幼儿园提供帮助和支持。

当省、市、区县级专家人才库建立起来之后,还要注意变传统的专家"定期下园视导"为"园所根据需要主动预约"④,以最大限度发挥专家引领的效益。具体来说,幼儿园可以根据园所特色或现阶段教研重难点提前预约专家:

其一,邀请专家引领园本教研大方向:

> 以 BQ 幼儿园为例,教研员参与幼儿园教研计划的制定是受欢迎的,可以帮助老师理清方向,教研思路更清晰。(ZJ-QJG-20200331)

> 引进专家之后,我们的研究有了一种上层的引领,因为我们做的事情是有方向的,知道哪些是我们可以坚持研究下去的,哪些是我们可以避免

① 张艳娟.教研员在园本教研中专业引领作用的研究:以上海市三级教研体系中的幼教教研员为例[D].上海:华东师范大学,2009:77.

② 董绍才.基础教育教研室制度创新研究:基于山东的案例[D].上海:华东师范大学,2009:146.

③ 胡骁勍.贵州省幼儿园教研工作现状调查与研究[D].贵阳:贵州师范大学,2016:51.

④ 沈心燕,左晓静.在落实《纲要》过程中探索新型教研指导方式:下[J].学前教育,2005(9):8-11.

去做的。（NJ-P-20200401）

其二，邀请专家引领幼儿园特色课程建设：

> 如果有专业对口的专家引领会比较好。我们园以音乐为特色，聘请的 N 师大 X 老师，每个月来两次，跟着 X 老师教研感觉很幸福。（NJ-T-20200402）

> Z 老师一直在指导 AY 幼儿园，好像每周还是每月都有跟进，对他们的生成课程进行指导，所以他们的生成课程做得还蛮好的。（NJ-H-20200402）

其三，邀请专家现场诊断，发现园本教研中存在的问题：

> 我们会邀请省优质园、市优质园的骨干教师，针对我们幼儿园教育实践中的问题来评析。（NTM3-C-20200308）

> 我们幼儿园有时候会承担片区活动，向姐妹园展示我们的教研成果，这时候就会邀请教研员，请他们在活动之前来看看活动可能存在什么问题，活动当天也会请教研员来看看还存在什么问题，提供一些建设性的意见。（WXG3-X-20200325）

其四，邀请专家引领课题研究：

> 说实话，我们在做课题，但是自己研究来研究去，只能靠自己汇总一些理论，就像是摸着石头过河。最好在课题研究方面能有专家来引领我们，这样方向性比较明确。（WXG3-X-20200325）

> BH 区教研员 Z 老师，作为领题人，直接参与了我们的课题研究，课题开展效果很好，也开展了多次对外展示活动。（WXG2-W-20200410）

其五，邀请专家引领专业知识和技能培训：

> 我们跟 TZ 一所中职院校的一位老师做了对接，他每个学期都会来我们幼儿园做一次讲座，进行专业知识引领。我们还邀请了一些专业领域的教师来我们学校，比如音乐领域、美术领域，对老师进行专业技能培训。（TZM3-H-20200330）

此外，可考虑在家园共育环节借助专家力量，缓解家园共育有难题局面。一方面，更多的幼教专家可以加入每年的学前教育宣传月活动中，针对家长存在的育儿难题开展专业引领；另一方面，幼儿园在开展家园活动时，偶尔可以邀请专家为家长开展育儿讲座、答疑解惑,借助权威专家的力量帮助家长建立科学的育儿观,更好地实现家园共育。

(二)优化专业引领形式

从成人教育理论来看,幼儿园教师作为成人学习者,其学习准备度是与其自身社会角色的发展任务紧密相关的,成人学习更多是一种问题中心的学习,而不是学科中心的学习。[①] 幼儿园教师的学习动机主要与自身工作任务紧密相关,当教研能解决教师教育实践中遇到的难题时,教师会表现出强烈的兴趣。因此,教研专业引领需要考虑到幼儿园教师作为成人学习者的特点,为其提供策略性的指导:

> 专家讲的时候,还是要有一些案例,理论和案例相结合,到底怎么做,老师还是需要一些引领。(WXG3-X-20200325)

专业引领的实质是帮助一线教师搭建理论与实践之间的桥梁,为教师提供审视自身教育实践的新视角:

> 因为我们一直在一线工作,思维比较琐碎、零散,但是专家可能会跳出这个圈子,综合一些比较具有理论性东西,从不同视角看问题,会给我们带来不一样的经验。(NJ-JM-20200402)。

为了有效架构理论与实践之间的桥梁,专业引领需要做到蹲点陪伴、适时提炼、持续跟进。

1. 蹲点陪伴

蹲点陪伴是贴近一线实践、发现教研真问题的必要前提。虞永平认为,只有真正进入教育现场,才谈得上浸入式教研,甚至才谈得上真正意义上的教研。[②] 从区域集体教研转向入园指导个性化教研是提高园本教研实效的必经之路[③],这样的教研方式恰恰深受一线教师欢迎:

> 专家来我们幼儿园,在我们幼儿园至少待半天或者一天,发现我们幼儿园存在的问题,然后就这些问题引领教师,这样会比较有针对性。如果

---

① 梅里安,凯弗瑞拉. 成人学习的综合研究与实践指导:第2版[M]. 黄健,张永,魏光丽,等译. 北京:中国人民大学出版社,2010:249.

② 虞永平. 幼儿园教研需要革命性转身[J]. 幼儿教育,2017(31):52-53.

③ 李梅园. 中小学教师对教研活动的认同感的调查研究[D]. 上海:华东师范大学,2018:59.

专家不来了解我们幼儿园的情况，只是单纯地进行理论引领，这样的教研是低效的。应该从孩子的角度，发现我们老师存在的问题，帮助擦亮老师的眼睛，这样的教研活动比较有效。（ZJG10-W-20200309）

Y博士是所有专家当中最有价值的一个，特别接地气。她不要你带着她参观，她会真正地深入班级，看环境、看教师、看课程，在我们幼儿园待了整整一天，然后找教师谈话，和园长分享。她的谈话能够把我们心里的东西都挖出来，真的是很透彻，像一个医生一样，抽丝剥茧。这样的专家引领，不是就某个领域或者话题进行引领，而是通过专业行为，设身处地来引领。立足现场，把脉诊断，这个特别好！（HAG4-L-20200408）

这也符合著名管理咨询大师拉姆·查兰（Ram Charan）的观点："最有效的培训方式就是首先仔细观察一个人的行为，然后向他提供具体而有用的反馈。在进行指导的时候，你首先需要指出对方行为中的不足，这时你需要给出具体的例子，告诉对方他哪些表现是正确的，哪些是需要改进的。"[①]

2. 适时提炼

适时提炼能帮助教师梳理、提升教研经验，使教研经验更清晰、成体系。有研究表明，教师在教研中遇到的最大困惑之一，就是研究问题没有深度，大多是自己经验的总结。[②] 访谈中一线教师也表示"因为我们一直在一线工作，思维比较琐碎、零散"（NJ-JM-20200402）。对此，有教研员指出，"专家可以提炼老师零散的经验""教研员要善于发现亮点和阶段性地提炼"（WX-SJL-20200330），不少园长也表示提炼、总结是教研中的重要一环——"业务园长不是说研究和指导就行了，后续要及时总结、推广经验"（TZM3-H-20200330），"我们每次教研活动结束时，都会在老师讨论的基础上有一些总结，比如请园长或骨干老师做一些引领"（WXG3-X-20200325），"作为引领者，园长要参加每一次的教研活动，在老师发言的基础上给予一定的总结与引领"（YZM10-Y-20200410）。

毛佩清认为，教科研人员及时发现、总结、推广园本教研经验，有助于提升园本教研的层次，为幼儿园提供展示园本教研成果的舞台。[③] 更重要的是，适

①　庞丽娟. 中国教育改革 30 年：学前教育卷[M]. 北京：北京师范大学出版社，2009：191-224.
②　张艳娟. 教研员在园本教研中专业引领作用的研究：以上海市三级教研体系中的幼教教研员为例[D]. 上海：华东师范大学，2009：52.
③　毛佩清. 经济欠发达地区校本教研的实施策略[J]. 浙江教育学院学报，2006（5）：17-21.

时提炼能够帮助一线教师梳理某一阶段的教研经验,使其教研经验更加体系化,既为园本教研的可持续发展提供了重要抓手,也为向其他幼儿园推广和示范先进案例积累了教研经验库。

3. 持续跟进

持续跟进有助于园本教研的纵深发展。何锋认为,现有的培训缺乏有效的跟踪机制,没有关注到研训后教师的教科研状态,导致教研实效不高,基于此,培训后相关专家要进一步跟踪指导,帮助参培教师把理论内化为实践,切实提高培训效果。[①] 访谈中,一线教师也表达了对专业引领持续跟进的强烈诉求:

> 我觉得在专家引领方面需要一个固定的、对幼儿园比较了解的、能持续跟进的专家,这样才有帮助。今天请这个、明天请那个,我觉得并没有什么成效,反而会给老师造成很多的困惑。(NJ-H-20200402)
> 教研员如果来得有连续性,那肯定是有效的。(NTG5-J-20200331)

可见,相较于多位专家单次引领或一位专家偶尔引领,持续跟进的专业引领更受幼儿园青睐,更能推进园本教研纵深发展。

二、优化财力配置,完善教研经费管理

三阶段 DEA 松弛分析表明,在 168 所幼儿园中有 55 所存在财力投入冗余情况,占总样本园比重为 32.7%,也即三成以上的幼儿园存在教研经费浪费现象,而财力投入冗余会对教研规模效率造成负面影响,进而降低教研综合技术效率。对此,有必要完善现有的园本教研经费管理制度,包括均衡配备区域教研经费、合理规划园本教研经费。

(一)均衡配备区域教研经费

如前所述,从幼儿园所处地域来看,苏南幼儿园财力投入冗余最为严重;从幼儿园所处城乡位置来看,城区幼儿园财力投入冗余最为严重,财力投入冗余带来的后果是苏南幼儿园的教研规模效率低于苏中和苏北,城区幼儿园的教研规模效率低于镇区和乡村。有学者指出,多年来我国学前教育资源配置

---

① 何锋. 对中小学教师教科研现状与专业发展的思考[J]. 基础教育参考,2016(6):3-6.

都是以社会中的优势地区、优势群体为重点对象，优先满足条件和基础好的地区和幼儿园。① 然而，本书的调查结果显示，教研经费向苏南幼儿园和城区幼儿园倾斜后，并未显著改善苏南幼儿园和城区的园本教研效益，相反，财力投入冗余带来的后果是教研规模效率降低。对此，有必要均衡配备区域教研经费，使教研经费投入真正能为提升教研成效服务。

各级政府需要将学前教育教研经费纳入当地教育财政预算足额保障，制定本地学前教育教研经费管理细则，基于幼儿园按需申请和区域统筹规划相结合的原则，为园本教研划拨合理经费。黄迪皋发现，缺少资金成为许多国家研究工作的一个障碍，大多数国家都十分重视由政府机构出资支持教育研究，而我国中小学教研的经费投入和管理主要依赖课题资助，稳定的财政性教研经费没有单列，同时社会其他资助渠道缺失，总体上表现为教研经费体制结构简单，容易导致教研经费投入随意性大等问题。② 访谈中也发现，学前教育教研经费投入存在两极化现象：

> 像我们直属单位，经费肯定是不用顾虑的，这方面比较有保障。（WX-SJL-20200330）

> 镇区幼儿园在财力上自收自支，教研经费有限。幼儿园要发展，环境要改造，教研要提升，这些都离不开钱，经费问题也就成了制约我们发展的问题。（YZM10-Y-20200410）

对此，区域教研经费管理需要注意采取平等原则，城乡幼儿园应一视同仁，苏南、苏中、苏北幼儿园应统筹规划，避免教研经费配置失衡进一步恶化。ZJ市的YZ市③在教研经费均衡配置方面为我们提供了一个很好的范本：

> YZ在经费投入这一块做得非常好，从原先的资本性的支出变为现在的内涵式支出，教育局设立了三个层面的内涵发展基金：市级层面有省市项目相关研究课题助力基金、专兼职责任片区研究经费、个人研究项目奖励；幼儿园层面有户外环境奖补资金、教育装备优化配置资金、培植名师专项基金、成果专项基金；个人层面有市级专家指导费用、师范生的订单培养基金、拔尖人才奖励资金、男幼师培养资金、编外教师的扶持资金、

---

① 何锋. 农村学前教育教育补偿路径优化：基于供需适配性理论的思考[J]. 现代教育管理，2015（9）：29-34.

② 黄迪皋. 从外推走向内生：新中国中小学教研制度研究[D]. 长沙：湖南师范大学，2011：148.

③ YZ属于ZJ大市下的县级市，此处以YZ市论，本书中其他地方称YZ区。

民办园教师的特殊津贴。教育局非常支持学前教育这一块,外围给的政策和支持非常到位,从园长到普通老师甚至是编外工作人员,都给予了方方面面的支持,所以作为 YZ 幼教人真的很幸福。YZ 教育在均衡发展上,做得还是很好的,公/民办幼儿园、城乡幼儿园差别不大,追求均衡化的发展。(ZJ-QJG-20200331)

(二)合理规划园本教研经费

在本书中,园本教研经费包括专家咨询费用、教师外出交流学习费用、教研涉及的材料费用、教师教研奖金和科研成果转化费用,不同类别的教研经费均有其重要价值,但是对教研效益的具体影响则因园而异。对此,各级教育财政和幼儿园在规划教研经费使用时需要采取合理的组合方式,尤其是教研经费有限的地区和幼儿园,更需要"把钱用在刀刃上",使有限的经费投入达到"四两拨千斤"的功效。

1. 外出学习严格把关

教师外出学习交流对于提升园本教研效益具有诸多优势,一方面,外出学习有助于教师开阔眼界、学以致用:

> 虽然一直在搞教研,如果只是抛给老师一些理念,没有具象的内容,老师们还是弄不清楚实践层面要怎么展开。所以我们觉得教师外出交流非常重要,还是要多走出去,看看别人做得怎么样,某个理念他们是怎么实践的,老师们看了实例是不会忘记的。有时候老师可能不会讲出理念性的东西,但是外出观摩的实践会深深印刻在他们的脑海里,而且回幼儿园之后是可以学习借鉴的,可以在自己幼儿园做起来的。(WXG2-W-20200410)

另一方面,外出学习更适合幼儿园教师群体特点,深受一线教师欢迎:

> 开展教研活动,还要考虑到受教研者的兴趣、需要,让幼儿园教师一天到晚坐在会场里听,他们是不满足的,幼儿园老师是比较活泼的,比较倾向于走出去。(WXG1-L-20200327)

> 我们也对老师更喜欢何种教研方式做了调研,相较于请专家做讲座,幼儿园老师还是更愿意走出去。(WXG2-W-20200410)

郑行军的研究也发现,一线教师最想得到的帮助来源排名为"外出学习(62.3%)>教研员(47.3%)>校内骨干教师(44.7%)>网络信息(43.3%)>

图书资料(35.7％)＞专业研究人员(32.7％)"[1]。为了使外出学习交流效益最大化，需要注意以下四点：

其一，配套归园二次培训，使个别教师的外出学习经验辐射全园教师：

> 我们幼儿园有详细的教师外出学习制度，每一个外出的老师，都不是轻松的状态，而是带着任务的，回来之后需要汇报和班级展示，图片、视频资料打包上传共享。(HAG4-L-20200408)

> 外出学习的老师回来以后进行归园分享，通过图片、案例分享互相学习，可以达到一人学习、多人受益的效果。让所有的老师都走出去学习，不太可能同一时间实现，因为有人要带班，财力也不允许，所有我们会有归园分享。(HAM3-Y-20200408)

其二，遴选外出学习的教师，确定外出学习的重点：

> 我们幼儿园每个人的长处都不一样，有的擅长环创，有的擅长上课。我们有四个擅长环创的老师，他们出去学习的时候主要学习环创。上课、教研能力比较强的老师，他们外出学习的时候会去看教研方面的、其他幼儿园软件方面的内容，把一些经验带回来。一个老师不可能每个方面都很擅长，所以我们会抓住老师的长处开展教研活动，这样管理更有效，老师们也会有自信。(YZM2-Y-20200307)

其三，外出学习要有实效，必须将外出学习心得落实到本园教育实践之中：

> 每学期派老师外出培训学习，将外出学习经验与本园实际情况、教科研相结合，开展实践研究。(NJG1-F-20200409)

> 外出学习经验如何内化到自己的实践中，好的东西怎么融入我们幼儿园的日常工作中？我们会在园内进行研讨，到底哪些方面适合，哪些方面需要再改进，人家做得好的，放到我们这边确实能做的，就会让老师去做，把好的做法带回幼儿园。(HAG2-W-20200409)

其四，对于教研经费特别有限的幼儿园，可以通过网络培训方式开阔眼界：

> 对于民办园，我的建议是可以多开发微型网络教研内容，让更多民办园的老师参与到学习和研究中。现在网上的学习资源真的非常丰富，有些课程是付费的，有的课程比较老了可能是免费的，这样花费不多。(ZJ-

---

[1]　郑行军.基于供给侧视角的教研转型改革探索[J].教育参考,2018(6):99-105.

QJT-20200326）

何锋认为，集中培训可以满足大型的项目需求，但是集中培训的综合成本较高，而网络培训相对来说成本低、覆盖面广，且远程培训能够设计自助"菜单"，学员可根据自己的实际需求参加相应的培训。[①]

2. 专家咨询明确重点

如前所述，专家指导能够引领园本教研方向、引领幼儿园特色课程建设、现场诊断发现问题、引领课题研究、引领专业知识和技能培训，对提升园本教研理论层次、推动园本教研可持续发展意义重大。然而，专家咨询费用对于有些幼儿园来说并不是一笔小数目，因此需要将专家咨询效益最大化——"请专家费用还是蛮高的，我们请了专家之后，一般是把它的效益发挥到最大，然后开展草根研究"（ZJ-QJT-20200326）。

首先，园本教研应该明确邀请专家的目的，否则会降低专家指导实效——"有的幼儿园没有做好前反思，没有明确外请专家的目的，使得专家对教研内容不了解，降低了园本教研的实效性"[②]。对此，有教师建议邀请研究专长与园所特色相契合的专家——"引领实效性可能要看专家的专长跟这个幼儿园的特色和理念的一致性"（NJ-H-20200402）。

其次，园本教研应该注意邀请专家的时机，否则会导致园本教研低水平重复——"有的幼儿园在园本教研时遇到了困难，但由于没有把握专家介入的时机，造成了园本教研在原有水平上的反复"[③]。对此，有园长建议"专家不能随便请，如果我自己看我们幼儿园就有一堆问题，还请专家来干什么呢？先自己整改，等到自己整改好了，再请专家过来看"（HAG4-L-20200408）。

再次，园本教研应明确专家重点指导对象。教研员和园长反映，园外专家引领可能更适合骨干教师，园内专家引领可能更适合普通教师：

> 教研员和高校教师引领对于骨干教师来说更好，园内教师引领对于普通教师来说更好，不同的老师需求不太一样。（WX-SJL-20200330）

> 教研员引领骨干教师特别有价值，很多年轻老师可能理解不了教研员讲授的内容，高校教师可能更适合骨干教师。像我现在的年龄段和工

① 何锋. 对中小学教师教科研现状与专业发展的思考[J]. 基础教育参考,2016(6):3-6.
② 周晓娟. 南京市幼儿园园本教研现状和问题的研究[D]. 南京:南京师范大学,2011:22.
③ 周晓娟. 南京市幼儿园园本教研现状和问题的研究[D]. 南京:南京师范大学,2011:22.

作状态(业务园长),我更愿意参加高校教师和教研员引领的教研,但是年轻老师可能就不一定了。(HAG4-L-20200408)

3. 教研材料重在图书

教研材料费用包括教师教研涉及的理论书籍购买、期刊报纸订阅、活页资料文印等。考虑到幼儿园教师理论功底普遍不高的现状,以及大量的专业阅读对教师夯实知识功底的重要价值①,园长普遍提及图书在教研材料中起着重要的支点作用:

> 老师的理论功底还是很重要的,我们每年都会选购一批有质量的图书。(WXG1-L-20200327)

> 通过交流讨论发现,相对而言老师的知识储备还是有所欠缺的,所以每学期我们会购买很多书,要求老师们在家利用业余时间多读书、读好书,读我们幼教方面的各类书籍。(ZJG11-K-20200324)

除了幼儿园集体购置图书,有的幼儿园还会为每位教师配备专门的图书经费——"每个老师年终都有买书的经费打到卡上,买书后拿到幼儿园登记、盖章"(HAG4-L-20200408)。对于教研经费紧张的幼儿园,保证书籍供应显得尤为关键:

> 在经费紧张的情况下,怎么使经费利用效益最大化? 我觉得书费不要省! 我们幼儿园整个学期重点研读一本书,大家去把它研究透了,把书本上的东西应用到实践中,通过持续观察,再去对照书本,教师在这个过程中肯定是会有进步的。(ZJ-QJT-20200326)

4. 延时即时双重激励

如前所述,江苏省幼儿园基本建立了教研评价制度,一般是将绩效考核结果和年终奖金挂钩,通过绩效奖金来提升教师的教研积极性:

> 我们希望通过一定的物质奖励和支持,提高老师们教研的积极性。工资上年底有30%的绩效奖金,这个绩效奖金不是大锅饭,每个人都平均,而是包括各类考察,其中一项就是教科研成果。成果奖奖励多少,要根据老师研究的实效,可能很多,可能没有。有实效的话,项目组长的奖励可能比中层的津贴还要高,只要做得好,组员也有奖金。这是我们的做

---

① 黄乃祝,肖武云.中小学教师专业发展的阅读对策探讨[J].中小学教师培训,2018(5):24-26.

法。我们希望 30％ 的绩效更加体现绩效的作用。（WXG2－W－20200410）

除了常规的年终绩效考核（教科研奖励作为绩效奖励的一部分），有的幼儿园还设立了专门的教研奖金，借以奖励教科研创新成果：

> 我们幼儿园专门设立了创新成果奖，这个奖主要针对教科研方面的创新活动，我们幼儿园有专门的学术委员会，会对这些创新活动的价值进行评定，然后按照比例发放奖金，这对老师们的激励很明显。（WXG1－L－20200327）

> 我们会设立教研奖金，比如每学期有面向园内老师或者家长的公开活动，会单独发放给老师。（HAM3－Y－20200408）

即时激励指个体达成某项目标后立即获得的激励[①]，也是提升教师教研热情的重要手段。教研员和园长反馈，江苏省幼儿园的教研奖金制度经历了一定的变迁：

> 专门的教师教研奖金现在不让发了，我以前当园长的时候还可以，现在因为一些政策，园长调动老师积极性的教研奖金基本没什么了。（ZJ－QJT－20200326）

> 现在考核制度不一样了，以前幼儿园好像有自己支配的权限，教研奖金可以拎出来。现在江苏都放在绩效里了，没有专门呈现出来。（NTG5－J－20200331）

对此，教研员表示"可以的话，其实还是需要专门的教研奖金的。发奖金是即时奖励，大家会很激动，如果只是最后转化成绩效奖金，喜悦感就淡了"（ZJ－QJT－20200326）。王博和罗婧认为，即时激励比其他激励方式的影响来得更为直接和迅速，针对性和目标性更强，其奖励面宽、奖励路径短，更有利于调动绝大多数员工的积极性，有助于企业提高管理效益。[②] 相对于即时激励，年终绩效考核激励属于延迟激励（个体达成某种目标后相当长一段时间后才获得的激励），二者各有优势，结合使用可以带来双重激励效果。

---

① 欧阳常青. 教学管理中的教师激励问题探究[J]. 教学与管理，2012(9)：36-38.
② 王博，罗婧. 企业员工即时激励问题及思考[J]. 东方企业文化，2015(8)：79-80.

三、优化物力配置,教研场所因地制宜

教研不是发生于真空之中的,而总是处于一定的场域。在布迪厄看来,场域是指各种位置之间存在的客观关系的一个网络或一个构型,是一种具有相对独立性的社会空间。[①] 也即,教研发生的场域不仅包括教研场所本身,更包括教研场所中教研人员的行为及其关系。然而,教研场所作为教研活动发生的物质基础,其场地特点、设施配备、环境氛围自然会对处于其中的教研人员的心理状态和行为特点产生影响。对此,为提高园本教研效益,教研场所必须做到因地制宜,包括教研场地多重保障、教研设施灵活配备、教研环境精心布置。

(一)教研场地多重保障

教研场地是为教研活动服务的,因此需要根据教研目的、教研内容或教研需求加以选择:

> 教研场地基于活动内容来选择,年级组教研我们有级部活动室,面积为教室一半大小,有会议桌、一体机,放映 PPT 和视频都很方便;如果是大教研,我们基本在多功能厅开展,地方比较大,做游戏、分组讨论都是铺得开的;有的教研活动基于现场,例如观摩某个班级的积木区活动会直接在教室进行,又如户外课程研讨就直接在户外操场上进行,因为讲到某个环节时可能需要寻找素材。(WXG2-W-20200410)

> 我们幼儿园教研场所很多,老师们会根据教研需求自己随意选择,根据活动内容选择会议室、艺术健美室、图书阅览室、运动场以及紫藤长廊等适合的场地进行教研。有时候在会议室介绍班级活动,有时候在图书室进行级部教研。(HAG2-W-20200409)

如果条件允许,幼儿园大、中、小型教研场地应该配备齐全。因为教研场地过少,会导致教研活动施展不开——"其实硬件也会影响教研效益,例如场地有限,我们只有一个大的多功能厅,什么活动都放在里面,有时会冲突"(NTG5-J-20200331)。有的幼儿园专门开辟了大、中、小型教研场地——"我

[①] 布迪厄,华康德. 实践与反思:反思社会学导引[M]. 李猛,李康,译. 北京:中央编译出版社,1998:139-140.

们有一个很大的、阶梯式的、有舞台的礼堂,有 250—280 个座位;还有一个专门的小型会议厅,可以容纳四五十个人;每个年级组会有小型的研讨室,所以我们幼儿园大、中、小型教研场地都有"(WXG1-L-20200327)。教研场地多重保障的优势在于,可以允许教师开展分层教研,提升教研实效——"我们幼儿园教研场地比较多,多功能厅有一个,会议室有两个,学习资料室有两个,这些场地能让教师充分地分层教研。分层教研是比较有效的教研,这样能把更多的时间花费在需要讨论的议题上"(TZM3-H-20200330)。

(二)教研设施灵活配备

首先,为教研场地配备可灵活移动的桌椅,能够增强教研场地功能多样性:

> 我觉得理想的教研场地是桌子、椅子是可以移动的,无论是沙龙式教研还是看电影式教研,都可以实现。(WX-SJL-20200330)

> 每个幼儿园都是需要多功能厅的,可以进行教研活动,也可以举行家长会、亲子活动,实现教研经验的辐射。(ZJ-QJG-20200331)

其次,"科学观察—正确解读—有效支持"已成为当前学前教育教研追求的方向,因此有必要为教师配备观察记录设备:

> 很多年前我所在的幼儿园给每个老师都配备了照相机,做观察记录用,现在大家用手机就可以了,手机上有防抖装置,很方便。(ZJ-QJG-20200331)

> 现场录像是需要的,你不知道什么时候会有精彩瞬间呈现,录下来之后你会发现"高光时刻",可以用抖音上的剪辑工具,通过信息技术手段把一些关键信息点截取出来,后期可以进行微教研,其实这是发挥教研最大效益非常有效的一个手段。(ZJ-QJT-20200326)

再次,为了减少或避免教研对幼儿正常生活和学习的干扰,可以在幼儿园配备现场转播设备,如此也能开展"有图有真相的教研活动":

> 现在不是不提倡 60 人以上的教研活动嘛,就是做教研也不要影响孩子的活动。有时候老师在现场观摩也会影响孩子的正常活动,所以我们会用摄像机把老师的活动、孩子的游戏录下来,现场转播教研也是很好的方式。(TZG11-D-20200403)

（三）教研环境精心布置

其一，教研环境布置要温馨。有园长提道，"我们发现，场地布置得更加温馨一点，老师发言也更积极"（HAG2-W-20200409）。为此，不少幼儿园在让教研环境变得更温馨方面下功夫：

> 我们有一些阅览室布置很温馨，富有生活气息，配备了咖啡和其他冲饮饮品，有生活的味道，就像那句话——工作着，生活着，美丽着。（ZJ-QJG-20200331）

> 我们的教工之家氛围是比较温馨的，我们会提供一些点心和饮品，让老师们在氛围轻松的环境之下交流互动。老师们也能够畅所欲言，直接说出心里的一些想法和问题。（ZJG11-K-20200324）

> 为了营造宽松的教研环境，我们在教研时还会准备一些小食品，让大家吃吃东西、聊聊天，拉近大家的距离，让大家敞开心扉交流意见和想法。（YZM10-Y-20200410）

其二，教研环境布置要体现平等。物质环境是精神环境的外化，为了帮助一线教师从心理上认可自己是教研的主人，教研参与者与教研引领者是平等的合作研究者关系，需要在物质环境上体现平等的特点。而"平等协商"正是圆桌会议特有的含义，众人围成圆圈而坐，不分上下席位，有助于与会者平等自由发言和充分协商[①]：

> 我们在进行教研活动的时候，老师们坐在一起围成圆圈，氛围比较温馨，比较放松，老师们发言也更积极。没有人坐在中间，没有中心，园长和教研组长都是和大家坐在一起的，大家都是平等的。（HAG2-W-20200409）

> 其实老师刚开始是不想说的，我们就击鼓传花，后来就形成习惯了，我们每次教研都是围成圈，每个人轮流说，所以就有了这样的心理准备，每个人都要表达自己的想法。（TZG11-D-20200403）

其三，教研环境布置要注意留痕。如前所述，园本教研文化会对教师教研积极性产生重要影响。稳定的教研文化一旦形成，一方面会对教师个体的职

---

① 阚自明.圆桌会议[J].师范教育，1993(2):42.

业生存具有决定性的制约作用,另一方面能从深层制约校本教研发展的方向。[①] 对此,有必要从物质环境创设入手,使教师不断思考、不断进步的过程外化、留痕,营造浓郁的教研文化:

> 有一些幼儿园,教室门上不需要挂标牌,你就知道这是教研中心,因为墙上会有老师教研的痕迹。当教研问题抛出来后,老师们用便利贴的形式把自己的想法贴上去,有时候某个问题不一定是当时能解决的,所以墙面有时候是动态呈现的,是大家想法的碰撞。每一面墙都能"说话",也是非常浓郁的教研文化的体现。(ZJ-QJG-20200331)

> 我们会把教研话题张贴到教研活动现场墙面,把读书分享图书小报布置到活动室。(HAG4-L-20200408)

第三节　完善教研组织管理

第五章中 Tobit 回归分析表明,实践共同体创设情况会对园本教研纯技术效率产生极其显著的影响,对此,可以从加强幼儿园教师实践共同体建设视角出发完善园本教研组织管理,借以提高园本教研纯技术效率。温格的实践共同体"三要素论"将实践共同体解构为相互卷入、合作事业和共享智库[②],基于此,可从鼓励教师相互卷入、深化教师同伴互助、完善共享智库建设三个层面来加强幼儿园教师实践共同体建设。

一、开展去个人化实践,鼓励教师相互卷入

在温格看来,相互卷入(Mutual engagement)是指通过参与共同体,成员建立了常规和合作关系,这些关系是联系共同体成员成为一个社会实体的纽带。为了帮助幼儿园教师建立教研常规和合作关系,非常重要的一点就是教师之间能敞开心扉、彼此开放、共同参与。对此,刘易斯等人提出的"去个人化

---

① 李广强. 营造大教研观的良好教研生态环境[J]. 教育实践与研究,2012(2):4-5.
② 温格. 实践共同体:学习、意义和身份[M]. 李茂荣,欧阳忠明,任鑫,等译. 南昌:江西人民出版社,2018:68.

实践"(De-Privatization of practice)概念能够帮助我们有效理解进而促进教师之间相互卷入——"去个人化实践"指的是专业共同体内的教师以公开的方式从事他们的教育实践，他们兼具建议者、专家和学习者的角色，既为同事提供支持，也从同事那里获得帮助，共同分享实践经验。[1] 相反，如果教师封闭自己的视域，仅采用自我反馈的方式进行专业实践，就不免产生个人思维上的盲点，过度合理化自己的行为。也就是说，幼儿园教师之间开展去个人化实践，有助于提升教师相互卷入度。其中，教研活动目标明确、教研问题精准到位、教研准备充分得当、教研重视问题解决、教研形式多元有趣、园本教研节奏适宜是促进教师开展去个人化实践的有效保障。

（一）教研活动目标明确

教研活动目标是教研主体对教研活动预期结果的主观设想，能够为教研活动指明方向。明确的教研活动目标就像一根指挥棒，指引教研人员"心往一处想，劲往一处使"——"要有的放矢，明确每次教研活动目标，这样才能使每次教研活动更为有效，更有针对性"（ZJM8-J-20200325）。一线教师自陈，教研活动目标明确与否会影响每次教研活动的成效：

> 我觉得教研的目的是否明确会影响教研效益。比如说，今天我们的教研有一个明确的目的，大家就围绕这个目的去想、去展开讨论，就比较能讨论出东西来。但是有时候教研目的不是很明确，教研效率就比较低。（NJ-JC-20200401）

对此，分层教研的一大优势就在于教研活动目标更加清晰、具体，高微佳认为分层教研有助于将教研活动目标再细化、分层，关注到教师"最近发展区"，将远期的目标化为近期目标，使教师目标明确，做事方向性强。[2]

（二）教研问题精准到位

成人学习理论认为，随着个体的成熟，个体的时间观会发生一种变化——从知识的未来应用转向立即应用，因此，成人学习更多是一种问题中心的学习

---

① LOUIS K S, KRUSE S D, RAYWID M A. Putting teachers at the center of reform: learning schools and professional communities[J]. NASSP Bulletin(National Association of Secondary School Principals),1996,80(580):9.

② 高微佳. 关于分层教研的研究：以上海市某幼儿园教研管理改革的探索为案例[D]. 上海：华东师范大学，2010：37.

而不是学科中心的学习。① 基于此,教研工作必须是问题导向的。虞永平指出,教研的首要任务就是深入实践、发现问题、感知困难、聚焦重点,确保每一个教研任务都有相应的问题指向,每一项教研活动都是为了解决相应的现实问题。② 张晖也认为"问题"是开展幼儿园教科研的线索,解决教育实践中的"问题"是基层教育机构教育科学研究的主要任务,对于幼儿园教师来说,发现教育实践中的问题、解决问题的过程就是研究的过程。③ 相反,如果教研问题定位不准或者不够聚焦,可能导致教师仅针对一些教学的细枝末节反复讨论或者教研讨论漫无边际、不分主次、缺乏中心,造成教研随意决策、无意推进、收效甚微等局面。对此,教研问题精准到位是保证教研工作走上精准化、有效化、制度化轨道的重要前提。

首先,教研问题必须贴近一线教师的实际工作和需求。有园长指出,"教研活动搞得好,不是园长搭建的框架好,而是基于老师们平时遇到的困惑"(NTM3-C-20200308)。一线教师也表示教研问题贴近一线教师的兴趣和需求能够有效提升教师的教研积极性,教师之间能够更加畅所欲言、实现思想碰撞:

> 我觉得教研的话题如果是老师比较感兴趣的、比较需要的,老师内在的积极性就会被调动起来。比如我们上个学期围绕幼儿建构游戏的观察和指导开展过一个学期的教研,因为建构游戏本身是我们幼儿园前期忽视的一块儿,老师们在这方面比较欠缺,同时建构又是一个观察孩子非常好的载体,所以在教研的时候老师们就非常活跃,大家都能拿出案例,然后针对这个案例去分析孩子,氛围很好。(NJ-H-20200402)

> 如果教研是从实际出发的,讨论的是每个带班老师实践中都会遇到的问题,那可能老师们都有话说,更能有一种思想的火花碰撞。但是抛出的问题如果是稍理论化的,可能很多老师都不理解讲的是什么,讨论的时候容易出现低效率的问题。(NJ-JC-20200401)

叶小红认为,适宜的教育要引发儿童与环境之间的交互作用,而要实现这一点,环境就必须与儿童的需要、愿望、目的和能力发生联系。④ 教师的学习

---

① 梅里安,凯弗瑞拉. 成人学习的综合研究与实践指导:第 2 版[M]. 黄健,张永,魏光丽,译. 北京:中国人民大学出版社,2010:249.
② 虞永平. 幼儿园教研需要革命性转身[J]. 幼儿教育,2017(11):52-53.
③ 张晖. 以教育科研促《指南》贯彻实施[J]. 早期教育,2013(4):4-5.
④ 叶小红. 儿童:永不退场的主角[J]. 幼儿教育,2018(5):1.

也是如此,教研问题也要与教师的需要、愿望、目的和能力发生联系,才能创造有意义的学习。

其次,教研问题必须契合教师专业成长的最近发展区。一般来说,幼儿园有其教师梯队,包括新手教师、青年教师、成熟教师、专家教师等,不同发展层次教师的个人素质、专业基础、文化修养水平不同,其遇到的专业发展问题和专业发展需求也各不相同[1][2][3],也即其专业成长的最近发展区各有差异。胡梓滟研究发现,教研活动的全纳性不足、有针对性的分层研修缺失是当前园本教研活动存在的主要问题之一[4]。也就是说,粗放的"一刀切"教研模式会导致针对性差、效率低下,出现刚入职的教师听得云里雾里,新上手的教师觉得过于啰唆,而骨干教师却觉得没有必要的现象,导致所有的培训对象都不满意。[5] 对此,需要考虑教研问题难度与教师最近发展区之间的匹配情况——"我觉得教研问题的难度要适宜,要使老师有话可说"(NJ-H-20200402),"教研积极性肯定也跟老师了解问题的程度有关,了解不多的话题肯定不太好发挥"(HAM3-Y-20200408)。对此,幼儿园有必要充分考虑不同教师的知识结构、理论水平、教学实际和内在需要,对教师进行合理分组,分层调研不同层次教师需要解决的问题,根据不同层次教师的最近发展区设计分层教研内容,使每位教师在各自的"最近发展区"上获得最大限度的发展。

再次,培养教师的问题意识,基于真问题、开展真教研。如上所述,教研问题的确定不是随意的,而是系统调研和深思熟虑的结果。基于此,一线教师需要具备问题意识,因为"教师善于发现问题的能力和解决问题的能力会影响教研效益"(ZJG9-W-20200326)。值得注意的是,不是所有教师都具备发现问题的专业眼光,不是所有教师都能精确概括或定位自身想要解决的问题——"在调研老师存在的教研问题时,我们发现其实老师不太会提问题,这是普遍存在的情况,要不就是问题太大太空,要不就是问题小到通过自身学习就可以解决,而不需要协调幼儿园整体力量提供帮助"(HAG4-L-20200408),有时

① 张血玲.以问题为导向的幼儿教师分层培训策略[J].继续教育研究,2017(3):96-98.
② 李梅园.中小学教师对教研活动的认同感的调查研究[D].上海:华东师范大学,2018:94.
③ 高微佳.关于分层教研的研究:以上海市某幼儿园教研管理改革的探索为案例[D].上海:华东师范大学,2010:15.
④ 胡梓滟.幼儿园园本教研活动实施策略的改进:基于实践共同体理论的视角[J].教育科学论坛,2016(11):44-47.
⑤ 孟学蕴.结构分层培养,促进专业成长:幼儿园青年教师分层培养模式研究[J].华夏教师,2018(2):27-29.

还会出现教师自陈问题和真实问题之间存在出入的情况——"我们还会对教研问题进行二次调研,因为有时候问卷调查结果和现场观察结果不一致,我们要确保研究问题是真问题,分清楚表层的问题、核心的问题、本质的问题"(ZJ-QJG-20200331)。对此,一方面,教研负责人要注意培养教师的问题意识,提升教师对研究问题的敏锐度和表达力;另一方面,教研负责人要善于甄别问题、分清主次、敢于取舍,以便抓住重点问题——"我们会对老师提出的问题进行删减和梳理,把反映上来的问题加以细化、润色,选择一些比较适宜的话题"(HAG4-L-20200408)。

(三) 教研准备充分得当

成人教育理论代表者诺尔斯认为,成人积累了不断增加的经验库,它们是学习的丰富资源。① 对此,要想提升幼儿园教师的学习效率,教研活动需要以教师日常积累的经验作为重要资源。教研活动要想开展得顺畅且有深度,必须提前让教师做好教研准备,提前对教研问题作出思考,努力使自身的实践和经验成为重要的教研素材。

不少园长和教师都有此发现,要想教研活动从"一言堂""没有风的水面"变成"知无不言,言无不尽",提前预告教研话题十分重要:

> 我们以前也出现过教研时一言堂的现象,我们也在不断地反思是不是我们提出的有些问题老师们确实不太会回答,或者是相对而言不知道怎么回答。后来,我们所有的教研活动主题和话题都会提前抛给老师,老师们就会带着这些问题在平时的工作中积累一些思考,带着这个问题在一日活动中不断寻求答案,正式教研时自然就有话说。(ZJG11-K-20200324)

> 教研是需要准备的,老师的困惑和思考需要提前梳理,如果只是在教研现场进行思考,那么可能还没思考出东西研讨就结束了。(WXG2-W-20200410)

> 让教师提前思考教研的话题,这样大家更容易参与进来。提前掌握一些知识和内容,教师参与教研更为轻松、更有话题。(NJ-JY-20200402)

---

① 梅里安,凯弗瑞拉. 成人学习的综合研究与实践指导:第 2 版[M]. 黄健,张永,魏光丽,译. 北京:中国人民大学出版社,2010:249.

有些教师属于沉思型学习者，他们面对问题时不急于作答，往往会运用充足的时间考虑、审视问题，对问题中的各要素及其相互关系作深入思考，权衡各种问题的解决方法，在这之后才做出最后的选择。[①] 因此，提前预告教研问题对于沉思型学习者来说十分有利，能够有效提升其教研准备度和参与度。

此外，提前提供相关学习资料是帮助教师教研准备充分得当的重要手段。教研员和园长都分享了这方面的教研智慧：

> 我们会在教研之前把问题给抛出来，事先会推荐阅读材料，让老师带着问题去思考，带着前期实践来教研现场，这样心理压力要轻很多，因为老师在教研时是有备而来的。（ZJ-QJG-20200331）

> 我们会提前预告下次教研活动内容是什么，提前给老师阅读材料，告诉老师提前准备哪些东西，大家如果准备好来参与教研，那效益肯定高。（WXG2-W-20200410）

> 为了保证每个人都能参与，我们会在教研活动前几天甚至一周就把教研的主题、教研的方案发到我们的群里面，我们也会提前提供一些学习的资料或者是推荐一些书，让他们先积累一些经验，到教研的时候老师就有话可说。（YZM10-Y-20200410）

（四）教研重视问题解决

成人的学习是以解决问题为主的实用性学习[②]，如若学习能够提供明确的行动建议，有助于解决问题，那么成人学习者会感到学习是有价值的，认同这种学习的必要性。教研也是如此，教师如果能够通过教研解答自身存在的教育困惑或难题，那么教师会产生一种教研获得感，进而激励教师更加积极地参与后续的教研活动。教研活动质量越高，教师获益越多，教师的教研参与度和认同度也会越高；而没有实效的教研活动，往往得不到实质性的参与和重视[③]：

> 老师在工作中遇到问题，如果不能帮他们及时解决，会很迷茫。在老师遇到问题的时候，能够一针见血地解决掉，这是很重要的，否则教研会迷失方向。（HAG2-W-20200409）

---

① 孙广治. 认知风格的差异研究[J]. 齐齐哈尔大学学报（哲学社会科学版），2004(2)：95-97.
② 季平. 教研活动策划的有效性研究[J]. 教育理论与实践，2013,33(29)：15-17.
③ 李梅园. 中小学教师对教研活动的认同感的调查研究[D]. 上海：华东师范大学，2018：80.

很多园长都非常重视通过教研帮助教师解决问题：

> 我们所有的教研活动，都是能解决的问题当场解决，不能解决的及时解决，教研活动形成的这个惯例，也会鼓励老师们积极主动地发言。（ZJG11-K-20200324）

> 对于教师提出来的共性的问题，我们都会认真地去研讨、去思考，能够提出解决的方案。（ZJG9-W-20200326）

当小组教研中遇到的教研问题难以当场解决时，可以及时依靠全体教师的教育智慧：

> 我们园周一是级部小教研，年级组长会把问题梳理出来，好解决的问题当场解决，不好解决的问题交给教研组长或者业务园长，等到周二大教研结束前，我们会留20分钟把每个级部的问题抛出来，群策群力，以便级部教研中遇到问题及时解决。（HAG2-W-20200409）

一线教师也表示，教研中能解决问题有助于教师体验到教研的时效，增强教师的教研信心和动力，提升教师的教研认同感和参与度：

> 通过教研能学到知识，在教研过程中确实有成长，老师就更愿意参与教研活动，甚至会对下一次教研充满期待。（NJ-T-20200402）

> 教研负责人要让整个教研活动能够一步一步地推进，要让老师觉得这个教研是有效果的，在这个过程中自己是能学到东西的。有效的教研老师们肯定是愿意参加的，一定要激发老师内在的教研动力，让他们看到教研对自己是有帮助的，给老师一些展示的机会，激发他们下一步更多的行动。（NJ-P-20200401）

（五）教研形式多元有趣

有研究表明，成人在学习中真正能够做到聚精会神倾听的时间大概是20分钟。[①] 这是由大脑皮层的活动规律决定的，大脑皮层活动的特点之一是保护性抑制，意指人在从事体力和脑力活动时，大脑皮层兴奋区域会因兴奋时间过长或刺激强度过大而进入保护性抑制状态，这时细胞、组织或全身的机能降低[②]，也即人在聚精会神一段时间之后注意力会下降，这其实是大脑的自我保

---

① 黄佑生.如何提升教师培训师的讲授传播能力？[J].中小学管理,2020(1):55-56.
② 顾荣芳.学前儿童卫生学:第3版[M].南京:江苏教育出版社,2009:153.

护机制，它能使大脑皮层避免功能衰竭，赢得迅速恢复的时机。因此，教研也要遵循大脑皮层的活动规律，成人也不适合长时间的静听学习。教研形式是否合宜会影响教研效果——"教研组织的方式很重要，是专题培训，还是参与式培训，还是现场培训，会影响教研效益"（WX-SJL-20200330）。总的来说，教研形式要做到多元有趣，包括基于教研内容灵活选择教研形式、适当采取游戏化的教研形式、巧妙融合故事思维于教研中。

其一，基于教研内容选择教研形式。有教研员总结道"教研也是无定法的"，但是教研形式是为教研内容服务的，因此"不同的内容要对应不同的形式"（WX-SJL-20200330）。对此，园长和教师们一起创造了多种多样的教研形式，以适合不同的教研内容需要：

> 我们的教研活动形式不固定，会根据教研内容选择 QQ 群交流、头脑风暴、竞技沙龙、读书分享、兴趣社团等形式进行。（HAG2－W－20200409）

> 我们会考虑到多样化的形式，例如体验式教研、线上教研、现场教研。现场教研时我们有时会做一些海报，拎一些关键词，由教师代表进行阐述。（ZJG5－H－20200324）

> 不要固定模式坐着教研，我们美术名师工作室每学期都会组织一到两次外出活动，带老师一起去看画展或者创意活动，感受美、启发我们的思想，这样老师们更愿意去表达自己。（NJ-JZ-20200402）

其二，适当采取游戏化的教研形式。如前所述，江苏省幼儿园已经基本形成园本教研常规和流程，有园长提道"流水式的工作要有游戏性"（HAG4-L-20200408），适当采取游戏化的教研形式有助于激发教师的新奇感、提升教师的教研参与度。HAG4 幼儿园开发了多种多样的教研小游戏，在将游戏精神融入教研方面进行了诸多探索：

> 我们发明了游戏币、投票券，请老师们投票给感兴趣的教研主持人和教研话题。一些有想法的老师在主持教研的时候，会进行游戏性分组、趣味性点名，或者是起名字、喊口号，还会借用《奇葩说》节目中吐槽/反对举牌子的形式，分成两队进行辩论，有时还会发一些巧克力。形式上，他们会想尽方法让自己的教研能够更加生动。（HAG4-L-20200408）

WXG2 幼儿园园长也充分认可游戏化教研形式的重要价值：

因为教研都是中午进行的,大家昏昏欲睡,玩个小游戏有助于老师们的注意力被集中起来。我们每次教研活动前会先玩一个和这次教研主题有关的游戏,每次教研主持人不同,游戏不同,研讨方式也不同,老师们会比较有新奇感。(WXG2-W-20200410)

其三,巧妙融合故事思维于教研中。黄佑生认为,美好的培训总是从讲故事(案例)开始的,讲故事能激发学习兴趣、增强学习留存,一个优秀的教师培训师一定是个会讲故事的人,这是一个让教师回归自我、回归内心的反思和理解教育的过程。[①] 有认知科学家提出,"听逻辑分析不是我们的本能,一听故事就明白才是我们的本能",对于学习者来说,故事不仅容易代入,而且传播了知识,营造了情境,提供了实践的模拟、行为的强化、价值的启发[②]。基于此,将故事思维用于教研之中,能让教研更有"滋味儿",用平易近人的方式帮助教师产生共鸣,使得教研中提到的观点和实践能更加深入人心:

一场教研下来,到底多少人还能记得你的观点? 三五天下来,有多少人真正能记得住? 三五年下来,有多少人真正还在用? 有时候,把故事思维融入教研中,能够让老师听得懂,更加有趣。用故事力激发教研的效益,老师更容易接受,也听得明白。(HAG4-L-20200408)

将故事思维融合于教研中,能够让教研经验更深刻、增强学习留存。

(六)园本教研节奏适宜

张艳娟研究发现,幼儿园教师带班压力太大、没有时间和精力做研究是教师在园本教研中遇到的主要问题之一[③],对此,如果教研管理不科学,会导致布置任务多、深入研究少的局面[④]。访谈中,一线教师坦承教研开展的频次和时间会影响教师的教研心态——"如果教研太频繁,大家就会觉得教研是一个任务,我要去完成,也不关心效果"(NJ-JC-20200401),也即园本教研节奏会影响教师的教研参与状态。

首先,幼儿园教师工作负担重早已成为共识,在此背景下,教研活动的

---

① 黄佑生. 如何提升教师培训师的讲授传播能力?[J]. 中小学管理,2020(1):55-56.

② 王健. 疫情危机下的教师角色、行为与素养[J]. 教师教育研究,2020,32(2):27-31.

③ 张艳娟. 教研员在园本教研中专业引领作用的研究:以上海市三级教研体系中的幼教教研员为例[D]. 上海:华东师范大学,2009:52.

④ 郑行军. 基于供给侧视角的教研转型改革探索[J]. 教育参考,2018(6):99-105.

"质"比"量"更为重要。Z老师对比了自己参与不同频次教研的状态：

> 之前我在两个教研组，但是领导们接受老师的建议，现在都是一人只有一个组。因为老师在两个教研组，不在班级时间较多，精力消耗太大。其实，在一个组也能学到很多东西，像我们去年更多地服务于园庆和南艺的双年展。（NJ-JZ-20200402）

对此，有园长建议：

> 我们都觉得教研活动少做一点，然后把它做好，每学期制定的内容不是太多，这样老师也更轻松一点，做细一点，这样能真正学到一些东西。（TZG12-C-20200403）

其次，选择适宜的时间开展教研。C老师分享了教研开展时间对教师教研状态的影响：

> 教研时间在我们幼儿园就很尴尬，每次利用的都是中午。其实中午应该是老师休息的时候，用这个时间来进行比较需要脑力的活动，又是刚吃完饭，有时候大家都是昏昏欲睡的状态，我觉得很难去思考问题，根本没有太多心思参与教研。如果选择一个比较合理的上午或者下午，控制在一定的时间范围内，这样比较好一点。（NJ-JC-20200401）

其实，利用中午开展教研活动是很多幼儿园的选择，所以有些幼儿园会准备咖啡、点心等，或者玩些教研小游戏，借以调动教师的教研积极性。而NTG5幼儿园则提供了另一种策略——"每周四下午，我们幼儿园是保育员当班，两个老师都出班一小时，效率非常高"（NTG5-J-20200331）。

二、分层合作团体评价，深化教师同伴互助

诺尔斯针对成人学习特点，建议成人教育者首先应创设一种合作氛围。[①]达林·哈蒙和麦克劳克林（Darling-Hammond & Mcaughlin）也表达了相似的观点："教师通过做、阅读和反思来学，这一点与学生一样，教师还通过与其

---

① TEAL Center staff. Adult Learning Theory[EB/OL]. https://lincs. ed. gov/sites/default/files/11_%20TEAL_Adult_Learning_Theory. pdf.

他教师合作来学习,通过审视他们的工作来学习,通过共享他们所见来学习。"①对于成人学习者来说,同伴互助是非常重要的学习方式,具有取长补短、集思广益的优势:

> 每个老师关注到的东西不一样,在教研活动时进行交流,有的老师没想到的点,别的老师想到了,就会给其他老师启发,其他老师也会思考怎么做。(HAG2-W-20200409)

> 同伴间合作更能取长补短,提高教师教研积极性。(YZM10-Y-20200410)

对此,可从合作方式灵活多样、优化常规教研规模、团体评价激励合作三个层面深化教师同伴互助。

(一) 合作方式灵活多样

随着幼儿园规模不断扩大,教师人数不断增长,教师们的教研需求也处于不断分化之中,在此背景下,分层教研是提升教研效益的重要方略。分层教研的一大优势在于,可以将有不同教研需求的教师集中到一起,促进他们之间展开深度合作:

> 可以把有共性问题、共性需求的老师组合在一起,形成教研共同体。这样一来,大家是有共同愿景的,就容易围绕一个共同的目标展开合作。有相同困惑的老师,容易谈到一块去,他们会互相分享故事、案例,听着不枯燥,还能有收获。(ZJ-QJG-20200331)

分层教研可以有不同的分层思路,常见的有师徒结对、年级组教研、领域教研、教龄分层、自主分层等形式。

1. 师徒结对

访谈发现,师徒结对包括两种模式,一是老带新,促进新老教师深入合作:

> 我们幼儿园每年9月都有青蓝工程,就是在教师节的时候让骨干教师、有学术荣誉的教师去带一个入职三年内的新教师,让他们师徒结对,师傅会在班级常规管理、计划制定等方面引导徒弟。(WXG3-X-

---

① DARLING-HAMMOND L, MCAUGHLIN M W. Policies that support professional development in an era of reform[J]. Phi Delta Kappan, 1995, 76(8): 597-604.

20200325)

二是层层带动，帮助每个层次的教师都有合作对象：

> 我园会开展分层带动式培训：园长带业务园长，业务园长带教研组长，教研组长带年级组长，年级组长带教师，一层一层下来，通过这样的师徒结对活动，大家在不同层面上都有所提高。（YZM10-Y-20200410）

> 评选为园内讲师了，徒弟就是学科带头人，学科带头人的徒弟是教学能手，教学能手的徒弟是教坛新秀，其实主要是形成这种氛围，有时尊称一声师傅，可以让老师知道遇到问题了找谁问。（TZG11-D-20200403）

2. 年级组教研

很多园长都反映，年级组教研具有针对性强、操作性强、研讨氛围热烈等优势：

> 最有效的是年级组形式，年级组老师带同年龄段的幼儿，会遇到相似的问题，可以结合幼儿身心发展特点进行分析，管理模式和应对策略比较相似。（NTM3-C-20200308）

> 我园还会以年级组为单位展开教研活动，使教师对本年龄段幼儿的经验水平更加了解。（YZM10-Y-20200410）

> 尤其是和年级组长在一起的时候，教师之间发生思维的碰撞还是更明显一些。（HAM3-Y-20200408）

3. 领域教研

领域教研也是幼儿园常见的教研模式，对于教师之间围绕某一领域深入合作、发挥教师的教学专长具有重要价值：

> 我们幼儿园设立了五大领域教研组，每一位教师都有自己的教学专长，教师根据需要自主选择，在小组研讨中提升自己某学科领域的教育教学能力。（YZM10-Y-20200410）

> 研讨的时候我们发现，有的老师还是有一些独特见解的，这部分老师我们会鼓励他们做一个领域的带头人，让他们和成员老师一起开展领域教研。（TZG12-C-20200403）

4. 教龄分层

不同教龄层次的教师往往会遇到不同的教研问题、具有不同的教研需求，对此，不少幼儿园选择以教龄作为教师分层的依据，鼓励发展层次相似的教师抱团学习：

> 我们幼儿园会依据新教师、骨干教师、成熟教师分类组建不同队伍，开展不同类型的活动。（WXG2-W-20200410）

> 我们幼儿园有分层共同体——雁之队和小荷共同体。老教师之间也要形成教学赶超，叫作雁之队；25—35 岁的年轻教师叫作小荷共同体，年轻人有年轻人的想法，年轻人之间交流更能互相理解。（TZG11-D-20200403）

5. 自主分层

除了以上分层模式，有的幼儿园还采取了灵活机动的自主分层方法，鼓励教师自主选择教研话题和教研主持人，以增强教师的教研主体性与合作性：

> 如果总是由业务园长或教科室组织开展教研，还是比较局限的，而且老师始终处于被动状态。我们幼儿园有项目组，会有骨干教师引领这个项目，招募同样感兴趣的愿意参与的老师。项目组形式中，老师就是教研的主人，老师认领项目，自己组队。（WXG2-W-20200410）

> 我们在教研工作中鼓励教师们自发地组成一些小组，针对工作中出现的问题展开研讨。（YZM10-Y-20200410）

（二）优化常规教研规模

Tobit 回归分析表明，幼儿园常见教研规模会对教研综合技术效率产生显著影响，因此选择适宜的教研规模对于提升教研效益具有重要意义。那么，什么样的教研规模是适宜的教研规模呢？园长和教师普遍反映，教研规模需要根据活动性质或教研内容来选择：

> 我觉得教研规模要看活动性质。（WXG3-X-20200325）

> 教研规模也要看教研内容，有的适合小规模的，有的适合大规模的。（NJ-P-20200401）

这是因为大、小教研规模各有优劣：

> 大教研的时候，20 多人也很适中吧，人多的好处就是大家的想法更多。（HAG2-W-20200409）

> 30 个老师全体教研，参与性不强，因为不可能每个人都有机会发言，

老师听得更多,听得多了,老师就不动脑筋了。(NTG5-J-20200331)

其实还是需要老师去互动的,小教研的时候,老师发言比较多,展现自己的机会比较多。(WXG3-X-20200325)

鉴于幼儿园常见教研组为 1—10 人和 11—20 人规模时,其教研综合技术效率显著高于 31 人及以上规模,1—10 人和 11—20 人教研规模是较为推荐的常规教研规模。

1. 优选 1—10 人教研规模

一方面,1—10 人教研规模有助于营造能说、敢说的教研氛围,促进教师之间形成思维碰撞:

10 多个人一起交流研讨,氛围是最好的。如果是面对整个幼儿园,群体太大,老师们有些观点可能不敢提出来。人数少一点,态度就不那么拘谨,大家比较敢说,互相可以甄别观点,即使有的老师做错了或者说错了,也不会有很沮丧的感觉。(ZJG10-W-20200309)

在 1—10 人小规模的研讨中,每个老师都有机会去向别的老师阐述自己在教育教学过程遇到的问题、困惑,每个问题又都能有机会研讨,个人的问题用集体的智慧去解决,一个问题一个问题地解决,就能很好地提高老师的能力。(ZJM8-J-20200325)

在圣吉(Senge)看来,"深度汇谈"是一种团队成员暂时忘掉假设和成见而进入真正的"共同思考"的过程[①],教师在集体中思考时,思想在一组人群里自由流动和沟通,它使集体得以实现个人无法完成的洞悉和领悟。而能说、敢说的教研氛围是教师实现"深度汇谈"的必要前提。综上,1—10 人教研规模不仅能够有效促进教师之间相互卷入,而且能够提升同伴互助质量,促进教师之间产生"深度汇谈"。

另一方面,1—10 人教研规模有助于教研问题及时解决,便于教研指导落到实处:

我们幼儿园有项目组,我们对组员人数的定位是 6 个人左右,这是我们认为最有利于研讨的规模。很多时候不是人越多越好,要让每个人发挥作用,把想法落实到级部、班级,然后再研讨、再落实。(WXG2-W-20200410)

---

① 圣吉.第五项修炼:学习型组织的艺术与实践:第 2 版[M].张成林,译.北京:中信出版社,2018:11.

对于一些有争议的问题或重点问题,我们会采用核心组教研,人数就几个。几个人参与的时候,研究的问题会比较集中,有效的发言也比较密集,会产生比较好的碰撞,效率很高,能研讨出来东西,对问题能有有效的解决措施。(NJ-H-20200402)

我觉得1—10人是最好的。为什么呢?我们从教研的功能出发,教研组除了研究,还要进行一些指导,怎么落实指导责任呢?当然是人越少越好落实呀。(TZM3-H-20200330)

2. 次选11—20人教研规模

其一,11—20人教研规模兼具大教研和小教研的双重优势,这一点得到了教研员、园长和教师的多方认可——教研员表示:

人太少,思维上难以形成碰撞;人太多,个人发言和表达机会有限,没办法探讨得那么有深度,所以我个人觉得11—20人比较合适。(ZJ-QJG-20200331)

园长表示:

教研本来就是一个广泛性与个性相结合的讨论模式,如果人员太少,没有普遍性,如果人员太多,交流起来可能会比较吃力。想要事半功倍,我觉得11—20人是比较理想的。(ZJG11-K-20200324)

一线教师反映:

我觉得11—20人的教研效果会比较好,人太少的话,可能大家想法不够多,人太多的话有些人比较懈怠。(NJ-JC-20200401)

其二,11—20人教研规模具有弹性,可以实现分组讨论和集中分享的双重功能,做到省时又高效:

个人觉得11—20人效果可能会更好一些,因为既可以进行内部分小组讨论后的集体分享,方便大家进行经验汇总和知识碰撞,同时也不会因为内部分小组太多而增加时间成本。(NJ-JJ-20200402)

(三)团体评价激励合作

如前所述,分层教研有助于增强教师之间相互卷入、提升同伴互助质量,对此,建议配套采用分层教研团体评价的策略,以更好地提升分层教研实效。

刘芳提出，教师团体评价制度是以团体作为教师评价的对象，根据团体对组织所做的贡献给予相应的奖励的教师评价制度，这种评价制度突出了教师团队的整体功能，鼓励教师之间进行协作互助，弱化了团队中个人主义文化倾向，有利于教师合作文化的生成。① 以 TZG11 幼儿园为例，该幼儿园的师徒结对实行的就是团体评价策略——"师徒结对要签合同，年终的时候要算分数，师徒一块算，综合量化老师的业绩"（TZG11-D-20200403）。

分层教研团体评价可从以下三点展开。其一，幼儿园可以统筹设计分层教研评价表，为不同层次的教研组设计评价考核方案，对教研计划、实施过程、活动反馈、教研成效进行系统考核，从而对分层教研成效动态把脉，以便发现问题和及时调整。其二，结合分层教研团体评价考核结果，对表现优异的教研组予以物质奖励和精神奖励，一方面，依据教研实效给予不同教研组不同额度的奖金奖励，另一方面，可以评定"年度先进教研组"以激发教研团队荣誉感、提升团队凝聚力。其三，将教师所在教研团队的考核成绩纳入教师个人年终绩效考核范畴之内，并将教师绩效考核结果与其年终奖金挂钩。也即，教师个人的考评分数可由个人、团队各占一定比例组成，教师的绩效不仅包括教师个人取得的成果，也包括教师所在教研团队取得的成绩，此举能够有效激励教师之间寻求深度合作、争取共赢。

三、完善共享智库建设，加强教研知识管理

如前所述，共享智库建设是江苏省幼儿园教师实践共同体创设的短板所在，对此，为了优化实践共同体创设，加强共享智库建设是关键，具体可从充分重视教研知识管理、基于持续写作深化思考、利用导图管理个人知识、开拓教研经验共享平台、依托考核激励智库拓展五个方面展开。

（一）充分重视教研知识管理

温格作为实践共同体理论的开创者之一，曾有一个绝妙的比喻：实践共同体开启了知识管理的新疆域，可以保障组织"金蛋与鹅兼得"（The communities of practice give you not only golden eggs but also the goose

---

① 刘芳."和合型"教研团队构建研究：基于上海市 M 幼儿园的实践研究［D］.上海：华东师范大学，2010：56-57.

that lays them)，也即，短期来看，实践共同体有助于使工作更加容易、更加高效；长期来看，实践共同体培育了维持组织持续成功的关键能力——知识管理能力①，这种知识管理能力与温格实践共同体"三要素论"中的"共享智库"维度密切相关。该比喻运用到园本教研领域也是十分合宜的，在园本教研中重视实践共同体创设，有助于提升幼儿园教师的知识管理能力，进而不断发展出新的共享智库，而不断拓展的共享智库有助于推动园本教研持续取得成效。

布鲁诺·拉图尔提出的"行动者网络理论"（Active Network Theory）②也为我们理解共享智库建设对于提升园本教研实效的重要意义提供了理论支持。"行动者网络理论"指出，科学、技术等传统哲学中的客体，并不是纯粹客观地、被动地存在着，它其实也是社会网络中的积极行动者：它既是人为作用的结果，反映着人们的主观意志，同时也会影响与其相关的行动者的行动。③也就是说，在园本教研中，共享智库是积极的行动者，其是否存在及建设水平如何会影响教师的教研行为，进而影响教研效益。访谈发现，部分教研人员也持相似观点：

> 教研活动资源的共享可以使幼儿园教研活动成果最大化。（YZM10-Y-20200410）

> 成果转化是我们 ZJ 市幼儿园的短板，其实我们应该落实到平时去梳理、去整理。（ZJ-QJT-20200326）

教研知识管理对于梳理教研经验、提供实践支架、辐射教研经验具有重要作用。其一，教研知识管理能帮教师梳理教研经验，巩固已有的教研成果：

> 我们每周的教研会有专人记录，年底考核绩效的时候，我们会把园本培训的所有东西按照研究重点拎出一个连贯的材料，更加清晰地显示我们围绕这个重点一以贯之研究下来的过程。（ZJG5-H-20200324）

其二，教研知识管理能为教师教育实践提供支架：

> 我们有幼儿习惯养成教育细则，例如小班刚入园的时候，第一学期习惯养成方面孩子们要达到什么指标，老师们根据这个指标需要开展哪些

---

① WENGER C E, SNYDER W M. Communities of practice: the organizational frontier[J]. Harvard Business Review, 2000(1-2): 139-145.

② 朱剑峰. 从"行动者网络理论"谈技术与社会的关系："问题奶粉"事件辨析[J]. 自然辩证法研究, 2009, 25(1): 37-41.

③ 原晋霞, 汪丽. 试论幼儿园课程资源室建设[J]. 教育导刊, 2011(11): 36-39.

活动，作为孩子成长的一个依据，看看孩子们有没有达到这些指标。没有达到指标的孩子老师们应该有针对性地引导。（ZJG11-K-20200324）

此外，园本课程汇编成册或出书可为教师开设园本课程提供支架，是很多幼儿园都在使用的知识管理策略。

其三，教研知识管理有助于教研经验辐射，使得教研成果的受益面更广：

美术是我们幼儿园的特色活动，我们会把小班、中班、大班美术方面的教研经验汇编成书籍，既是幼儿园教师自身学习的资料，也会给其他幼儿园学习参考。（YZM2-Y-20200307）

我们还出版了针对幼儿家长的《55个经历——送给孩子的礼物》，这本书讲的是在家庭里鼓励亲子开展的活动，会给每个家长免费发放。（WXG1-L-20200327）

综上，教研知识管理或共享智库建设是园本教研的重要一环，在帮助教师梳理和巩固教研经验、为教师提供教育实践支架、使得教研经验辐射范围更广、扩大幼儿园科研产出等方面具有重要价值。也即，共享智库建设有助于扩大园本教研产出，进而提升教研效益。基于此，幼教工作者需要充分认识到教研知识管理的重要价值，将教研知识管理作为园本教研的关键一环加以推进。首先，应将教研共享智库建设纳入幼儿园的整体规划和决策之中，提供共享智库建设专项经费，为教研知识管理的正常运行提供经费保障；其次，有必要设置专门的知识管理员，为其提供与带班教师同等的职称晋升机会和工资待遇保障，为教研知识管理的正常运行提供人力保障；再次，应为知识管理员提供相应的业务培训，不断提升其知识管理的专业水平，为教研知识管理的持续运行提供专业支撑。

（二）基于持续写作深化思考

如前所述，教师层面实践经验上升为理论存在困难是园本教研存在的共性问题，教师的提炼归纳能力和撰写能力薄弱严重制约着幼儿园科研产出。其实，教师的提炼归纳能力和撰写能力是相辅相成的，为了打破教师越是不会提炼归纳就越是不敢动笔写作，教师越是不敢动笔写作其提炼归纳能力就愈发萎缩的恶性循环，有必要帮助教师建立写作常规，通过持续写作促进深度思考，借助常规写作建立与自我、与理论的习惯性对话。

首先，一线教师需要充分认识写作对于澄清思考、深化思考的重要价值。

陈向明认为,写作不仅可以帮助我们思考,而且写作本身就是思考:写作的过程体现了理论与实践的相互作用,在写作中作者需要不断与资料和理论进行对话,不断从原始资料中寻找思想、模式和意义解释,同时在自己的思想和现存理论中寻找分析的资源。[①] 当代教育家魏书生对此深有感受,"结合实际去写,就逼着自己去看更多的书,在实践与写作的过程中又加深了自己对理论的理解,养成了用理论去指导实践的习惯,是一举多得的好事"[②]。因此,千万不要将写作留到研究的最后阶段进行,相反,应该在研究一开始就进行写作,将写作作为一种思考方式贯穿于研究的全过程。对于幼儿园教师来说,写作本身就是知识建构过程的一部分,每一次教研写作都是自身教研经验的结晶,当结晶越来越多时,教师关于某一教育问题或教育现象的认识就会愈发明朗和深刻。基于此,一线教师应形成写作常规,一旦写作成为一线教师的专业生活方式,一旦教师逐步养成"观察生活—积淀学识—深度思考——持续写作"的专业生活习惯[③],那么通过写作实现的专业思考便会融为教师成长的重要养分,滋养教师不断追求卓越,遇见更好的专业自我。

其次,可从外围条件支持一线教师养成写作常规。在区域教研层面,《江苏教育研究》编辑部主任颜莹针对一线教师的写作困境,专门出版了《教育写作:教师教育生活的专业表达》一书,尝试从认识、知识和技术层面解决中小学教师"写作难"的问题,为教师专业表达能力的提升提供了一条可学习、可操作、可实现的技术路径;TZ市JY区则是以教育博客的形式鼓励教师建立写作常规:

> JY区有教育博客,我们并不要求老师非要写教育教学方面的文章,个人感悟、生活心得等原创作品都可以。老师们有时候写着写着就有教育教学灵感,老师们的小文章写着写着聚起来就是大文章,就可以发表。(TZG11-D-20200403)

在园本教研层面,D园长提出可从各条线为教师写作提供专业支持:

> 我们幼儿园帮老师梳理了幼教方面的所有期刊,相关的征稿启事也会发到群里,鼓励他们投稿。我们园也会邀请一些期刊例如《早期教育》的编辑来我们幼儿园做讲座,指导老师怎么写论文,帮助老师打消不会写

---

① 陈向明.社会科学研究中写作的功能[J].学术界,2000(5):81-86.
② 颜莹.教师如何在专业写作中成长[J].幼儿教育,2020(25):55.
③ 颜莹.教师如何在专业写作中成长[J].幼儿教育,2020(25):55.

作的恐惧心理。年轻老师还是要多做一点事情，要让他们参与到活动中，这样写文章的时候才有东西写。（TZG11-D-20200403）

（三）利用导图管理个人知识

幼儿园教师的工作用"千头万绪"来形容也不为过，幼儿园教师参与的教研活动也种类繁多，面对庞杂的工作和学习，教师如何有效管理个人知识而不至于迷失在知识的汪洋之中？有教研员提到，思维导图为教师提供了一种重要的学习工具：

> 有的幼儿园教研活动结束后会进行实录，其实我倒觉得不需要实录，因为实录整理出的文字大概有二三十页，老师们肯定不会去看的。我们现在是让老师去做思维导图，把关键词拎出来，这张纸是浓缩的，对老师还是很有帮助的。（ZJ-QJT-20200326）

可以说，T老师是非常了解一线教师的工作和学习心态的，没有教师会对冗长的、没有重点的实录感兴趣。相反，层次清晰、重点突出的思维导图更能点燃教师的学习热情、提升教师的学习效率。

在终身学习时代，学习力是一个人最重要的能力，思维导图则为我们开发学习力提供了重要武器。思维导图作为一种学习工具，可以利用图文并茂的形式，呈现知识之间的关联，形成知识网络，既能呈现知识结构，又能建构知识体系，形成有意义的记忆，帮助学习者更有效地学习。[1] 对此，郑行军指出，将思维导图用于教研领域具有诸多优势——"思维导图利于拓展思路，查摆教研问题之所在，是集思广益寻求解决问题的好工具。引导教师在备课、说课、议课、磨课、上课、评课、改课等教研活动中运用思维导图，促进教师提高教学思维的逻辑性，拓宽思维空间、提升教研能力"[2]。值得一提的是，相对于其他职业来说，幼儿园教师本就在绘画和色彩方面更有优势，在学习绘制思维导图时更易上手。综上，思维导图运用于园本教研领域既有必要性，也有可行性。

为了使思维导图更好地服务于园本教研，具体可从以下几个方面展开：其一，邀请专业的思维导图培训师为一线教师提供培训，帮助教师明确思维导图的内在机理和绘制原则；其二，全体教师共同商讨思维导图可以用于园本教研

---

① 程洁. 有效运用思维导图，启迪学生英语思维[J]. 考试与评价，2016(5)：73.

② 郑行军. 基于供给侧视角的教研转型改革探索[J]. 教育参考，2018(6)：99-105.

的哪些层面以及具体的运用策略,譬如可以考虑在教研规划、个人发言、会议提要、读书分享、论文撰写、成果汇报等环节适当融入思维导图;其三,每次教研活动结束后,要求每位参研教师绘制自己的思维导图,借以澄清和巩固本次教研活动的关键和重点;其四,可以从教师们创作的思维导图中精选优秀思维导图,上传幼儿园共享智库供全体教师学习,每位教师则可以形成自己的教研导图库,供教师个人温习。思维导图的引入可以帮助教师个体有效管理个人教研经验,增强教师教研经验的连续性和交互性,使得个体教研经验更加体系化。

(四)开拓教研经验共享平台

三阶段 DEA 松弛分析表明,江苏省幼儿园在社会服务方面尚存在一定的产出不足情况,且不少园长提到课程游戏化背景下家园共育方面依然存在难题,对此,有必要开拓教研经验共享平台,及时将成熟的教研经验推广给其他幼儿园、幼儿家长和关心教育事业的人士。

在向幼教同行推广教研经验方面,《教研意见》提出要充分利用信息化技术实现学习行为的追踪记录、异地协同研讨和有限信息共享。其一,建立园本教研共享智库,可以有效提高园本教研经验的共享率和利用率。譬如幼儿园可以建立内网,为教师分享和利用已有教研经验提供便利:

> 我们幼儿园内部做了一个资源库,叫作"幼教人成长的加油站",有专人管理和维护。这个资源库会及时吸收课程游戏化探索中的精华、老师们在外面学习的东西、集团内部其他园所好的经验、教师个人开展的好的活动。这是一个个性化的学习平台,园内老师都可以查看和下载相关资源,上传资料则需要经过专人审核。(NTM3-C-20200308)

其二,线上观摩、现场转播可以突破时空局限,使现场教研经验可以在不同幼儿园之间流淌和碰撞——"其他幼儿园会线上观摩我们幼儿园的活动,包括观摩早操、观摩课程游戏化活动"(NTM3-C-20200308)。其三,搭建区域教研经验共享平台,能够有效扩大园本教研经验的共享范围。教研员 G 老师对区域教研经验共享表现出强烈的兴趣——"区域层面的经验共享一直是我在思考的问题,也是可以优化的方向,就是怎么把各家幼儿园的教研经验在市区层面实现共享"(ZJ-QJG-20200331)。王正伟建议,可以采用 VPN(虚拟局域网)实现多所幼儿园资源共享,VPN 是将物理上分布在不同地点的网络,利用因特网通过隧道技术仿真出一条点到点的专线,从而在因特网上建立起专用的数据通信通道的一种技术。[①] 为此,各幼儿园可与市/区教研室建立VPN连接,使各幼儿园能够方便进行教研共享资源的访问、上传、下载,保障教研经验在各幼儿园间轻松流动。

在向幼儿家长推广教研经验方面,可以采取园内亲子活动和社区公益活动等形式,基于成熟的教研经验推动家长形成科学的育儿观念和行为。一方面,在园内可开展家长半日活动、家长助教活动等,依托园所特色向本园家长宣传科学的育儿理念:

> 从十五规划到现在,我们幼儿园一直以科技为特色,每年都有科技月,11月会向家长宣传科技方面的知识,宣传科学的育儿理念,帮助家长更好地配合幼儿园教育孩子。我们幼儿园还有一个阅读节,在世界阅读日启动,持续一个月,对家长也非常有利。(WXG3-X-20200325)

另一方面,在社区可开展公益活动、亲子活动,向家长和其他人士宣传科学的保教理念:

> 我园会携手"博爱 e 家"公益组织,每月开展一次病童陪伴公益活动,走进南京儿童医院,针对季节、节日、孩子能力精心设计语言、艺术等方面的游戏活动,用专业和爱心开展帮扶活动。(NJG1-F-20200409)

> 老师每个星期会把我们的音乐教学研究成果,在社区公园做公益性的户外操课,面对的不仅是我们学校小朋友的家长,还有公园里其他的家长。(TZM3-H-20200330)

(五)依托考核激励智库拓展

共享智库既包括物化的部分,又包括参与的部分,将实践中许多经验明确化、显性化和规范化的同时,保留了许多固有的模糊性,这意味着对新的意义所呈现的动态的、开放的和生成性的机会。[②] 也就是说,共享智库建设不是一蹴而就的,而是在教研过程中不断更新和拓展的,对此,可采取适宜的考核和激励策略,鼓励教师持续推进共享智库建设。当前,大多数幼儿园都是采用绩效考核的方式评价和激励教师的科研产出,但是这种考核更像"一锤子买卖",

---

① 王正伟. VPN 技术在幼儿园多园区网络中的应用[J]. 电子制作,2013(2):20.
② 王海燕. 实践共同体视野下的教师发展[M]. 重庆:重庆大学出版社,2011:111.

奖励结束后教师们的教科研成果便被"束之高阁"。至于教师个体是否会继续拓展个人已有的研究成果、教师之间是否会共享和应用彼此的科研成果,当前并没有明确的考核评价体系。也即,当前的教研考核还是比较浅的,仅以评比获奖、期刊发表、课题结项为终点,没有体现教师教科研成果的应用性和实效性——教研成果对本园教育教学实践的真实促进作用如何?教研成果真的能指导本园教师的教育实践吗?对于这些问题,答案尚不可知。

有鉴于此,笔者建议增加对教师教科研成果应用性的考核。一方面,可以采用量化积分的方式,对教师教科研成果的应用性和贡献率进行动态追踪考核。譬如,可参照科学研究中的影响因子机制,在幼儿园内部每学期统计教师观点被认可或者被实践的次数,或是采取问卷的方式调查教师对其他同事教研成果实效性的主观评价,年终累积积分作为教师全年教研成果影响指数,借以反映教师教科研成果的应用性和贡献率。另一方面,将教师教科研成果影响指数与教研奖金、评优评先挂钩,按照应用性和贡献率排名给予教师对应的奖励额度,并为贡献巨大的教师颁发荣誉称号,以此激励教师不断进行知识生产。更重要的是,此举可以让教师认识到教科研成果不是高高在上的、脱离实践的,教研和实践不是两张皮,相反,教研及其成果是切实为促进教师专业成长、幼儿全面发展和幼儿园教育质量提升服务的。

本章小结

本章基于江苏省幼儿园的园本教研效益现状和影响因素的调查结果,同时结合对 35 位学前教育教研人员的深度访谈,勾画出园本教研效益的提升对策:树立科学的教研观、优化教研资源配置、完善教研组织管理。首先,树立科学的教研观可为提升园本教研效益提供重要的观念保障,具体可从坚定教研目的、更新教研视角、确立教研范式、涵养教研情怀四个块面展开。其次,优化教研资源配置有助于提升园本教研规模效率,从教研人力、财力、物力投入视角出发,包括建立幼教专家智库、优化教研经费管理、教研场所因地制宜三个块面。再次,完善教研组织管理有助于提升园本教研纯技术效率,从优化实践共同体创设视角出发,包括鼓励教师相互卷入、深化教师同伴互助、完善共享智库建设三个块面。

第七章　回首与前瞻:本书的发现、局限和展望

第一节　研究发现

一、教研投入规模不佳是导致江苏省园本教研效益整体偏低的主因

三阶段 DEA 结果显示,江苏省幼儿园的园本教研纯技术效率较为理想,教研规模效率偏低是导致教研综合技术效率不高的主要原因,而教研规模效率偏低主要表现为教研投入冗余严重。相对来说,公办园的教研投入冗余比民办园更严重,苏南地区幼儿园的教研投入冗余比苏中和苏北地区更严重,城市幼儿园的教研投入冗余比乡镇幼儿园更严重,这些教研投入冗余直接降低了公办园、苏南地区幼儿园、城市幼儿园的教研规模效率。对此,为提高园本教研效益,优化园本教研投入产出规模是江苏省学前教育教研的重点努力方向。总的来说,当前江苏省幼儿园不宜继续扩大园本教研投入规模,而应该在现有投入水平上,优化教研资源配置和组织管理,着力提高教研产出。其中,从办园性质来看,公办园需要着力扩大社会服务,民办园需要着力扩大教学产出和科研产出;从所处地域来看,苏南地区幼儿园需要着力扩大科研产出和社会服务,苏北地区幼儿园需要着力扩大教学产出;从城乡位置来看,城区幼儿园需要着力扩大社会服务,城乡结合区幼儿园需要着力扩大教学产出和科研产出。

二、园本教研效益受区域教研资源配置和园本教研组织管理双重影响

Tobit 回归结果显示,幼儿园所处地域、城乡位置是影响园本教研效益的

外因,而教研引领类型、常见教研组规模、实践共同体创设情况是影响园本教研效益的内因。质化分析显示,区域教研外围条件是影响园本教研效益的外因,园本教研组织管理是影响园本教研效益的内因。其中,幼儿园所处地域和城乡位置是通过影响区域教研资源(财力资源和专家资源)配置影响园本教研效益的,教研引领类型、常见教研组规模、实践共同体创设则是园本教研组织管理的具体表现。综上,量化和质化分析结果均显示,江苏省幼儿园的园本教研效益受区域教研资源配置和园本教研组织管理的双重影响。

三、提高园本教研效益需要科学的观念保障、资源配置和组织 管理

提高园本教研效益是一个系统的工程,需要科学的观念保障、资源配置和组织管理。首先,唯有幼教工作者树立科学的教研观,对教研目的、教研视角、教研内容等达成共识,才能促使幼教教研员、科研人员、高校幼教专家、一线教师围绕园本教研实现和谐共振。其次,优化学前教育区域教研资源配置有助于提升园本教研规模效率,具体可从人力、财力、物力投入视角出发,包括建设幼教专家智库、完善教研经费管理、教研场所因地制宜。再次,完善园本教研组织管理有助于提升园本教研纯技术效率,具体可从实践共同体创设视角出发,包括鼓励教师相互卷入、深化教师同伴互助、完善共享智库建设。

第二节　研究局限

一、采用截面数据,动态分析不足

在研究方法方面,本书以静态分析为主,动态分析不足。本书在测算园本教研效益现状时,采用的是江苏省 168 所幼儿园 2019 年度的教研投入和教研产出数据,属于截面数据(cross-section data,又称静态数据,指不同主体在同一时间点或同一时间段的数据),只能算出江苏省幼儿园 2019 年的教研效益

得分①，属于一种静态的效率分析。考虑到跨年数据收集难度较大，本书并未系统收集这些幼儿园 2018 年、2017 年甚至是更久年份的面板数据（panel data，也称平行数据，指在时间序列上取多个截面，在这些截面上同时选取样本观测值所构成的样本数据），因此，对江苏省幼儿园近些年的园本教研效益动态变化情况关注不够，也就无法进一步分析江苏省幼儿园园本教研效益的动态变化原因、预测园本教研效益的后续发展趋势。

二、聚焦园本教研，区域教研欠缺

在研究对象方面，聚焦园本教研，区域教研欠缺。本书在测算学前教育教研效益现状时，是以幼儿园作为决策单元，收集每所幼儿园的教研投入和教研产出数据，因此测算的教研效益得分更关注的是园本教研效益，反映的是园本教研产出与园本教研投入的相对关系。考虑到区域教研和园本教研存在较大差别，二者的效益评价指标体系也应有所不同，对此，本书并未专门构建学前教育区域教研效益评价指标体系和系统收集区域教研投入产出数据，对江苏省学前教育区域教研效益关注不够。此外，本书中的样本幼儿园主要局限于江苏省，对其他省市的园本教研效益关注不够，也无法揭示全国范围内幼儿园的园本教研效益现状。

第三节　研究展望

针对以上研究局限，后续研究可从以下三个方面调整和完善：

---

①　对幼儿园 2019 年的园本教研投入能否转化为当年的教研产出问题（产出滞后性问题），笔者有两层思考。其一，一所幼儿园的园本教研是有连续性的，教研常规和教研文化是长时间积淀的结果，所以园本教研投入和产出也有一定的稳定性。即使教研产出相对于教研投入来说存在一定的滞后性，某一年的投入和产出不完全对应，例如 2019 年的教研投入可能对应 2020 年的某些教研产出，2018 年的教研投入可能对应 2019 年的某些教研产出，从这个角度来看，当年投入滞后的产出，其实由前一年投入对应的滞后产出补上了，也就是说 2019 年教研投入对应的 2020 年才显现出来的滞后产出，其实由 2018 年教研投入对应的滞后产出补上了，所以每年的教研投入和产出大致是相匹配的。其二，幼儿园一般都是以学期、学年为时间单位来收集和汇总教研成果的，请园长反馈某一学年的教研产出也是操作性更强的选择。

一、采用 Malmquist 指数模型，探求园本教研效益的发展趋势

DEA-Malmquist 指数模型属于众多 DEA 模型中的一种，其特殊之处在于，可以利用面板数据测算不同时间点的组织效率及其变化情况，反映组织效率随时间的动态变化[①]，而且可以将全要素生产率（Total Factor Productivity）分解为技术变动（technic change）和技术效率变动（technical efficiency change），深入分析造成决策单元全要素生产率变化的具体原因，揭示技术变化和技术效率变化分别在多大程度上导致了决策单元的全要素生产率变化。因此，后续研究可以系统收集近若干年幼儿园的园本教研投入和产出数据，基于 DEA-Malmquist 指数模型，测算近若干年幼儿园的园本教研效益状况及其动态变化情况，结合本地区学前教育区域教研和园本教研发展大背景和新趋势，挖掘引起园本教研效益动态变化可能的原因，并可进一步预测园本教研效益后续发展趋势。

二、构建区域教研效益评价指标，丰富对区域教研效益的认识

学前教育教研主要包括区域教研和园本教研两大类，鉴于区域教研和园本教研在教研主体构成、教研经费划拨、教研场地使用、教研产出形式等方面存在较大的差别，后续研究可以借鉴本书中园本教研效益评价指标体系构建的研究思路和研究方法，系统构建学前教育区域教研效益评价指标体系，基于区域教研评价指标体系设计相应的调查问卷，系统收集学前教育区域教研投入和产出数据，依托 DEA 模型测算学前教育区域教研效益现状，DEA 模型测算结果还可以和 Tobit 回归分析配套使用，从而进一步挖掘学前教育区域教研效益的影响因素，梳理区域教研效益提升对策，丰富学前教育区域教研效益方面的研究。

三、在更大范围内抽样，全面分析我国学前教育教研效益现状

鉴于我国不同省、市、自治区学前教育发展不均衡的现状，不同地区学前

---

① 科埃利,拉奥,奥唐奈,等.效率与生产率分析引论:第 2 版[M].王忠玉,译.北京:中国人民大学出版社,2008:324.

教育教研投入和产出情况可能有较大不同，由此推测我国不同地区学前教育教研效益可能有较大差异。对此，要想全面了解我国学前教育教研效益现状，有必要在更大范围内抽取样本幼儿园或者样本区域，使样本幼儿园或样本区域更能代表全国学前教育教研效益的平均水平。此外，还可以进一步分析学前教育教研效益与地区之间的相关关系，剖析地区人口学变量对学前教育教研效益的影响情况。

参考文献

一、普通图书类

[1] HARGREAVES A. Changing teachers, changing times：teachers' work and culture in the postmodern age[M]. London：Cassel Educational Limited，1994.

[2] WILFRED C，STEPHEN K. Becoming critical：education, knowledge and action research[M]. Deakin University Press，1986.

[3] WENGER E，MCDERMOTT R，SNYDER W. A guide to managing knowledge：cultivating communities of practice[M]. Harvard Business School Press, Boston, Massachusetts，2002.

[4] PAUL H，CHRIS K. Knowledge networks：innovation through communities of practice[M]. London / Hershey：Idea Group Inc，2004.

[5] MALCOM K. The adult learner：a neglected species ［M］. Gulf Publishing Company，1973.

[6] Lave J，Wenger E. Situated learning：legitimate peripheral participation［M］. Cambridge，UK：Cambridge University Press，1991.

[7] LAWRENCE S. An introduction to curriculum research and development［M］. Heinemann Books Ltd，1975.

[8] COELLI T J，RAO D S P，O'DONNELL C J，et al. An introduction to efficiency and productivity analysis（second edition）［M］. Springer Science Business Media, Inc：2005.

[9] SYNDER W M，WENGER E. Our world as a learning system：a communities-of-practice approach. C. Blackmore(ed.)，*Social learning systems and communities of practice*[M]. Association with Springer-Verlag London Limited，2010.

[10] WRAY H. Japanese and American education：attitudes and practices ［M］. Westport：Bergin & Garvey, 1999.

[11] 温格. 实践共同体：学习、意义和身份[M]. 李茂荣，欧阳忠明，任鑫，等译. 南昌：江西人民出版社，2018.

[12] 白爱宝. 幼儿发展评价手册[M]. 北京：教育科学出版社，1999.

[13] 贝蒂. 幼儿发展的观察与评价：第7版[M]. 郑福明，费广洪，译. 北京：高等教育出版

社,2011.

［14］哈林顿. 机器学习实战［M］. 李锐,等,译. 北京:人民邮电出版社,2013.

［15］圣吉. 第五项修炼:学习型组织的艺术与实践:第 2 版［M］. 张成林,译. 北京:中信出版社,2018.

［16］程凯. 成人教育教学论［M］. 开封:河南大学出版社,1999.

［17］陈向明. 质的研究方法与社会科学研究［M］. 北京:教育科学出版社,2000.

［18］陈向明. 教师如何作质的研究［M］. 北京:教育科学出版社,2001.

［19］古斯基. 教师专业发展评价［M］. 方乐,张英,等,译. 北京:中国轻工业出版社,2005.

［20］霍力岩. 学前教育评价［M］. 北京:北京师范大学出版社,2000.

［21］科埃利,拉奥,奥唐奈,等. 效率与生产率分析引论:第 2 版［M］. 王忠玉,译. 北京:中国人民大学出版社,2008.

［22］雷树福. 教研活动概论［M］. 北京:北京大学出版社,2009.

［23］李航. 统计学习方法:第 2 版［M］. 北京:清华大学出版社,2019.

［24］刘俐敏. 幼儿发展评价研究［M］. 北京:人民教育出版社,2004.

［25］富兰. 变革的力量:透视教育改革［M］. 中央教育科学研究所,加拿大多伦多国际学院,组织翻译. 北京:教育科学出版社,2004.

［26］美国高瞻教育研究基金会. 学前教育机构质量评价系统［M］. 霍力岩,黄爽,黄双,等,译. 北京:教育科学出版社,2018.

［27］帕尔默. 教学勇气:漫步教师心灵［M］. 吴国珍,余巍,等,译. 上海:华东师范大学出版社,2005.

［28］ZHU J. 数据包络分析:让数据自己说话［M］. 公彦德,李想,译. 北京:科学出版社,2016.

［29］莱夫,温格. 情景学习:合法的边缘性参与［M］. 王文静,译. 上海:华东师范大学出版社,2004.

［30］梅松纳夫. 群体动力学［M］. 殷世才,孙兆通,译. 北京:商务印书馆,1997.

［31］苏霍姆林斯基. 给教师的建议:第 2 版［M］. 杜殿坤,译. 北京:教育科学出版社,1984.

［32］唐圣权. 教师专业发展量表［M］. 广州:广东高等教育出版社,2013.

［33］王海燕. 实践共同体视野下的教师发展［M］. 重庆:重庆大学出版社,2011.

［34］温格,麦克德马,施奈德. 实践社团:学习型组织知识管理指南［M］. 边婧,译. 北京:机械工业出版社,2003.

［35］吴济华,何柏正. 组织效率与生产力评估［M］. 北京:经济管理出版社,2014.

［36］吴明隆. 问卷统计分析实务:SPSS 操作与应用［M］. 重庆:重庆大学出版社,2010.

［37］梅里安,凯弗瑞拉. 成人学习的综合研究与实践指导:第 2 版［M］. 黄健,张永,魏光丽,译. 北京:中国人民大学出版社,2010.

［38］杨香香.幼儿教师专业发展［M］.长春：东北师范大学出版社，2014.

［39］杨晓.教师专业发展［M］.北京：北京师范大学出版社，2013.

［40］姚伟.幼儿园教育评价行动研究［M］.南京：南京师范大学出版社，2012.

［41］叶浩生.心理学通史［M］.北京：北京师范大学出版社，2006.

［42］叶澜，白益民，王枏，等.教师角色与教师发展新探［M］.北京：教育科学出版社，2001.

［43］张燕.幼儿教师学习共同体建设：绿叶工作室的足迹［M］.北京：北京师范大学出版社，2012.

［44］张燕.幼儿教师专业发展［M］.北京：北京师范大学出版社，2006.

［45］赵才欣.有效教研：基础教育教研工作导论［M］.上海：上海教育出版社，2008.

［46］赵健.学习共同体：关于学习的社会文化分析［M］.上海：华东师范大学出版社，2006.

［47］赵健.学习共同体的建构［M］.上海：上海教育出版社，2008.

［48］郑葳.学习共同体：文化生态学习环境的理想架构［M］.北京：教育科学出版社，2007.

［49］中央教育科学研究所学前教育研究室.幼儿园教育质量评价手册［M］.北京：教育科学出版社，2009.

［50］周冬祥.校本研修：理论与实务［M］.武汉：华中师范大学出版社，2007.

［51］周小山，严先元.教研的学问［M］.成都：四川大学出版社，2010.

［52］佐藤学.学校的挑战：创建学习共同体［M］.钟启泉，译.上海：华东师范大学出版社，2010.

［53］佐藤学.学校见闻录：学习共同体的实践［M］.钟启泉，译.上海：华东师范大学出版社，2014.

［54］佐藤学.教师的挑战：宁静的课堂革命［M］.钟启泉，译.上海：华东师范大学出版社，2012.

［55］佐藤学.学习的快乐：走向对话［M］.钟启泉，译.北京：教育科学出版社，2004.

二、学位论文类

［1］HILL T C. Common formative assessments developed through professional learning communities (plcs)—a case study to analyze the alignment of curriculum, assessment，and instruction in a Math PLC at a Title1 Middle School in the Southern United States［D］. Texas A&M University,2013.

［2］SHIRLEY ROBINETTE W. A study to identify the components of professional learning communities that correlate with teacher efficacy，satisfaction，and morale ［D］. Georgia Southern University,2009.

［ 3 ］董绍才.基础教育教研室制度创新研究：基于山东的案例［D］.上海：华东师范大学,2009.

［ 4 ］高微佳.关于分层教研的研究：以上海市某幼儿园教研管理改革的探索为案例［D］.上海：华东师范大学,2010.

［ 5 ］何放.示范性幼儿园园本教研的有效性研究［D］.长沙：湖南师范大学,2012.

［ 6 ］胡骁勍.贵州省幼儿园教研工作现状调查与研究［D］.贵阳：贵州师范大学,2016.

［ 7 ］黄迪皋.从外推走向内生：新中国中小学教研制度研究［D］.长沙：湖南师范大学,2011.

［ 8 ］黄豪.园本教研中教师共同体文化生成研究［D］.重庆：西南大学,2018.

［ 9 ］李静文.石河子市初中英语教研活动有效性研究［D］.石河子：石河子大学,2017.

［10］李梅园.中小学教师对教研活动认同感的调查研究［D］.贵阳：华东师范大学,2018.

［11］刘芳."和合型"教研团队构建研究：基于上海市 M 幼儿园的实践研究［D］.上海：华东师范大学,2010.

［12］刘娜.江苏省三大区域卫生服务公平性研究及综合评价［D］.南京：南京中医药大学,2012.

［13］缪静霞.促进在线实践共同体深度互动的策略研究：以师范生实习支持平台为例［D］.上海：上海师范大学,2010.

［14］彭安臣.高校研究生教育资源配置效率的实证分析［D］.武汉：华中科技大学,2006.

［15］彭莉君.我国高校研究生教育资源配置现状研究［D］.合肥：中国科学技术大学,2012.

［16］孙赫.小学校本教研有效性研究［D］.重庆：西南大学,2013.

［17］王晗.我国高校 R&D 活动的绩效评价［D］.重庆：重庆工商大学,2014.

［18］王瑞临.民族地区初中校本教研现状及改进策略研究：以广西省 R 县为例［D］.成都：四川师范大学,2013.

［19］夏佳.乡镇园"公带民"联片教研实效性研究［D］.福州：福建师范大学,2017.

［20］闫薇.提高小学校本教研有效性的理论与实践探索：基于银川市 X 小学的个案研究［D］.银川：宁夏大学,2016.

［21］张丽.在线实践共同体培育策略研究［D］.上海：华东师范大学,2011.

［22］张丽丽.石河子小学教研组作用的有效性研究［D］.石河子：石河子大学,2014.

［23］张炜.高校人才培养的质量成本研究［D］.武汉：华中科技大学,2010.

［24］张艳娟.教研员在园本教研中专业引领作用的研究：以上海市三级教研体系中的幼教教研员为例［D］.上海：华东师范大学,2009.

［25］张祎婧.我国高等教育 X 效率实证研究［D］.北京：中国矿业大学,2011.

［26］赵杨.我国高校科研投入产出效率研究［D］.广州：暨南大学,2016.

［27］周晓娟.南京市幼儿园园本教研现状与问题的研究［D］.南京：南京师范大学,2011.

三、期刊类

[1] ABBOTT M, DOUCOULIAGOS C. The efficiency of Australian universities: a data envelopment analysis[J]. Economics of Education Review, 2003,22(1).

[2] ABRAMO G, D'ANGELO C A, PUGINI F. The measurement of Italian universities' research productivity by a non parametric-bibliometric methodology[J]. Scientometrics,2008,76(2).

[3] AHN T, CHARNES A, COOPER W W. Some statistical and DEA evaluations of relative efficiencies of public and private institutions of higher learning[J]. Socio-Economic Planning Sciences, 1988, 22(6).

[4] ANDERSON L, WALBERG H J, WEINSTEIN T. Efficiency and effectiveness analysis of Chicago public elementary schools: 1989, 1991, 1993[J]. Educational Administration Quarterly,1998,34(4).

[5] ALEXANDER A, VAUGHN P, TIM W. Motivation and barriers to participation in virtual knowledge sharing in communities of practice[J]. Journal of knowledge management, 2003,7(1).

[6] ATHANASSOPOULOS A D, SHALE E. Assessing the comparative efficiency of higher education institution in the UK by means of data envelopment analysis[J]. Education Economics,1997,5(2).

[7] BANKER R D, CHARNES A, COOPER W W. Some models for estimating technical and scale inefficiencies in data envelopment analysis[J]. Management Science,1984,30(9).

[8] BANKER R D, MOREY R C. Incorporating value judgements in efficiency analysis [J]. Research in Governmental and Nonprofit Accounting, 1989(5).

[9] BEASLEY J E. Comparing university departments[J]. Omega,1990,18(2).

[10] BROWN J, DUGUID P. Organizational learning and communities of practice: Toward a unifying view of working, learning, and innovation[J]. Organizational learning, 1991, 2(11).

[11] CHEN Y, COOK W D, DU J, et al, Hu, H-h. Zhu, J. Bounded and discrete data and Likert scales in data envelopment analysis: application to regional energy efficiency in China[J]. Annals of Operations Research, 2017(255).

[12] COOK W D, KRESS M, SEIFORD L. On the use of ordinal data in data envelopment analysis[J]. Journal of the Operational Research Society, 1993, 44(2).

[13] COOK W D, KRESS M, SEIFORD L. Data envelopment analysis in the presence of both quantitative and qualitative factors[J]. Journal of the Operational Research

Society,1996(47).

[14] CRYER D, TIETZE W, Burchinal. M. , Leal, T. , & Palacios, J. Predicting process quality from structural quality in preschool programs: a cross-country comparison[J]. Early Childhood Research Quarterly,1999,14(3).

[15] DARLING-HAMMOND L, MCAUGHLIN M W. Policies that support professional development in an era of reform[J]. Phi Delta Kappan,1995(76).

[16] WENGR E C, SNYDER W M. Communities of practice: the organizational frontier [J]. Harvard Business Review,2000(1-2).

[17] FANDEL G. On the performance of universities in North Rhine-Westphalia, Germany: Government's redistribution of funds judged using DEA efficiency measures[J]. European Journal of Operational Research, 2007,176(1).

[18] FARRELL M J. The measurement of productive efficiency[J]. Journal of the Royal Statistical Society: Series A(General),1957,120(3).

[19] FRIED H, LOVELL C, SCHMIDT S, et al. Accounting for environmental effects and statistical noise in data envelopment analysis [J]. Journal of Productivity Analysis, 2002,17(1).

[20] HARA N, SCHWEN M. Communities of Practice in Workplace: Learning as a Naturally Occurring Event [J]. Performance Improvement Quarterly. Hoboken, 2006,19(2).

[21] HART A W. Work feature values of tomorrow's teachers: work redesign as an incentive and school improvement policy [J]. Educational Evaluation and Policy Analysis, 1994,16(4).

[22] HILDRETH P, KIMBLE C, WRIGHT P. Communities of practice in the distributed international environment[J]. Journal of Knowledge Management,2000, 4(1).

[23] ELLIOTT J. Teachers as researchers: Implications for supervision and for teacher education[J]. Teaching and Teacher Education,1990,6(1).

[24] JOHNES G, JOHNES J. Measuring the research performance of UK economic departments: an application of data envelopment analysis[J]. Oxford Economics Papers, 1993,4(2).

[25] JOHNES J, JOHNES G. Research Funding and Performance in U. K. University Departments of Economics: A Frontier Analysis [J]. Economics of Education Review, 1995,14(3).

[26] JONDROW J M, LOVELL C A, MATEROV I S, et al. On the estimation of technical inefficiency in the stochastic frontier production function model[J]. Journal

of Econometrics，1982，19(2-3).

[27] KIRJAVAINEN T, LOIKKANENT H. A. L. Efficiency differences of Finnish senior secondary schools: An application of DEA and Tobit analysis [J]. Contemporary Economic Policy,1998,17(4).

[28] KOCHER M G, LUPTACIK M, SUTTER M. Measuring productivity of research in economics: A cross-country study using DEA[J]. Socio-Economic Planning Sciences,2006,40(4).

[29] KÖKSAL G, NALÇACI B. The relative efficiency of departments at a Turkish engineering college: A data envelopment analysis[J]. Higher Education,2006,51 (2).

[30] LESSER L E, STORCK J. Communities of practice and organizational performance [J]. IBM Systems Journal,2001,40(4).

[31] LEWIS C, PERRY R, MURATA A. How should research contribute to instructional improvement? A case of lesson study[J]. Educational Researcher,2006 (35).

[32] LOUIS K S, KRUSE S D, RAYWID M A. Putting teachers at the center of reform: Learning schools and professional communities [J]. NASSP Bulletin (National Association of Secondary School Principals),1996,80(580).

[33] MANCEB M-J, BANDRÉS E. Efficiency evaluation in secondary schools: The key role of model specification and of ex post analysis of results [J]. Education Economics, 1999,7(2).

[34] MARTIN E. Efficiency and quality in the current higher education context in Europe: an application of the data envelopment analysis methodology to performance assessment of departments within the University of Zaragoza[J]. Quality in Higher Education, 2006,12(1).

[35] MORADI F, AMIRIPOUR P. The Prediction of the Students' Academic Underachievement in Mathematics Using the DEA model: A Developing Country Case Study[J]. European Journal of Contemporary Education, 2017, 6(3).

[36] Ng YC, Li SK. Measuring the research performance of Chinese higher education institutions: an application of data envelopment analysis[J]. Education Economics, 2000,8(2).

[37] RAY S C. Resource-Use Efficiency in Public Schools: A Study of Connecticut Data [J]. Management Science,1991,37(12).

[38] RUGGIERO J,VITALIANO D F. Assessing the efficiency of public schools using date envelopment analysis and frontier regression [J]. Contemporary Economic

Policy，1999，17(3).

［39］SANTA C M，SANTA J L. Teacher as Researchers［J］. Journal of Reading Behavior，1995，27(3).

［40］SMITH S U. A Critical Review of the Use of Wenger's Community of Practice (CoP) Theoretical Framework in Online and Blended Learning Research，2000—2014［J］. Online Learning，2017，21(1).

［41］SHERIDAN S，GIOTA J，HAN Y，et al. Across-cultural study of preschool quality in South Korea and Sweden：ECERS evaluations［J］. Early Childhood Research Quarterly，2009，24(2).

［42］KATHY S，IRAM S-B，BRENDA T. Capturing quality in early childhood through environmental rating scales［J］. Early Childhood Research Quarterly，2006(21).

［43］THOMAS G，WINEBURG S，GROSSMAN P，et al. In the company of colleagues：an interim report on the development of a community teacher learners ［J］. Teaching and Teacher Education，1998，14(1).

［44］THURSBY J G. What do we say about ourselves and what does it mean? Yet another look at economics department research［J］. Journal of Economic Literature，2000，38(2).

［45］TOBIN J. Estimation of relationships for limited dependent variables ［J］. Econometrica，1958，26(1).

［46］TOMKINS C，GREEN R. An experiment in the use of data envelopment analysis of evaluating the efficiency of UK university departments of accounting［J］. Financial Accountability and Management，1988，4(2).

［47］WANG E C. R&D efficiency and economic performance：A cross-country analysis using the stochastic frontier approach［J］. Journal of Policy Modeling，2007，29(2).

［48］WARNING S. Performance differences in German higher education：empirical analysis of strategic groups［J］. Reviews of Industrial Organization，2004，24(4).

［49］WOLSZCZAK-DERLACZ J. Teaching or research? An analysis of teaching and research efficiency in Polish public universities［J］. EDUKACJA，2014，130(5).

［50］WU M Q，ZHANG C H，LIU X N. Green Supplier Selection Based on DEA Model in Interval-Valued Pythagorean Fuzzy Environment［J］. Journal of Intelligent & Fuzzy Systems，2019，37(2).

［51］YAHIA F B，ESSID H. Determinants of Tunisian Schools' Efficiency：A DEA-Tobit Approach［J］. Journal of Applied Management and Investments，2019，8(1).

［52］包海芹，徐丹.基于DEA模型的我国东部城市幼儿园办学效率分析［J］.学前教育研究，2015(11).

［53］白俊红,蒋伏心.考虑环境因素的区域创新效率研究:基于三阶段 DEA 方法[J].财贸经济,2011(10).

［54］尼尔,陈宇华.如何评价幼儿园的保教质量:High Scope 项目质量(教师发展)评价量表的介绍[J].学前教育(幼教版),2014(2).

［55］常立钢.融课题研究和常规教研为一体促教师发展[J].中国教育学刊,2018(6).

［56］陈德仁.听课的"身份"策略[J].教学与管理,2015(26).

［57］陈静漪,仲洁,宗晓华.研究型大学科研投入-产出绩效动态评估:基于 2004～2012 校级面板数据的分析[J].教育科学,2016(1).

［58］陈俊生,周平,张明妍.高校人文社会科学科研资源利用效率评价:以江苏省地方综合性大学为例[J].教育与经济,2012(4).

［59］陈巍巍,张雷,马铁虎,等.关于三阶段 DEA 模型的几点研究[J].系统工程,2014,32(9).

［60］陈向明.社会科学研究中写作的功能[J].学术界,2000(5).

［61］陈岳堂,陈慧玲.基于 Dea-Tobit 模型的我国学前教育资源配置效率研究[J].现代教育管理,2018(5).

［62］陈忠明,顾燕萍.校本教研　力求有效[J].中小学管理,2004(11).

［63］成刚,林涛,穆素红.基于 SFA 的教育部直属高校成本效率评价[J].高等工程教育研究,2008(6).

［64］程方生.幼儿园园本教研实践框架分析[J].江西教育科研,2007(4).

［65］程洁.有效运用思维导图,启迪学生英语思维[J].考试与评价,2016(5).

［66］程友伟.江苏省启动幼儿园课程游戏化建设[J].早期教育,2015(1).

［67］丁德臣.杂合 DEA 和 SOM 的科技查新质量评价研究[J].图书情报工作,2010,54(8).

［68］丁敬达,邱均平.科研评价指标体系优化方法研究:以中国高校科技创新竞争力评价为例[J].科研管理,2010,31(4).

［69］段颀,刘冲,钱留杰.父母外出务工对农村留守儿童基础教育的影响[J].世界经济文汇,2020(3).

［70］范莹莹,金以明.基于 DEA 和 CA 的数字图书馆评价研究[J].图书馆论坛,2010,30(5).

［71］方燕,白先华.中国商业银行经营效率分析:三阶段 DEA 之应用[J].中央财经大学学报,2008(6).

［72］冯宝军,孙秀峰,刘小君.基于 SFA 法的高校成本效率评价研究:以教育部直属高校为例的分析[J].大连理工大学学报(社会科学版),2015,36(3).

［73］冯锐,金婧.学习共同体的思想形成与发展[J].电化教育研究,2007(3).

［74］傅毓维,邵争艳.基于 DEA 的区域高等教育资源配置效率评价[J].科技进步与对

策,2006(7).

［75］甘永涛,孟立军.武陵山片区学前教育资源使用效率评价:基于 20 个县市的调查[J].教育财会研究,2014,25(3).

［76］高佳,李世平.农民土地退出意愿对耕地利用效率的影响研究[J].大连理工大学学报(社会科学版),2014,35(1).

［77］高敬.国外早期教育机构质量评价研究述评及启示[J].外国中小学教育,2011(8).

［78］高敏.提高教研活动有效性的探讨[J].中学政治教学参考,2013(31).

［79］高翔.校本教研组织行为有效性的实践探索[J].中国教育学刊,2011(3).

［80］高翔,刘学平.完善校本教研评价体系 促进教师和学校自主发展:以制度为保障,用发展性评价引领教师的发展[J].现代校长高参(吉林教育 B 版),2005(3).

［81］耿亚彬.追求精致和谐,提升教研效益:"微管理"引领下的政治教研组建设[J].思想政治课教学,2013(7).

［82］桂勇.华德福教育:儿童个性发展的教育[J].外国中小学教育,2011(2).

［83］郭良菁.德国《儿童日托机构的教育质量:国家标准集》对我国制定学前教育国家质量体系的启示[J].中国教育政策评论,2010(0).

［84］郭燕芬,柏维春.我国学前教育经费投入:产出效率分析及政策建议[J].学前教育研究,2017(2).

［85］郭燕芬,柏维春.中国学前教育经费投入效率的 DEA 分析:基于 175 所幼儿园的实证调查[J].教育与经济,2017(6).

［86］国立夫,李惠文.基于 PDCA 理论的名师工作室活动设计[J].教育理论与实践,2016,36(5).

［87］韩国存.让小课题校本教研引领教师发展[J].中小学教师培训,2008(5).

［88］郝明君,靳玉乐.教师文化的变革[J].中国教育学刊,2006(3).

［89］何锋."政策成本"视域下学前教育政策制定的有效性探微[J].教育探索,2015(5).

［90］何锋.农村学前教育教育补偿路径优化:基于供需适配性理论的思考[J].现代教育管理,2015(9).

［91］何锋.对中小学教师教科研现状与专业发展的思考[J].基础教育参考,2016(6).

［92］何锋.科研引领 优势互补 草根拉动:跨区域名师工作室联动研究的启示[J].江苏教育,2017(94).

［93］何锋.回到《指南》回归儿童[J].幼教 365,2019(2).

［94］侯光明,晋琳琳.DEA 方法在研究型大学建设绩效评价中的应用[J].高教发展与评估,2005(5).

［95］侯嘉梅,薛继红.搭建生命成长的舞台:山西省实验中学校本教研模式实践[J].教育理论与实践,2015(32).

［96］侯启娉.基于 DEA 的研究型高校科研绩效评价应用研究[J].研究发展与管理,2005

(1).

［97］胡军哲.让教研成为一线教师生存常态[J].中国教育学刊,2010(3).

［98］胡梓滟.幼儿园园本教研活动实施策略的改进:基于实践共同体理论的视角[J].教育科学论坛,2016(11).

［99］胡梓滟,蔡迎旗.幼儿园教师合作学习策略的改进:基于实践共同体理论的视角[J].幼儿教育研究,2017(2).

［100］黄乃祝,肖武云.中小学教师专业发展的阅读对策探讨[J].中小学教师培训,2018(5).

［101］黄晓婷,宋映泉.学前教育的质量与表现性评价:以幼儿园过程性质量评价为例[J].北京大学教育评论.2013(1).

［102］黄佑生.如何提升教师培训师的讲授传播能力[J].中小学管理,2020(1).

［103］季平.教研活动策划的有效性研究[J].教育理论与实践,2013(29).

［104］姜荣富.教研应成为针对问题的对话[J].人民教育,2011(19).

［105］姜彤彤.基于 DEA-Tobit 两步法的高校效率评价及分析[J].高等财经教育研究,2011(2).

［106］焦佩婵."三位一体校际联动"教研模式的构建与实践[J].教育理论与实践,2017(1).

［107］金以明.基于 DEA 和 SOM 的数字图书馆评价研究[J].情报科学,2011(1).

［108］阚自明.圆桌会议[J].师范教育,1993(2).

［109］孔凡哲,张胜利.中小学教研模式创新的思路与实践:"问题驱动、研训一体、共同发展"教研新模式实证分析[J].中国教育学刊,2010(11).

［110］李逢五.按需提供服务提高教研实效[J].上海教育,2003(11).

［111］李广强.营造大教研观的良好教研生态环境[J].教育实践与研究,2012(2).

［112］李季湄.园本教研的现状与挑战[J].幼儿教育,2007(9).

［113］李克建,胡碧颖,潘懿,等.美国《幼儿学习环境评价量表(修订版)》之中国文化适宜性探索[J].幼儿教育(教育科学),2014(11).

［114］李莉.幼儿教师专业发展视角下的"教师实践共同体式教研"[J].早期教育(教科研版),2015(6).

［115］李霞,莫霖,王啟瑶,等.儿科护理硕士专业学位研究生临床能力评价指标的构建[J].护理实践与研究,2018(21).

［116］李祥云.我国高等学校投入产出的效率评估[J].高等教育研究,2011(5).

［117］李永柏.教导主任的"教研"观[J].江苏教育,2005(1A).

［118］李育敏.拓展研讨时空,提高园本教研实效:幼儿园网上教研活动的尝试[J].上海教育科研,2009(3).

［119］梁文艳,杜育红.基于 DEA-Tobit 模型的中国西部农村小学效率研究[J].北京大学

教育评论,2009(4).

[120] 林丹,潘勉,刘桂华,等.产科责任护士护理服务满意度评价指标的初步构建[J].全科护理,2017(24).

[121] 林红.让教育拥抱美丽的意趣:提高校本教研实效性的思考[J].学校党建与思想教育,2010(6).

[122] 林相标.学校实施校本教研中过程中存在的问题及对策思考[J].继续教育研究,2009(8).

[123] 刘豹,许树柏,赵焕臣,等.层次分析法:规划决策的工具[J].系统工程,1984(2).

[124] 刘宏宇.勒温的社会心理学理论述评[J].社会心理科学,1998(1).

[125] 刘霞."NAEYC幼儿活动室观察评价量表"述评[J].教育导刊,2002(12).

[126] 刘亚荣.我国高等学校办学效率评价分析[J].教育与经济,2011(4).

[127] 刘焱,何梦焱,李苏,等."托幼机构环境评价量表"述评[J].学前教育研究,1998(3).

[128] 刘焱,潘月娟.《幼儿园教育环境质量评价量表》的特点、结构和信效度检验[J].学前教育研究,2008(6).

[129] 刘艳,丘磐.企业内部创新资源配置效率的理论与实证研究:基于对珠三角地区中小制造企业的调查分析[J].科技管理研究,2010(17).

[130] 刘裕权,林伟.国内外中小学教研组活动有效性研究文献综述[J].四川教育学院学报,2010(10).

[131] 刘占兰.园本教研的基本特征[J].学前教育,2005(5).

[132] 刘占兰.从专题到现场:相互衔接与呼应的培训方式[J].学前教育研究,2006(10).

[133] 龙安邦,范蔚.我国教育公平研究的现状及特点[J].现代教育管理,2013(1).

[134] 罗登跃.三阶段DEA模型管理无效率估计注记[J].统计研究,2012(4).

[135] 骆嘉琪,匡海波.高校科技创新团队科研资源绩效评价指标体系[J].科研管理,2015(1).

[136] 马超山,张桂春.教师素质结构模型初探[J].辽宁师范大学学报,1989(4).

[137] 马占杰.提高校本教研实效性的要素[J].教学与管理,2011(35).

[138] 毛佩清.经济欠发达地区校本教研的实施策略[J].浙江教育学院学报,2006(5).

[139] 孟学蕴.结构分层培养,促进专业成长:幼儿园青年教师分层培养模式研究[J].华夏教师,2018(2).

[140] 苗玉凤.2002、2003年我国高校效率的对比研究[J].黑龙江教育(高教研究与评估),2008(7).

[141] 倪丹英.唤醒角色意识,促进深度参与:运用课堂观察改进小学英语教研活动中的"听课"行为[J].中小学英语教学与研究,2009(6).

[142] 欧阳常青.教学管理中的教师激励问题探究[J].教学与管理,2012(9).

[143] 庞丽娟,熊灿灿.我国学前教育指标体系的现状、问题及其完善[J].学前教育研究,

2013(2).

[144] 庞青. 尊重教师专业发展需要,构建多元化的园本教研体系[J]. 学前教育研究,2010(4).

[145] 钱旭升,靳玉乐. 教师个体专业发展与教师群体专业发展[J]. 教育科学,2007(4).

[146] 邱白莉. 中美高质量托幼机构评价标准之比较[J]. 早期教育,2005(12).

[147] 曲虹,高伟涛. 数据包络分析方法在研究生教育投入产出效率评价中的应用[J]. 北京理工大学学报(社会科学版),2009(6).

[148] 任勇. 我的数学教育教学教研观[J]. 中学数学,2000(2).

[149] 任勇. 我的数学教育教学教研观[J]. 福建中学数学,2011(2).

[150] 邵水潮. 以组织文化变革提高校本教研有效性[J]. 中国教育学刊,2013(11).

[151] 沈心燕,左晓静. 在落实《纲要》过程中探索新型教研指导方式:下[J]. 学前教育,2005(9).

[152] 史贵权. 不断解放思想,树立大教研观[J]. 成人教育,1998(6).

[153] 苏荟,刘奥运. 双一流建设背景下我国省际高校科研效率及影响因素研究:基于DEA-Tobit 模型[J]. 重庆大学学报(社会科学版),2020(1).

[154] 苏涛永,高琦. 基于随机前沿分析的高校创新效率及差异研究[J]. 预测,2012(6).

[155] 孙广治. 认知风格的差异研究[J]. 齐齐哈尔大学学报(哲学社会科学版),2004(2).

[156] 孙厚琴,赵华. 化学说课:从批判走向建设[J]. 中学化学教学参考,2010(C1).

[157] 孙世敏,项华录,兰博. 基于DEA 的我国地区高校科研投入产出效率分析[J]. 科学学与科学技术管理,2007(7).

[158] 孙文英. 中职有效教研研究:定义、特点、问题与策略[J]. 成人教育,2017(12).

[159] 谭长存. 一次"有效教研"活动引发的思考[J]. 教学与管理,2013(20).

[160] 谭天美,范蔚. 校本教研主体互动的缺失与回归[J]. 中国教育学刊,2017(1).

[161] 田东平,苗玉凤. 基于DEA 的我国高校科研效率评价[J]. 理工高教研究,2005(4).

[162] 汪浩,马达. 层次分析标度9 评价与新标度方法[J]. 系统工程理论与实践,1993(5).

[163] 汪彦,陈悦,曹贤忠,等. 上海高校科研创新效率与影响因素实证研究:基于DEA-Tobit 模型[J]. 科学管理研究,2018(8).

[164] 王博,罗婧. 企业员工即时激励问题及思考[J]. 东方企业文化,2015(8).

[165] 王富英,朱远平. 中小学教研要素与有效教研分析[J]. 中国教育学刊,2012(11).

[166] 王健. 疫情危机下的教师角色、行为与素养[J]. 教师教育研究,2020(2).

[167] 王凯. 国外课例研究及其对我国校本教研的启示[J]. 教育科学论坛,2009(5).

[168] 王利敏. "实践共同体"研究综述[J]. 上海教育科研,2016(12).

[169] 王山有. 各国托幼机构质量评价措施概述[J]. 幼儿教学研究,2007(5).

[170] 王淑娟. 提高校本教研实效性的三个层面[J]. 当代教育科学,2009(6).

[171] 王水娟. 小学教育的校际差异及影响因素实证研究:基于DEA-Tobit 的分析[J]. 教

育科学,2012(5).

[172] 王水娟,柏檀.学前教育财政投入的效率问题与政府责任[J].教育与经济,2012(3).

[173] 王晓彬.用什么牵引校本研修前行[J].人民教育,2007(C1).

[174] 王晓红.探索有效教研方式,引领教师专业成长[J].教学月刊·中学版,2008(11B).

[175] 王晓玲,胡慧娟.论学校教研方式的转变[J].教育科学研究,2012(2).

[176] 王燕.新西兰幼儿教育改革对我国学前教育的几点启示[J].教育教学论坛,2012
(33).

[177] 王莹,刘延平.基于DEA方法的高校管理学院科研效率评价实证研究[J].北京交通
大学学报(社会科学版),2007(4).

[178] 王正伟.VPN技术在幼儿园多园区网络中的应用[J].电子制作,2013(2).

[179] 吴凡.芬兰幼儿园质量评价简介及启示[J].山东教育,2010(18).

[180] 吴义昌.科研、教研与中小学教师[J].当代教育论坛,2004(8).

[181] 谢友才,胡汉辉.我国研究生教育的效率分析[J].高等教育研究,2005(11).

[182] 徐丹,包海芹.基于DEA的我国学前教育供给效率省际差异研究[J].天津师范大学
学报(基础教育版),2015(1).

[183] 徐国东.浅谈校本教研的误区与对策[J].小学教学研究,2007(7).

[184] 徐娟.我国各省高校科研投入产出相对效率评价研究:基于数据包络分析方法[J].
清华大学教育研究,2009(2).

[185] 杨帆.陕西省农村留守儿童学前教育问题再探究[J].新西部,2018(8).

[186] 杨晓萍,黄豪.学习共同体:园本教研的"异化"与"回归"[J].教育导刊,2016(10).

[187] 叶澜.新世纪教师专业素养初探[J].教育研究与实验,1998(1).

[188] 叶素贞.让教研活动走向澄明之境[J].思想政治课教学,2018(5).

[189] 叶小红.江苏省六地区幼儿园师资结构现状及存在问题研究[J].早期教育(教科研
版),2013(11).

[190] 叶小红.走向视域融合:幼儿教师观察能力培养的思考与探索[J].学前教育,2017
(6).

[191] 叶小红.突破幼儿园教师观察能力提升的瓶颈[J].幼儿教育,2018(4).

[192] 叶小红.儿童:永不退场的主角[J].幼儿教育,2018(5).

[193] 余文森.专业人员如何促进校本教研[J].人民教育,2003(5).

[194] 虞永平.课程游戏化的意义和实践路径[J].早期教育,2015(3).

[195] 虞永平.构建新型教研队伍,创新教研工作机制,提升教研活动成效[J].早期教育,
2017(11).

[196] 虞永平.幼儿园教研需要革命性转身[J].幼儿教育,2017(11).

[197] 虞永平.幼儿园课程游戏化项目的基本要求[J].早期教育,2018(4).

[198] 虞永平.村园的未来不是梦:课程游戏化项目中的皂河二小幼儿园[J].早期教育(教

育教学),2019(11).

[199] 虞永平.着力研究区域推进,实现课程游戏化项目新突破[J].早期教育(教育教学), 2020(4).

[200] 袁磊,侯丽娜.基于 LCS 的教师区域协同教研模型设计与应用研究[J].现代远距离 教育,2014(6).

[201] 原晋霞,汪丽.试论幼儿园课程资源室建设[J].教育导刊,2011(2).

[202] 岳丽春,唐浪娟,谌秘,等.帕金森病患者自我健康管理问卷的研制及信效度检验 [J].中国全科医学,2016(27).

[203] 张超.基于网络环境下教研方式的变革[J].河北师范大学学报(教育科学版),2012 (7).

[204] 张晖.以教育科研促《指南》贯彻实施[J].早期教育,2013(4).

[205] 张晖.课程质量提升之路:上:以江苏省课程游戏化项目推进为例[J].学前教育, 2017(1).

[206] 张晖.课程质量提升之路:下:以江苏省课程游戏化项目推进为例[J].学前教育, 2017(2).

[207] 张杰.全区园本教研评估活动感悟[J].宁夏教育,2012(2).

[208] 张乐天.城乡教育差别的制度归因与缩小差别的政策建议[J].南京师大学报(社会 科学版),2004(3).

[209] 张平,朱鹏.教师实践共同体:教师专业发展的新视角[J].教师教育研究,2009(2).

[210] 张士超,张明.菜单教研:一种基于上下迁移的教学研究[J].现代中小学教育,2013 (8).

[211] 张卫,李洁.基于 DEA 的建筑施工高处坠落事故安全投入效率[J].土木工程与管理 学报,2017(1).

[212] 张血玲.以问题为导向的幼儿教师分层培训策略[J].继续教育研究,2017(3).

[213] 张志伟,张春燕.有效教研应该是共享教学智慧[J].上海教育科研,2009(9).

[214] 赵端瑛.库尔特·勒温(Kurt·Lewin,1890—1947)[J].外国心理学,1981(3).

[215] 赵敏祥,曹春霞,励立庆.基于 DEA 的高校研究生教育资源配置效率研究:以浙江工 业大学为例[J].现代物业,2011(11).

[216] 赵志毅.大力提倡幼儿教师自己的教育科研:兼谈"园本研究"的内容特征与操作机 制[J].学前教育研究,2005(Z1).

[217] 郑琼.完善制度,加强学习,提高园本教研的有效性[J].学前教育研究,2009(4).

[218] 郑行军.基于供给侧视角的教研转型改革探索[J].教育参考,2018(6).

[219] 周惠娜.有效教研需要多层面教研共同体的构建[J].教学月刊(中学版),2014(6).

[220] 周欣.四国和我国港台地区托幼机构过程性教育质量标准的分析和比较[J].早期教 育,2003(2).

[221] 朱剑峰. 从"行动者网络理论"谈技术与社会的关系:"问题奶粉"事件辨析[J]. 自然辩证法研究,2009(1).

[222] 朱一平. 走向"课堂观察"的听评课:提高青年教师校本教研的实效性[J]. 教学月刊(中学版),2012(20).

[223] 庄爱玲,黄洪. 我国学前教育财政投入绩效及城乡差异[J]. 教育与经济,2015(4).

四、电子文献及会议论文集

[1] COUROS A, KESTEN CYRIL. Communities of practice:a literature review[EB/OL]. [2019-06-09]. https://pdfs. semanticscholar. org/ab72/67efe8965d0957f324f87c186 c7d8d97 3842. pdf.

[2] WENGER E. Knowledge Management as a Doughnut:Shaping Your Knowledge Strategy through Communities of Practice,Ivey Business Journal[EB/OL]. [2019-06-12]. https://iveybusinessjournal. com/publication/knowledge-manage-ment-as-a-doughnut/.

[3] WENGER E. Communities of practice:A brief introdu-ction[EB/OL]. [2019-07-03]. http://www. chronicdisease. org/resource/dyramic/email/1_3m3a communities of practice-a brief introduction. pdf.

[4] GROSSMAN P, WINEBURG S, WOOLWORTH S. What makes teacher community different from a gathering of teachers? [EB/OL]. [2019-12-21]. https://www. education. uw. edu/ctp/sites/default/files/ctpmail/PDFs/Community-GWW-01-2001. pdf.

[5] LI L C, GRIMSHAW J M, NIELSEN C, et al. Evolution of Wenger's concept of community of practice[EB/OL]. [2020-03-07]. http:www. implementationscience. com/content/4/1/11.

[6] MCLAUGHILN M W. Professional community of teachers makes a difference[EB/OL]. [2019-09-14]. https://news. stanford. edu/pr/92/920511Arc2227. html.

[7] TEAL Center staff. Adult Learning Theory[EB/OL]. [2020-04-12]. https://lincs. ed. gov/sites/default/files/11_%20TEAL_Adult_Learning_Theory. pdf.

[8] 国家教育委员会. 幼儿园工作规程[EB/OL]. (2006-11-30)[2019-06-09]. http://www. cnsece. com/KindTemplate/MsgDetail/22543.

[9] 江苏省教育厅. 江苏省教育厅关于加强学前教育教研工作的意见[EB/OL]. (2017-8-27)[2019-06-09]. http://www. cnsece. com/KindTemPlate/MsgDetail/49064.

[10] 江苏省统计局. 江苏统计年鉴[EB/OL]. (2019-12-7)[2020-02-01]. http://tj. jiangsu. gov. cn/2018/nj19/nj1902. htm.

[11] 教育部. 幼儿园工作规程[EB/OL]. (2016-3-3)[2020-05-17]. http://www.

cnsece. com/KindTemplate/MsgDetail/36817.

［12］中共中央国务院. 中共中央国务院关于学前教育深化改革规范发展的若干意见 ［EB/OL］. (2018 - 11 - 15)［2019 - 09 - 14］. http://www. xinhuanet. com/politics/ 2018/11/15/c_1123720031. htm.

［13］The Chicago Small Schools Research Team. Small Schools：Great Strides［R］.［2019- 07-17］. Bank Street College of Education.

［14］肖继军. 基于 SFA 和 DEA 的高校德育教研投入效率研究［C］.［2019 - 06 - 09］. Intelligent Information Technology Application Association. 2011 International Conference on Machine Intelligence（ICMI 2011 V3）. Intelligent Information Technology Application Association：智能信息技术应用学会.

附录

附录1 园本教研效益评价指标访谈提纲

基本信息部分

访谈编号	性别	年龄	学历
工作年限	职务	职称	所在单位

正式访谈

1. 简单介绍一下您所参与的园本教研活动的大体情况。
2. 在您所参与的园本教研活动中,教研投入有哪些表现形式?
3. 在园本教研活动中,人力资源投入包括哪些?
4. 在园本教研活动中,财力资源投入包括哪些?
5. 在园本教研活动中,物力资源投入包括哪些?
6. 在您所参与的园本教研活动中,教研成果有哪些表现形式?
7. 通过园本教研活动,有哪些相关的教学产出?
8. 通过园本教研活动,有哪些相关的科研产出?
9. 通过园本教研活动,有哪些相关的社会服务?

附录 2　专家咨询问卷

本问卷主要包括两个量表——园本教研教学产出量表和实践共同体创设量表。园本教研教学产出量表是在系统梳理教师专业发展评价、幼儿发展评价、幼儿园教育质量评价相关理论和量表的基础上编制而成。园本教研实践共同体创设量表是以温格的实践共同体"三要素论"为分析框架,在此基础上编制而成。

第一部分　专家基本信息

1. 您的工作单位＿＿＿＿＿＿＿＿＿＿

2. 您的教龄＿＿＿＿＿＿＿＿＿＿＿

3. 您的职称(　　)

A. 教授　　　　B. 副教授　　　　C. 幼儿园正高级　　　　D. 幼儿园高级

E. 幼儿园一级

4. 您的最高学历/学位(　　　)

A. 博士　　　B. 硕士　　　　C. 本科　　　D. 大专

第二部分　问卷评定

请您判断:

1. **量表指标以及条目存在的必要性**,采用 Likert5 级评分法:1 表示很不重要,2 表示不太重要,3 表示一般,4 表示比较重要,5 表示很重要。请您在相应栏内选出一个您认为的得分(**标红**)。

2. 如果您认为量表**指标**中有需要增加、删除、合并、重命名的维度,请您将建议写在"**维度修改建议**"备注栏中,万分感谢。

3. 如果您认为**问卷题目**表述得不准确、不具体、有歧义,请您将建议写在"**表述修改建议**"备注栏中,万分感谢。

园本教研教学产出调查问卷

指标	问卷题目	很不重要	不太重要	一般	比较重要	很重要
维度1:教师专业发展		1	2	3	4	5
专业理念与态度	通过这一年的园本教研,本园教师的专业理念与态度得到提升	1	2	3	4	5
专业知识	通过这一年的园本教研,本园教师的专业知识得到提升	1	2	3	4	5
专业能力	通过这一年的园本教研,本园教师的专业能力得到提升	1	2	3	4	5
维度修改建议:	表述修改建议:					
维度2:幼儿全面发展		1	2	3	4	5
情感发展	通过这一年的园本教研,本园幼儿在情感态度发展方面得到提升	1	2	3	4	5
知识经验发展	通过这一年的园本教研,本园幼儿在知识经验发展方面得到提升	1	2	3	4	5
能力发展	通过这一年的园本教研,本园幼儿在能力发展方面得到提升	1	2	3	4	5
维度修改建议:	表述修改建议:					
维度3:幼儿园教育质量		1	2	3	4	5
学习环境的创设与利用	通过这一年的园本教研,本幼儿园在学习环境的创设与利用方面得到提升	1	2	3	4	5
师幼互动	通过这一年的园本教研,本幼儿园在师幼互动方面得到提升	1	2	3	4	5
课程建设	通过这一年的园本教研,本幼儿园在课程建设方面得到提升	1	2	3	4	5
家园合作	通过这一年的园本教研,本幼儿园在家园合作方面得到提升	1	2	3	4	5
幼儿园领导和管理	通过这一年的园本教研,本幼儿园在领导和管理方面得到提升	1	2	3	4	5
维度修改建议:	表述修改建议:					

续表

园本教研教学产出调查问卷

指标	问卷题目	很不重要	不太重要	一般	比较重要	很重要
维度1：相互卷入		1	2	3	4	5
建立教研常规	通过参与园本教研，教研组成员之间建立了教研常规和合作关系	1	2	3	4	5
共享兴趣领域	教研组成员共享感兴趣的研究领域	1	2	3	4	5
分享交换意见	在园本教研活动中，教研组成员会分享和交换意见，彼此支持	1	2	3	4	5
维度修改建议：	表述修改建议：					
维度2：合作事业		1	2	3	4	5
拥有共同目标	教研组成员共同致力于解决一组问题，或者为了一个主题共同投入热情	1	2	3	4	5
达成共同理解	教研组成员通过不断协商，发展出对于相关问题的共同理解	1	2	3	4	5
形成教学专长	教研组成员通过持续不断的相互作用，形成了自己的实践性知识和教学专长	1	2	3	4	5
维度修改建议：	表述修改建议：					
维度3：共享智库		1	2	3	4	5
形成共享资源	在实践中，教研组形成了一整套共享资源，包括惯例、特色工具、共享故事和解决重复出现问题的方法、手册、用语或概念等	1	2	3	4	5
运用共享资源	教研组成员在园本教研和日常保教实践中会运用教研组的共享资源	1	2	3	4	5
拓展共享资源	教研组成员在园本教研和日常保教实践中会进一步拓展教研组的共享资源	1	2	3	4	5
维度修改建议：	表述修改建议：					

第三部分 专家对研究问题的熟悉程度和判断依据

1. 您对该研究问题的熟悉程度（   ）

A. 很熟悉

B. 比较熟悉

C. 一般

D. 不太熟悉

E. 不熟悉

2. 下面是对指标选择的四种判断依据，请您选择这些依据对您判断的影响程度（将"大"或"中"或"小"标红）

（1）工作经验   大   中   小

（2）理论分析   大   中   小

（3）参考国内外资料   大   中   小

（4）直观感觉   大   中   小

附录3 园本教研教学产出与实践共同体创设调查问卷（初试问卷）

第一部分 基本信息（单选或填空）

1. 您的年龄（周岁）_____（请填写）

2. 您的教龄_____（请填写）

3. 您的最高学历（ ）

A. 初中及以下 B. 高中或中专 C. 大专 D. 本科

E. 研究生

4. 您的职称（ ）

A. 未评 B. 已评_____（请填写）

5. 您所在幼儿园类型（ ）

A. 公办园 B. 民办园 C. 其他类型_____（请填写）

6. 您所在幼儿园的城乡位置（ ）

A. 农村 B. 乡镇 C. 县城

D. 城乡结合部 E. 市区 F. 其他____（请填写）

7. 您所在幼儿园所属城市_____（请填写）

第二部分 园本教研教学产出情况调查

请您认真阅读每句话，根据本幼儿园的实际情况，选择对应的数字。（备注：这一年指 2019 年）

题号	问卷题目	没有任何提升	几乎没有提升	提升不太大	不确定	提升比较大	提升很大	提升非常大
1	通过这一年的园本教研，本园教师在<u>专业理念与态度</u>方面提升如何	1	2	3	4	5	6	7
2	通过这一年的园本教研，本园教师在<u>专业知识</u>方面提升如何	1	2	3	4	5	6	7

续表

题号	问卷题目	没有任何提升	几乎没有提升	提升不太大	不确定	提升比较大	提升很大	提升非常大
3	通过这一年的园本教研,本园教师在专业能力方面提升如何	1	2	3	4	5	6	7
4	通过这一年的园本教研,本园幼儿在情感态度发展方面提升如何	1	2	3	4	5	6	7
5	通过这一年的园本教研,本园幼儿在知识经验发展方面提升如何	1	2	3	4	5	6	7
6	通过这一年的园本教研,本园幼儿在能力发展方面提升如何	1	2	3	4	5	6	7
7	通过这一年的园本教研,本幼儿园在学习环境的创设与利用方面提升如何	1	2	3	4	5	6	7
8	通过这一年的园本教研,本幼儿园在师幼互动方面提升如何	1	2	3	4	5	6	7
9	通过这一年的园本教研,本幼儿园在课程建设方面提升如何	1	2	3	4	5	6	7
10	通过这一年的园本教研,本幼儿园在家园合作方面提升如何	1	2	3	4	5	6	7
11	通过这一年的园本教研,本幼儿园在领导和管理方面提升如何	1	2	3	4	5	6	7

第三部分　园本教研中实践共同体创设情况调查

请您认真阅读每句话,根据本幼儿园 2019 年教研开展实际情况,选择对应的数字。

题号	问卷题目	没有任何提升	几乎没有提升	提升不太大	不确定	提升比较大	提升很大	提升非常大
1	通过参与园本教研,教研组成员之间建立了教研常规和合作关系	1	2	3	4	5	6	7
2	教研组成员共享感兴趣的研究领域	1	2	3	4	5	6	7
3	在教研活动中,教研组成员会分享和交换意见,彼此支持	1	2	3	4	5	6	7

续表

题号	问卷题目	没有任何提升	几乎没有提升	提升不太大	不确定	提升比较大	提升很大	提升非常大
4	教研组成员共同致力于解决一组问题,或者为了一个主题共同投入热情	1	2	3	4	5	6	7
5	教研组成员通过不断协商,发展出对相关问题的共同理解	1	2	3	4	5	6	7
6	教研组成员通过持续不断的相互作用,形成了自己的实践性知识和教学专长	1	2	3	4	5	6	7
7	在实践中,教研组形成了一整套共享资源,包括惯例、特色工具、共享故事和解决重复出现问题的方法、手册、用语或概念等	1	2	3	4	5	6	7
8	教研组成员在园本教研和日常保教实践中会运用教研组的共享资源	1	2	3	4	5	6	7
9	教研组成员在园本教研和日常保教实践中会进一步发展教研组的共享资源	1	2	3	4	5	6	7

附录4 江苏省园本教研效益调查问卷(正式问卷)

一、基本信息

(一)幼儿园的基本情况

1. 幼儿园所属城市(　　)

A. 南京　　　　　　　B. 无锡　　　　　　　C. 镇江

D. 扬州　　　　　　　E. 南通　　　　　　　F. 泰州

G. 淮安　　　　　　　H. 宿迁　　　　　　　I. 盐城

2. 幼儿园所处城乡位置(　　)

A. 城区　　B. 城乡结合区　　C. 镇区　　D. 镇乡结合区　　E. 乡村

3. 幼儿园的办园性质(　　)

A. 公办园　　　　　　B. 民办园

4. 专任教师中本科及以上学历教师所占的比例(请填写百分比)_____

(二)幼儿园教研的基本情况

5. 本幼儿园教研的专业引领类型(　　)

A. 教研员引领　　　　　　　　B. 高校教师引领

C. 教研员和高校教师共同引领　　D. 园内教师引领

6. 本幼儿园常见的教研组规模(　　)

A. 1—10人　　B. 11—20人　　C. 21—30人　　D. 31人及以上

二、正式问卷

(一)幼儿园的教研投入

　　A. 人力投入(备注:请在相应的职称等级中填写参与人数和参与时间,若为无则填写"0")

　　1. 2019年,参与本幼儿园教研的教研员有多少位?平均每位参与多少小时?

　　　　a. 县区级教研员_____(位)_____(小时)

　　　　b. 市级教研员_____(位)_____(小时)

　　　　c. 省级教研员_____(位)_____(小时)

2. 2019 年,参与本幼儿园教研的高校教师有多少位？平均每位参与多少小时？

    a. 讲师_____（位）_____（小时）

    b. 副教授_____（位）_____（小时）

    c. 教授_____（位）_____（小时）

3. 2019 年,参与本幼儿园教研的幼儿园教师有多少位？平均每位参与多少小时？

    a. 未评职称_____（位）_____（小时）

    b. 二级教师_____（位）_____（小时）

    c. 一级教师_____（位）_____（小时）

    d. 高级教师_____（位）_____（小时）

    e. 正高级教师_____（位）_____（小时）

    B. 财力投入

4. 2019 年,本幼儿园开展教研所花费的专家咨询费用有_____（元）

5. 2019 年,教师外出交流学习费用有_____（元）

6. 2019 年,本幼儿园园本教研涉及的材料（例如教师用书、学习资料打印、复印）费用有_____（元）

7. 2019 年,本幼儿园园本教研成果转化费用（例如版面费、出版费、录制光盘费）有_____（元）

8. 2019 年,教师教研奖金有_____（元）

    C. 物力投入

9. 2019 年,本幼儿园常用的教研场地有_____（平方米）

（二）幼儿园的教研产出

A. 教学产出（备注：请您认真阅读每句话,根据本幼儿园的实际情况,选择对应的数字）

题号	问卷题目	没有任何提升	几乎没有提升	提升不太大	不确定	提升比较大	提升很大	提升非常大
1	通过 2019 年的园本教研,本园教师在<u>专业理念与态度</u>方面提升如何	1	2	3	4	5	6	7

续表

题号	问卷题目	没有任何提升	几乎没有提升	提升不太大	不确定	提升比较大	提升很大	提升非常大
2	通过 2019 年的园本教研,本园教师在<u>专业知识</u>方面提升如何	1	2	3	4	5	6	7
3	通过 2019 年的园本教研,本园教师在<u>专业能力</u>方面提升如何	1	2	3	4	5	6	7
4	通过 2019 年的园本教研,本园幼儿在<u>情感态度发展</u>方面提升如何	1	2	3	4	5	6	7
5	通过 2019 年的园本教研,本园幼儿在<u>知识经验发展</u>方面提升如何	1	2	3	4	5	6	7
6	通过 2019 年的园本教研,本园幼儿在<u>能力发展</u>方面提升如何	1	2	3	4	5	6	7
7	通过 2019 年的园本教研,本幼儿园在<u>学习环境的创设与利用</u>方面提升如何	1	2	3	4	5	6	7
8	通过 2019 年的园本教研,本幼儿园在<u>师幼互动</u>方面提升如何	1	2	3	4	5	6	7
9	通过 2019 年的园本教研,本幼儿园在<u>课程建设</u>方面提升如何	1	2	3	4	5	6	7
10	通过 2019 年的园本教研,本幼儿园在<u>家园合作</u>方面提升如何	1	2	3	4	5	6	7
11	通过 2019 年的园本教研,本幼儿园在<u>领导和管理</u>方面提升如何	1	2	3	4	5	6	7

B. 科研产出(备注:请在相应的等级中填写对应的数字,若为无则填写"0")

10. 2019 年,本园教师独立出版的专著、译著或参与编写章节的专著有多少本?(备注:不包括教材、教参)

a. 个人独立撰写 3 万字以下_____(本)

b. 个人独立撰写 3 万字至 8 万字_____(本)

c. 个人独立撰写 8 万字以上_____(本)

11. 2019 年,本园教师主编或参编的教材或教参有多少本?

a. 市区推广_____(本)

b. 省级推广_____(本)

c. 全国性推广_____(本)

12. 2019 年,本园教师会议论文投稿入选会议论文集的有多少篇?

a. 省市会议_____(篇)

b. 全国性会议_____(篇)

13. 2019 年,本幼儿园集体或本园教师个人立项的课题有多少项?

a. 县区级课题立项_____(项)

b. 市级课题立项_____(项)

c. 省级课题立项_____(项)

d. 国家级课题立项_____(项)

14. 2019 年,本幼儿园或本园教师获奖的课题有多少项?

a. 县区级课题获奖

特等奖____　一等奖____　二等奖____　三等奖____　其他____

b. 市级课题获奖

特等奖____　一等奖____　二等奖____　三等奖____　其他____

c. 省级课题获奖

特等奖____　一等奖____　二等奖____　三等奖____　其他____

d. 国家级课题获奖

特等奖____　一等奖____　二等奖____　三等奖____　其他____

15. 2019 年,本园教师论文或教案获奖有多少篇?

a. 县区级比赛获奖

特等奖____　一等奖____　二等奖____　三等奖____　其他____

b. 市级比赛获奖

特等奖____　一等奖____　二等奖____　三等奖____　其他____

c. 省级比赛获奖

特等奖____　一等奖____　二等奖____　三等奖____　其他____

16. 2019 年,本幼儿园获得教学成果奖的情况如何?

a. 市级教学成果奖

特等奖____　一等奖____　二等奖____　三等奖____　其他____

b. 省级教学成果奖

特等奖____　一等奖____　二等奖____　三等奖____　其他____

c. 国家级教学成果奖

特等奖____　一等奖____　二等奖____　三等奖____　其他____

17. 2019 年,本园教师正式发表的期刊论文或报纸文章有哪些?(请填写刊物名称和篇数)

_____

C. 社会服务

18. 2019 年,本园教师在本幼儿园面对幼教同行开展讲座或教学示范活动有_____(次)

19. 2019 年,本园教师进入其他幼儿园任教或指导、被邀请在省市区县进行专题讲座有_____(次)

20. 2019 年,本园教师在本幼儿园面向家长开展育儿讲座有_____(次)

21. 2019 年,本园教师进入社区参与志愿者服务有_____(次)

22. 2019 年,本园教师为其他教育同行现场分享教研经验有_____(次)

23. 2019 年,本园教师为其他教育同行在网络平台分享教研经验有_____(次)

(三)园本教研中实践共同体创设情况(备注:请您认真阅读每句话,根据本幼儿园 2019 年教研开展实际情况,选择对应的数字)

题号	问卷题目	非常不符合	很不符合	不太符合	不确定	比较符合	很符合	非常符合
1	通过参与园本教研,教研组成员之间建立了教研常规和合作关系	1	2	3	4	5	6	7
2	教研组成员共享感兴趣的研究领域	1	2	3	4	5	6	7
3	在教研活动中,教研组成员会分享和交换意见,彼此支持	1	2	3	4	5	6	7
4	教研组成员共同致力于解决一组问题,或者为了一个主题共同投入热情	1	2	3	4	5	6	7
5	教研组成员通过不断协商,发展出对相关问题的共同理解	1	2	3	4	5	6	7
6	教研组成员通过持续不断的相互作用,形成了自己的实践性知识和教学专长	1	2	3	4	5	6	7

续表

题号	问卷题目	非常不符合	很不符合	不太符合	不确定	比较符合	很符合	非常符合
7	在实践中,教研组形成了一整套共享资源,包括惯例、特色工具、共享故事和解决重复出现问题的方法、手册、用语或概念等	1	2	3	4	5	6	7
8	教研组成员在园本教研和日常保教实践中会运用教研组的共享资源	1	2	3	4	5	6	7
9	教研组成员在园本教研和日常保教实践中会进一步拓展教研组的共享资源	1	2	3	4	5	6	7

附录 5　园本教研组织管理经验访谈提纲

一、园本教研组织管理经验访谈提纲(教研员版)

基本信息部分

访谈编号　　　　性别　　　　　年龄　　　　　教龄

学历　　　　　　职务　　　　　职称　　　　　所在单位

正式访谈

1. 本市/本区学前教育教研网络体系是怎样的?

2. 作为市级/区级教研员,您主要负责哪些工作?

3. 本市/本区为幼儿园的园本教研提供了哪些教研资源支持?

4. 目前,本市/本区学前教育教研有哪些特色? 已经积累了哪些有益经验? 还有哪些可改进之处?

5. 您认为影响园本教研效益的关键因素有哪些?

6. 您认为园本教研效益高的幼儿园在教研资源配置(人力投入、财力投入、物力投入)方面有哪些特点?

7. 您认为园本教研效益高的幼儿园在教研组织管理(相互卷入、合作事业、共享智库)方面有哪些特点?

二、园本教研组织管理经验访谈提纲(园长版)

基本信息部分

访谈编号　　　　性别　　　　　年龄　　　　　教龄

学历　　　　　　职务　　　　　职称　　　　　所在单位

正式访谈

1. 简单介绍一下贵幼儿园园本教研活动的开展情况。

2. 根据您的教研经验,您认为哪些关键因素会影响园本教研效益?

3. 贵幼儿园在管理教研投入方面有哪些比较好的经验?

(1) 在教研人力投入上,是如何有效利用园内外专家资源的?

(2) 在教研财力投入上,经费使用有哪些侧重点?

（3）在教研场地方面，有哪些因地制宜的策略？

4. 您认为贵幼儿园在人力投入、财力投入、物力投入方面科学有效吗？哪些投入带来了高回报，哪些投入回报率较低？

5. 贵幼儿园在管理教研产出方面有哪些比较好的经验？

（1）贵幼儿园有哪些制度或做法，鼓励教师将教研成果转化为教学产出？

（2）贵幼儿园有哪些制度或做法，鼓励教师将教研成果转化为科研产出？

（3）贵幼儿园有哪些制度或做法，鼓励教师将教研成果转化为社会服务？

6. 您认为贵幼儿园在教学产出、科研产出、社会服务方面的教研产出理想吗？有哪些值得借鉴的经验？有哪些可以改进的空间？

7. 贵幼儿园在组织园本教研活动时有哪些值得借鉴的经验？

（1）贵幼儿园在组织园本教研时，如何鼓励教师共同参与、彼此开放？

（2）贵幼儿园在组织园本教研时，如何支持教师之间展开合作？

（3）贵幼儿园在组织园本教研时，如何创建、维持和拓展共享资源库？

三、园本教研组织管理经验访谈提纲（教师版）

基本信息部分

访谈编号	性别	年龄	教龄
学历	职务	职称	所在单位

正式访谈

1. 根据您的教研经验，您认为哪些关键因素会影响园本教研效益？

2. 根据您的教研经验，您认为哪种园本教研引领形式（包括教研员引领、高校教师引领、教研员和高校教师共同引领、园内教师引领四种）最为有效？为什么？

3. 根据您的教研经验，您认为园本教研组多大规模（包括 1—10 人、11—20 人、21—30 人、31 人及以上四种）时教研效果最好？为什么？

4. 根据您的教研经验，您认为有哪些策略可以提高教师参与园本教研的积极性？有哪些策略可以鼓励教师敞开心扉交流想法和意见？

附录6　正式问卷中量表信效度检验汇报

通过问卷星平台发放《江苏省园本教研效益调查问卷（正式问卷）》（见附录4），删除重复提交者和信息不全者，在江苏省内共回收有效问卷 168 份。其中，公办园 99 所，民办园 69 所；苏南地区幼儿园 60 所，苏中地区幼儿园 56 所，苏北地区幼儿园 52 所；城区幼儿园 60 所，城乡结合区幼儿园 29 所，镇区幼儿园 38 所，镇乡结合区幼儿园 25 所，乡村幼儿园 16 所。也就是说，本书中的样本幼儿园基本涵盖了江苏省内各种类型的幼儿园，具有较好的代表性。通过 SPSS22.0 软件对这 168 份问卷进行统计分析，得到以下结果。

一、《园本教研教学产出量表》统计分析结果汇总

（一）项目分析

1. 极端组比较

首先，对教学产出量表题项进行加总，将量表总得分前 27% 定义为高分组（68 分到最高分），将量表总得分后 27% 定义为低分组（最低分到 57 分），然后对两个极端组进行独立样本 T 检验，结果发现 11 个题项的临界比值介于 15.225—22.858，均大于 3，达到显著水平（$p < 0.001$），说明 11 个题项的高分组得分和低分组得分显著不同，11 个题项均具有较好的区分度。

2. 题项与总分的相关

题项与总分的 Pearson 相关检验表明，11 个题项与总分均表现出显著相关（$p < 0.001$），且相关系数介于 0.799—0.887 之间，均大于 0.4，11 个题项与总分全部达到高度相关水平，说明题项与整体量表的同质性高。

3. 信度检验

11 个题项的内部一致性 α 系数等于 0.962，说明量表信度非常理想，且 11 个题项删除时的 Cronbach's α 值介于 0.957—0.960，均小于 0.962，说明 11 个题项内部一致性高，不需要删除题项。

4. 共同性与因素负荷量

11 个题项的共同性值介于 0.637—0.792，均大于 0.4。11 个题项的因素负荷量介于 0.798—0.890，均大于 0.4。说明 11 个题项与共同因素（总量表）的关系密切。正式问卷中《园本教研教学产出量表》项目分析结果汇总见

表1。

表1 《园本教研教学产出量表》项目分析摘要表（正式测试）

题项	极端组比较 决断值	题项与总分相关	同质性检验 题项删除后的 α 值	共同性	因素负荷量	未达标准指标数	备注
a1	22.645	.848	.958	.719	.848	0	保留
a2	16.815	.850	.958	.723	.850	0	保留
a3	16.586	.880	.957	.773	.879	0	保留
a4	19.683	.858	.958	.741	.861	0	保留
a5	21.503	.887	.957	.792	.890	0	保留
a6	19.519	.847	.958	.721	.849	0	保留
a7	17.962	.821	.959	.672	.820	0	保留
a8	22.858	.868	.958	.755	.869	0	保留
a9	15.225	.860	.959	.729	.854	0	保留
a10	15.507	.799	.960	.637	.798	0	保留
a11	16.909	.859	.958	.739	.859	0	保留
判标准则	≥3.000	≥.400	≤0.975	≥.200	≥.450		

注：0.962为园本教研教学产出量表的内部一致性 α 系数。

（二）因素分析

Bartlett 球形检验表明，11 个题项的 KMO（取样适当性量数）值为 0.929，大于 0.9，说明教学产出量表极适合进行因素分析。采用主成分分析法对 11 个题项进行因素分析，基于前期预设，将因子个数限定为 3，因子萃取结果如表 2 所示。

表2 《园本教研教学产出量表》因素分析结果（正式测试）

题项	成分 1	2	3
a7	.791	.341	.259
a11	.722	.282	.464
a9	.694	.445	.322
a10	.684	.325	.354
a8	.624	.415	.456
a2	.369	.795	.322
a1	.356	.774	.354

续表

题项	成分		
	1	2	3
a3	.410	.750	.374
a5	.406	.360	.788
a6	.415	.295	.770
a4	.307	.447	.757

转轴后的成分矩阵与原先笔者编制的构念符合,其中,共同因素一包括第7题到第11题,构念名为"幼儿园教育质量提升",共同因素二包括第1题到第3题,构念名为"教师专业发展",共同因素三包括第4题到第6题,构念名为"幼儿全面发展"。

（三）信度分析

内部一致性检验结果表明,教师专业发展层面的内部一致性系数 α 为0.923,幼儿全面发展层面的内部一致性系数 α 为0.929,幼儿园教育质量提升层面的内部一致性系数 α 为0.923,总量表的信度系数为0.962。各层面和总量表的内部一致性系数均大于0.9,说明量表信度非常理想。正式问卷中《园本教研教学产出量表》信度分析结果汇总见表3。

表3 《园本教研教学产出量表》信度分析结果（正式测试）

层面	Cronbach 的 Alpha	项目个数
教师专业成长层面	0.923	3
幼儿全面发展层面	0.929	3
幼儿园教育质量提升层面	0.923	5
总量表	0.962	11

二、《园本教研中实践共同体创设量表》的统计分析汇总

（一）项目分析

1. 极端组比较

首先,对实践共同体创设量表题项进行加总,将量表总得分前27%定义为高分组（61分到最高分）,将量表总得分后27%定义为低分组（最低分到50分）,然后对两个极端组进行独立样本T检验,结果发现9个题项的临界比值介于13.699—24.072,均大于3,达到显著水平（$p<0.001$）,说明9个题项的高分组得分和低分组得分显著不同,9个题项均具有较好的区分度。

2. 题项与总分的相关

题项与总分的 Pearson 相关检验表明,9 个题项与总分均表现出显著相关($p<0.001$),且相关系数介于 0.779—0.905,均大于 0.4,9 个题项与总分全部达到高度相关水平,说明题项与整体量表的同质性高。

3. 信度检验

9 个题项的内部一致性 α 系数等于 0.959,说明量表信度非常理想,且 9 个题项删除时的 Cronbach's α 值介于 0.951—0.961,除第 7 题外,其他题目删除时的 Cronbach's α 系数均小于 0.959,而第 7 题修正后的总相关系数为 0.779,大于 0.400,表示该题与其他题项相关为中高度关系,与其余 8 个题目所测量的心理特质同质性颇高,因此予以保留。值得一提的是,9 个题项中第 7 题得分均值最低(5.607 分),剩余 8 题得分均值则均高于 6 分,说明第 7 题指向的特质是当前园本教研中实践共同体创设最薄弱的环节,这为分析教研效益的影响因素和提升策略提供了重要线索,故第 7 题予以保留具有重要意义。

4. 共同性与因素负荷量

9 个题项的共同性值介于 0.566—0.828,均大于 0.4。9 个题项的因素负荷量介于 0.753—0.910,均大于 0.4。说明 9 个题项与共同因素(总量表)的关系密切。正式问卷中《园本教研中实践共同体创设量表》项目分析结果汇总见表 4。

表 4 《园本教研中实践共同体创设量表》项目分析摘要表(正式测试)

题项	极端组比较 决断值	题项与总分相关	同质性检验 题项删除后的 α 值	共同性	因素负荷量	未达标准指标数	备注
b1	23.036	.905	.951	.828	.910	0	保留
b2	24.072	.898	.952	.817	.904	0	保留
b3	18.268	.877	.953	.796	.892	0	保留
b4	15.127	.848	.955	.744	.862	0	保留
b5	18.640	.876	.953	.788	.888	0	保留
b6	22.684	.896	.952	.803	.896	0	保留
b7	13.699	.779	.961	.566	.753	1	保留
b8	17.324	.877	.953	.750	.866	0	保留

续表

| 题项 | 极端组比较 | 题项与总分相关 | 同质性检验 | | | 未达标准指标数 | 备注 |
	决断值		题项删除后的 α 值	共同性	因素负荷量		
b9	19.979	.891	.952	.771	.878	0	保留
判标准则	≥3.000	≥.400	≤0.974	≥.200	≥.450		

注：0.959 为园本教研中实践共同体创设量表的内部一致性 α 系数。

（二）因素分析

Bartlett 球形检验表明，9 个题项的 KMO（取样适当性量数）值为 0.909，大于 0.9，说明实践共同体创设量表极适合进行因素分析。采用主成分分析法对 9 个题项进行因素分析，因子萃取方法设置为保留特征值大于 1 的因子，因子萃取结果显示转轴后提取出一个因子较为适宜。正式问卷中《园本教研中实践共同体创设量表》因素分析结果汇总见表 5。

表 5　《园本教研中实践共同体创设量表》因素分析结果（正式测试）

题项	因子 1
b1	.910
b2	.904
b6	.896
b3	.892
b5	.888
b9	.878
b8	.866
b4	.862
b7	.753

（三）信度分析

由于《实践共同体创设量表》为单因子量表，因此只需要进行量表的内部一致性检验即可。信度分析表明，量表的 Cronbach's α 系数为 0.959，大于 0.9，说明量表信度非常理想。

后记

　　从计量经济学视角解读和研究园本教研效益问题，既是一大创新，也存在一定的风险，如同走着一条前无古人的路，研究旅程既充满未知，也充盈着深深的喜悦。当构建园本教研效益评价指标体系时，也曾犹疑彷徨；当解读园本教研效益数据时，也曾担心过于技术理性。所幸，本书采用了混合设计的研究方式，努力找到量化研究结果和质化研究结果互相印证之处，也谨慎地对可能的不一致之处作出解释和推理。最终，完成了一场较为满意的研究畅游，留下这本书作为探索足迹。

　　做研究就像一场冒险，在一片原野上探索出一条新路，有时很兴奋，有时也会迷路。幸运的是，整个过程始终有贵人相助，旧识新交总会带来不期而遇的温暖。因为有你们，这场冒险变得有温度。

　　深深感谢我的硕士和博士导师顾荣芳教授。她治学态度严谨，热爱幼教事业，教书和育人在她身上实现了完美交融。当我还是一名学生时，顾老师是我做学问、做人的领路人，如今，我成为一名教师，顾老师依然是我的师者楷模。感谢南京师范大学学前教育系虞永平教授、王海英教授、黄进教授，感谢南京师范大学教科院陈学军教授、金女院王水娟副教授，感谢他们从研究视角、思路框架、研究方法、观点表达等方面对本书进行了全面把关。

　　感谢扬州大学教科院刘佳教授、陈秋萍教授，感谢南京大学出版社高军老师，感谢他们对本书出版工作的热心帮助。

　　感谢我的原生家庭赋予了我独立自主和一往无前的特质，感谢我的公婆提供了我安心生活和静心书写的时空，感谢我的爱人和孩子让我深深体会到人间值得。

写于扬州大学朗月湖畔

2024 年 9 月